Ein Meer aus Licht und Farben

SYLVIA B. LINDSTRÖM

Ein Meer aus Licht und Farben

Mein Neubeginn in Südschweden

BOOKS

Impressum

Sylvia B. Lindström
Ein Meer aus Licht und Farben
Mein Neubeginn in Südschweden
ISBN: 978-3-95910-306-0

Eden Books
Ein Verlag der Edel Verlagsgruppe
Copyright © 2021 Edel Germany GmbH, Neumühlen 17, 22763 Hamburg
www.edenbooks.de | www.edel.com
1. Auflage 2021

Einige der Personen im Text sind aus Gründen des Persönlichkeitsschutzes anonymisiert.

Die zitierten Zeilen auf S. 184 entstammen dem Gedicht »Den Meningslösa Hettan« von Bruno K. Öijer aus dem Band *Medan Giftet Verkar* (Verlag W&W, 1990).

Projektkoordination: Juliane Noßack und Julia Gommel-Baharov
Lektorat: Dr. Matthias Auer
Umschlaggestaltung: Johanna Höflich
Innenabbildungen: © RedKoala / Shutterstock 238303792
Layout und Satz: Datagrafix GSP GmbH, Berlin | www.datagrafix.com
Druck und Bindung: GGP Media GmbH, Pößneck

Printed in Germany

Dieses Buch ist auch als E-Book erhältlich.

Partner des Naturparks
Nossentiner / Schwinzer Heide

Eden Books unterstützt bei der Produktion dieses Buches das Projekt »Junge Riesen für die nächsten 100 Jahre«. Damit wird ein Anteil der unvermeidbaren CO_2-Emissionen im direkten Umfeld des Produktionsstandortes kompensiert.

Inhaltsverzeichnis

Für den kleinen und den großen Hauke.

Es sollte zwar eigentlich umgekehrt sein –
doch ich habe so viel von beiden gelernt ...

SCHWEDEN FÜR ANFÄNGER

Nach Norden, das stand bald schon für mich fest. Es war ein aus der Krise geborenes Abenteuer. Nach einer unglücklichen Zeit mit einem Mann, der mir nicht gutgetan hatte, wollte ich die persönliche Niederlage schließlich in etwas Positives umwandeln. Mit Schweden hatte meine Sehnsucht nach einem neuen Leben endlich einen Namen: Wer denkt bei Astrid Lindgrens Heimat etwa nicht an idyllische Dörfer wie Bullerbü und starke Mädchen wie Pippi Langstrumpf?

Mein Entschluss stand fest: In diesem lustigen und toleranten Land, das ich bislang einzig aus Büchern meiner Kindheit kannte, wollte ich in Zukunft ohne den vergangenen Beziehungsstress glücklich und zufrieden leben.

Wenn schon Abschied, dann auch richtig, sagte ich mir, denn an Sehnsuchtsorten wohnt das Glück. Glück bringt Spaß, das weiß jeder, und womöglich kann es sogar verzaubern: Vielleicht macht es aus dir einen nagelneuen Menschen – oder aber einfach nur dich selbst. Beide Alternativen schienen mir verlockend, jede auf ihre Art.

Eines setzte ich mir von Anfang an zum Ziel: Das Haus, nach dem ich suchte, sollte mitten auf dem Land liegen. Oder von mir aus auch mitten im Wald. Wenn schon Nachbarn, dann bitte in gehörigem Abstand. Und auch keine größere Stadt in der Nähe. Dafür gern einen verwunschenen See. So ein rotes Holzhaus mit weißen Tür- und Fensterrahmen sollte es sein.

Als Deutsche stellt man sich ja gemeinhin Schweden gern so vor. Eine Veranda mit Blick in die schöne, friedvolle Natur. Elche und Rehe in Sichtweite. Eine gemütliche Wohnküche mit einem Holzofen, in dem ein Feuer bollert, wenn es draußen wieder kälter wird. Jetzt allerdings stand der Sommer vor der Tür. Da war das ganze Leben einfacher. Doch wie oder wo in Schweden sollte ich ein solches Traumhaus finden?

Ich nahm Kontakt zu einem auf Skandinavien spezialisierten Hamburger Makler auf.

»Wenn Sie auf ein paar Bequemlichkeiten verzichten können, habe ich einige malerische abgeschiedene Holzhäuser für ein Ei und ein Butterbrot im Angebot«, sagte er.

»Und was kostet so ein Butterbrot?«, fragte ich.

»Ungefähr so viel, wie Sie in Hamburg für eine Garage bezahlen müssen.«

Das hörte sich vielversprechend an und entsprach beinahe meinem Budget.

Ich hatte allerdings eher an mieten als an einen Kauf gedacht.

»Und was bedeutet ›auf Bequemlichkeit verzichten‹?«

»Ein Plumpsklo in einem separaten Gebäude und kaltes Wasser – aus einer romantischen Schwengelpumpe auf dem Hof. Doch durchaus Elektrizität, in den meisten Fällen jedenfalls«, lautete die Antwort.

»Damit kann ich leben«, dachte ich laut, und er antwortete: »Sie hören demnächst von mir ...«

Er hielt sein Wort. Bald schon lag ein dicker DIN-A4-Umschlag im Briefkasten.

Ich zog mich sofort mit ihm in mein Zimmer zurück, las die Beschreibungen der Objekte und sah wieder und wieder die Fotos diverser roter, gelber und braun gebeizter Holzhäuser an.

Dann suchte ich die Orte auf der Schwedenkarte meines alten Schulatlasses, fuhr mit dem Finger von einem verwunschenen Ort zum nächsten, ließ mir die schwedischen Namen auf der Zunge zergehen und begann von meinem neuen Leben zu träumen.

Meine Pläne fanden nirgendwo Beifall. Ganz im Gegenteil.

»Schweden?«, fragten Freunde und Bekannte. »Warum ausgerechnet Schweden?« Was ich dort zu suchen hatte, fand man völlig rätselhaft, denn ich kannte niemanden im ganzen Land und beherrschte nicht einmal die Sprache. Was sei das für eine leichtfertige Laune? Woher diese unverantwortliche Lust auf Abenteuer? Für eine junge Mutter jedenfalls völlig unpassend und zudem auch egoistisch. Denn ich nähme meinem kleinen Sohn damit den Vater. Und Blut sei nachweislich immer noch dicker als Wasser ...

Mein Sohn Hauke hatte ein großes Herz und eine blühende Fantasie. Man konnte sich mit ihm bereits gut unterhalten. Ich konnte es kaum fassen, dass es demnächst bereits drei Jahre her sein sollte, dass er in Rendsburg nach den neun bislang schwierigsten und tränenreichsten Monaten meines Lebens dann endlich zur Welt gekommen war.

Ich kann das hübsche, glatte Gesicht des Kaiserschnittbabys noch immer vor mir sehen. Die Krankenschwester hatte es auf einem enormen Kissen soeben in mein Bett gelegt, und, noch benommen nach der Narkose und den Strapazen seiner schwierigen Geburt, betrachtete ich das namenlose Menschenwesen und stellte erstaunt fest, dass man tatsächlich jemanden lieben kann, den man nicht im Geringsten kennt.

Der Kindsvater war abwesend. Ich hatte bereits damit gerechnet, dass es an mir liegen würde, dem Kleinen einen Namen zu geben.

Mein Vater hatte uns Kindern gern Theodor Storms dramatische Novellen vorgelesen: Vor allem die um den Schimmelreiter und Deichgrafen Hauke Haien hatte mich besonders fasziniert.

»Was hältst du von ›Hauke‹?«, fragte ich das Baby auf dem Kissen.

Ein passender Name, wie mir schien. Meiner Liebe zur Literatur, den Pferden und meiner Heimat Schleswig-Holstein geschuldet.

Der Neugeborene nuckelte zufrieden an seinem Daumen. Offenbar hatte er nichts gegen den Namen einzuwenden.

Plumpsklo und kaltes Wasser aus dem Brunnen draußen auf dem Hof. Warum nicht? Das war mal etwas Neues und jedenfalls besser als Einsamkeit zu zweit.

Noch ehe ich weiter über mögliche und machbare Einschränkungen im Alltag nachsinnen konnte, erreichte mich ein Anruf aus Göteborg. Eine freundliche Frauenstimme meldete sich. Erst in gebrochenem Deutsch, dann fuhr sie auf Englisch fort.

»Sylvia. Ich habe gehört, du möchtest bis auf Weiteres mein altes Bauernhaus in Tegelvik mieten?«

»Da wissen Sie ja mehr als ich«, erwiderte ich leicht verblüfft.

»Wir sagen Du in Schweden«, verbesserte sie mich. »Ich heiße übrigens Eva.«

»Schön. Dann erzähle mir doch bitte etwas mehr über Tegelvik.«

Das tat sie gern. Es handelte sich um den Elternhof ihres Vaters, den zuletzt dessen jüngerer Bruder Åke als Landwirt bewirtschaftet hatte. Doch der sei vor gut zwanzig Jahren Rentner geworden und ins nahe gelegene Dorf gezogen. Seitdem sei das Bauernhaus unbewohnt.

»Und dein Vater, Eva?«, fragte ich.

»Oh, der ist 94 und erfreut sich bester Gesundheit. Er wohnt seit über siebzig Jahren in Falkenberg, das Leben auf dem Land ist nichts für ihn. Er hat mir kürzlich den Hof überschrieben. 450 Hektar Wald gehören dazu, die verwalte ich mithilfe einiger Fachleute, und das Acker- und Weideland ist an einen Bauern in der Gegend verpachtet. Doch das große Bauernhaus steht schon allzu lange leer. Mein Onkel Åke hat das Notwendigste renoviert, es ist nun absolut bewohnbar. Ein schönes Haus in wunderbarer Lage. Ich bin sicher, es wird dir gefallen«, sagte sie. »Ich habe gehört, du hast ein kleines Kind?«

Sie hatte von meinen Umzugsplänen und so manchem familiären Detail von einem dänischen Pferdezüchter erfahren, der jeden Herbst nach Schweden zur Bockjagd fuhr. Ein flüchtiger gemeinsamer Bekannter.

»Ja. Einen Sohn. Er wird in diesem Sommer drei.«

»Oh«, sagte sie auf eine Weise, die mir verriet, dass sie Kinder mochte und leider selbst keine hatte. »Wann kommt ihr beide denn, um euch das Haus mal anzusehen?«

Ich zögerte noch, doch sie fuhr bereits fort: »Mir passt es gut am kommenden Wochenende. Nehmt die Fähre von Grenå nach Varberg. Die Überfahrt dauert gut vier Stunden, das wird deinem kleinen Jungen gefallen. Ihr esst gut, auf der Fähre gibt es ein ausgezeichnetes Büfett. Und ich warte in Varberg am Hafen auf euch und fahre dann mit meinem Auto voran.«

Tegel bedeutet »Ziegel«, und *vik* bedeutet »Bucht«. Das schlug ich sofort in dem schwedisch-deutschen Wörterbuch nach, das ich mir kürzlich angeschafft hatte. Tegelvik, murmelte ich leise vor mich hin, als ich Hauke in eine Decke wickelte und in seine alte Kinderkarre setzte. Er passte gerade noch hinein. Ich konnte jetzt unmöglich still sitzen.

Auf unserem langen spontanen Spaziergang ruckelte die Karre über den grasbewachsenen Mittelstreifen der endlosen Wirtschaftswege außerhalb des Dorfes, und ich erzählte meinem Sohn von unserer bevorstehenden Reise.

»Wir fahren mit einem großen Schiff nach Schweden. Was hältst du davon?«, fragte ich, und Hauke erwiderte, so wie es einem Nachwuchs-Optimisten seines Kalibers entsprach: »Oh ja, toll!«, um erst nach einer Weile zu fragen: »Was ist eigentlich Schweden, Mama?«

Ich erklärte es ihm, und er hörte aufmerksam zu.

»Gibt es in Schweden Tiere?«, wollte er wissen und war zufrieden, als ich sagte: »Klar. Jede Menge. Es wimmelt sogar geradezu von Tieren.«

Dann hörten wir auf zu reden, und gegen meine sonstige Gewohnheit sang ich beim Gehen ein einfaches Lied. Es kam mir gerade in den Sinn und verwandelte sich sogleich in einen Ohrwurm. Der Text war ebenso holprig wie der Weg, auf dem ich nun getrost voranschritt.

In meinem Lied reiste Hauke mit seiner Mama in ein Wunderland mit gastfreundlichen Elchen, Füchsen und Rehen, die alle kein einziges deutsches Wort verstanden. Als ich es zum dritten Mal gesungen hatte, war Hauke eingeschlafen, und ich sang es, um mir Mut zu machen, noch ein viertes Mal – diesmal ganz für mich allein.

Nach Schweden! Mitten in der Nacht fuhren wir los.

Ich habe es nicht gern eilig und hatte für die Fahrt nach Grenå sechs Stunden berechnet.

Leicht schlaftrunken machte Hauke es sich in seinem Kinderstuhl auf dem Rücksitz bequem. Sein persönliches Gepäck bestand aus den beiden Stoffkatzen Anja und Nang und der unverzichtbaren Kuscheldecke, einem pastellfarbenen Schlafsack aus vergangenen Babytagen. Auf der leeren Bundesstraße schaltete ich das Fernlicht an und sang unser neues Schwedenlied:

Hauke und seine Mama
Das ist wohl der Hammer
Fahren bald nach Schweden
Wo die Elche leben
Und die Füchse schwedisch reden
Wo die Mäuse nagetanzen

Jeder fröhlich ist im großen Ganzen
Und auf seine eigene Art.
Darauf freu'n sie sich
Ziemlich fürchterlich ...

Mein tapferer, kleiner Reisekamerad summte anfangs leise mit, doch verstummte bald und wachte erst wieder auf, als wir die Grenze nach Dänemark bereits passiert hatten.

1,82 Meter lang. Und blonde halblange Haare. So hatte Eva sich selbst beschrieben. »Ich bin leicht zu erkennen«, hatte sie gesagt.

Abgesehen von der Haarfarbe traf die Beschreibung auch auf mich zu: 1,82 Meter lang, halblange dunkle Haare. Wir würden uns am Zoll im Hafen von Varberg kaum verfehlen können.

Mein betagter blauer Kombi wurde von den Zollbeamten freundlich durchgewinkt.

Die schlanke blonde Frau, die, an ihren Kleinwagen gelehnt, schon nach uns Ausschau hielt, sah aus, wie man sich eine typische Schwedin vorstellt: blond, blauäugig und sportlich-elegant.

Nun hatte auch sie uns entdeckt, hob eine Hand und machte mir ein Zeichen, ihr zu folgen. Mir fiel ein, dass ich, falls wir uns aus den Augen verloren, keine Adresse des Hauses hatte. Doch meine Befürchtungen erwiesen sich als unbegründet. Auf der Straße herrschte wenig Verkehr, und nicht nur Eva fuhr sehr langsam.

Die Zeiger der Uhren schienen sich hier in Schweden wie erwartet und erhofft im Allgemeinen ein wenig langsamer zu drehen. Ich begann mich zu entspannen. Was sollte eigentlich schon schiefgehen mit dem eifrigsten aller Reisebegleiter an meiner Seite, der hellwach aus dem Autofenster sah und alles kommentierte?!

»Ich sehe einen Vogel, Mama! Ein gelbes Haus. Einen Mülleimer. Und ganz viel Wasser.«

Der reißende Fluss zu unserer rechten Seite hieß Ätran. Das wusste ich aus meinem Schulatlas. Auch der Hof Tegelvik liege im Ätrantal, hatte Eva mir am Telefon gesagt.

Wir bogen links ab, und die schmale Landstraße schlängelte sich bald durch eine liebliche grüne Landschaft mit roten oder gelben Holzhäusern hinter weiß gestrichenen Zäunen. Selbst die meisten Stallgebäude waren aus Holz gebaut. Hier weideten ein paar Kaltblutpferde, dort einige Kühe oder Schafe. Nichts zeugte von der Massentierhaltung, die in Deutschland bereits gang und gäbe war, und dem Sterben aller kleineren Höfe, einer Folge von Brüssels Landwirtschaftspolitik.

»Eine Tigerkatze, Mama. Ich sehe ein Huhn! Und noch eins! Ganz viele. Da liegt eine Plastiktüte. Da ein Fahrrad mit einem Platten ...«, hörte ich vom Rücksitz her.

»Welche Farbe, glaubst du, hat das Haus von Tegelvik?«

»Ich sage rot!«, rief Hauke.

»Ich setze auf gelb.«

»Rot ist aber am schönsten, Mama!«

»Na gut, dann sagen wir rot!«

Das Haus war weiß, und es war riesig. Es lag außerhalb eines Dorfes mit dem gut gelaunten Namen Östra Frölunda. Wir waren am Gutshof mit seinem schlossähnlichen Wohngebäude und der Wassermühle vorbeigefahren und einem Schotterweg in Richtung Wald gefolgt. Und dort, am Waldrand, umgeben von Weiden, auf denen friedvoll eine Herde weißer Kühe graste, lag die Einfahrt zu Tegelvik, die in einem kleinen Rondell mit Wildwuchs und einer Linde endete.

Eva hieß uns willkommen und zeigte Hauke den imposanten Haustürschlüssel, so groß wie ihre Hand. Dann schloss sie auf und führte uns durch das Haus mit seinen vielen leeren Zimmern.

Außer einem Küchentisch, zwei Stühlen und einem spartanischen Bett mit Eisenrahmen in einem der Zimmer im oberen Geschoss war das herrschaftliche Holzhaus unmöbliert. Die Küche war geräumig, das Wohnzimmer mit Parkettboden und offenem Kamin glich einem Saal, in dem man tanzen konnte.

Das große Zimmer direkt im Anschluss an die Küche hatte Eva bereits als Haukes Kinderzimmer vorgesehen.

»Gefällt es dir, Hauki?«, fragte sie. An den nordfriesischen Namen Hauke konnte sie sich einfach nicht gewöhnen, hatte es bereits mit Åke und Håkan probiert und war nun schließlich bei Hauki geblieben. Der Name klang lustig und irgendwie ein bisschen japanisch. Und Hauke hatte nichts dagegen.

Er versicherte Eva, dass er das Zimmer sehr möge.

Hauke hatte bislang noch kein eigenes Zimmer gehabt, und ich zweifelte daran, dass er wirklich hier allein schlafen wollte, während sich mein zukünftiges Schlaf- und Arbeitszimmer (das mit dem Eisenbett!) unterm Dach des Hauses befand. Aber all das würde sich finden, wenn wir wirklich hierherzögen.

Eva hatte eine Thermoskanne mit Kaffee, eine Flasche Limonade für Hauke, belegte Brote und Hefegebäck aus ihrem Picknickkorb gezaubert und rasch den Küchentisch gedeckt.

»Setzt euch. Höchste Zeit für *fika*«, sagte sie.

Fika? Das war ganz offenbar ein wichtiges schwedisches Wort, das man sich merken musste.

Eva gab mir recht. *Fika* ist eine Mischung aus gemütlichem Kaffeetrinken und Picknick. Man kann anstatt Kaffee auch Saft trinken und isst dazu belegte Brote oder Kuchen, gern mit Zimt und Zucker bestreutes Hefegebäck, *kanelbullar* genannt.

Fika bedeutet Atemholen im Alltag, fünf Minuten Pause und macht in Schweden nicht nur den Arbeitstag, sondern ganz allgemein das Alltagsleben »menschlich«. Dank Evas Käsebroten mit

Gurkenscheiben und Kaviarcreme schmeckte dieses allererste schwedische Wort überaus gut, und es würde uns keinerlei Schwierigkeit bereiten, es für immer im Gedächtnis zu behalten.

»Nur der Form halber«, sagte Eva. »Du und Hauke, ihr würdet hier im Hause dann allein leben?«

»Stimmt genau.«

»Du bist also …« Sie warf einen schnellen Blick auf Hauke, der im Nachbarzimmer mit einem großen Kasten Holzbauklötze voll und ganz beschäftigt war. »… alleinerziehende Mutter?«

Ich nickte. Das entsprach im Grunde ja der Wahrheit, denn als unverheiratete Mutter hatte ich nach damaliger Rechtsprechung automatisch das alleinige Sorgerecht für mein Kind.

»Und was arbeitest du? Ich meine, womit wirst du euch ernähren?«

»Gute Frage«, sagte ich, denn auch darüber hatte ich selbstverständlich bereits nachgedacht. »Ich habe während der letzten Jahre hauptsächlich mit Pferden gearbeitet. Habe junge Sportpferde ge- und verkauft und sie zu- und eingeritten.«

»Das klingt spannend. Aber hier in Schweden wird ein solches Geschäft ohne die richtigen Beziehungen und Sprachkenntnisse sicher zunächst einmal recht schwierig sein«, gab Eva zu bedenken.

»Ich weiß. Zum Glück habe ich beruflich noch ein anderes Standbein.«

»Ach ja?« Sie wirkte erleichtert.

»Ich schreibe.«

»Ausgezeichnet«, sagte Eva. »Als Schriftstellerin bist du natürlich in der Wahl deines Wohnorts unabhängig.«

»Weitgehend jedenfalls.« Ich bemühte mich um einen leichten, selbstbewussten Ton. Natürlich ist Schreiben oft ein unsicherer Broterwerb, was Eva aber zum Glück nicht wirklich klar war.

Während der letzten Jahre hatte ich mich zudem so intensiv dem Pferdegeschäft gewidmet, dass mein zweites berufliches Standbein dabei ein wenig zu kurz gekommen war.

Ich war bereits mit Anfang zwanzig und ohne ein abgeschlossenes Studium freie Mitarbeiterin bei einigen Rundfunksendern gewesen und hatte ab und zu Buchbesprechungen für ein paar größere Wochenzeitungen verfasst, vor allem aber kürzlich das Manuskript für mein erstes Jugendbuch abgeliefert. Es war eine Auftragsarbeit für einen Hamburger Verlag. Dort hatte man eine Autorin mit literarischen Ambitionen und gleichzeitigem Pferdesachverstand gesucht, keine ganz gewöhnliche Kombination. Meiner Lektorin, einer engagierten Tierfreundin, hatte eine realistische Pferdegeschichte vorgeschwebt, die einmal nicht dem gängigen, sentimentalen Mädchenkitsch entsprach.

Mein Jugendroman spielte im Pferdehändler-Milieu »zweiter und dritter Klasse«, in dem ich mich bestens auskannte. Der Held war ein von Gleichaltrigen gemobbter Junge, ein Einzelgänger mit einem besonderen Draht zu Pferden. Das Manuskript war kürzlich angenommen worden, und ich hoffte nun auf einen neuen Buchvertrag.

Es handelte sich um Taschenbücher, von denen man als Autor kaum reich wird. Doch ein weiterer Vorschuss würde uns während der ersten Monate im neuen Land finanziell über Wasser halten. Und irgendwie würde es danach schon weitergehen.

»Du scheinst jedenfalls zu wissen, was du willst«, sagte Eva anerkennend. »Das ist gut so. Hier in Schweden gibt es viele starke Frauen. Ich lebe übrigens auch allein.«

»Das hat klare Vorteile«, sagte ich forscher, als mir eigentlich zumute war.

Sie nickte. »Obwohl, ich habe mir das im Grunde nicht selbst ausgesucht. Es ist dann irgendwie so gekommen.«

»Ja, das verstehe ich«, warf ich ein. Kam nicht so oder so das meiste im Leben schließlich anders als geplant?

Ich dachte plötzlich daran, dass mir der Abschied noch bevorstand: vom Dorf, vom Hof und von den Pferden.

Scheiden tut grundsätzlich weh. Sowohl von dem, woran du dich eher zwangsläufig gewöhnt hast, als auch von dem, was dir ans Herz gewachsen ist. Und selbst von einem Partner, mit dem du alles andere als glücklich warst ...

Der kolossale Haustürschlüssel lag auf dem Küchentisch.

Eva hatte sich verabschiedet. Sie fuhr nach Göteborg zurück, wo sie einen Laden mit exklusiven Stoffen aus Übersee, meist Indien und China, betrieb.

Nach unserer Probenacht im Haus sollten wir bei unserer Abfahrt den Schlüssel einfach in den Briefkasten an der Hofeinfahrt werfen. In der folgenden Woche erwartete Eva dann meine Entscheidung, und sie hoffe, wie sie sagte, auf Hauke und mich als ihre neuen Mieter.

Im Kamin war alles für ein Feuer vorbereitet, selbst eine Schachtel mit langen Streichhölzern fehlte nicht. Ich bereitete Hauke und seinen beiden Stoffkatzen aus zahlreichen Decken und Kissen, die wir mitgenommen hatten, und der unverzichtbaren Kuscheldecke ein Lager auf dem Fußboden und kroch selbst in meinen Schlafsack.

Benommen und angenehm erschöpft von allen Eindrücken der langen Reise starrten wir in die knisternden Flammen. »Gute Nacht, kleiner Lieblings-Hauke«, sagte ich, und er murmelte kaum hörbar, den Daumen bereits im Mund: »Nacht, Mama!«

Wie sonderbar. Hier waren wir, auf Tegelvik. Vor Kurzem noch ein Ort unserer Fantasie und nun sogenannte Wirklichkeit. Das große, einsame Haus schien uns freundlich gesonnen.

Ein altes Haus wünsche sich junge Bewohner, hatte Eva beim Picknick, nein, bei der *fika*, behauptet. Doch wollten wir hier wirklich wohnen? Würden wir uns hier zu Hause fühlen? War nicht im Grunde Schleswig-Holstein doch am besten für uns? Ich wusste auf all diese Fragen keine Antwort.

Mein schwankender Mut war etwas, womit ich kaum gerechnet hatte. Ich hatte mich für entschlussfreudiger gehalten. Doch ich fühlte mich hin- und hergerissen.

Und auch meine Lektorin fand einen Umzug ins Ausland keine gute Idee für zukünftige Buchprojekte. »Du musst schon leicht für mich erreichbar sein«, sagte sie. »Ich kann mit einer jungen, unbekannten Autorin nicht ständig Auslandsgespräche führen, das wird dem Verlag mit Sicherheit zu teuer.«

So war das vor dem Zeitalter des Internets, und ich lenkte zerknirscht ein: »Ja. Das verstehe ich.«

Und dann war da das Dorf, in dem ich mich zu Hause fühlte und von dem ich zuweilen heute noch träume: Tielenhemme an der Untereider, diesem wilden, malerischen Fluss, der durch vogelreiche Feuchtgebiete mäandert und in dessen kühlem, klarem Wasser sich Aale, Barsche, Brassen, Hechte, Schleien, Zander und Forellen tummeln.

Es war für mich ein ganz besonderes Dorf. Einzig seiner Fläche nach riesig bei nur rund 120 Einwohnern. Es gab zwei Wirtshäuser und keinen Durchgangsverkehr. Zwar hatte das Sterben der kleineren und mittleren landwirtschaftlichen Betriebe bereits begonnen. Doch noch wurde die Mehrzahl der Höfe im Dorf bewirtschaftet.

Ich lebte dort sehr gern und mochte die eigensinnigen Menschen, die Natur und den hohen, mächtigen Flachlandhimmel über den weit auseinanderliegenden Gehöften. Noch in der

Dämmerung und selbst mitten in der Nacht konnte man im Frühjahr bei offenem Fenster die geisterhaften Schreie der Wiesenvögel hören. Kiebitze und Bekassinen, deren aufgespannte Flügel im Sturzflug ein unheimlich wummerndes Geräusch erzeugen. Die klassische Musik norddeutscher Feuchtgebiete, auch das Meckern der Himmelsziegen genannt. Wollte ich alldem wirklich den Rücken kehren?

Schließlich rief ich Eva an, um ihr schweren Herzens abzusagen. »Gut, von dir zu hören«, fiel sie mir sofort ins Wort. »Ich habe gerade ein paar schöne indische Stoffe herausgesucht und meine Tante Maj-Britt gebeten, euch Gardinen für alle Fenster zu nähen. Die für Haukis Zimmer sind am buntesten und schönsten. Du wirst sehen, was das für einen Unterschied macht. Und hast du jemanden, der dir beim Möbeltragen hilft? Sonst kann ich meinen Onkel Åke fragen, der ist noch immer stark wie ein Bär und springt sicher liebend gern ein.«

»Das Möbeltragen ist nicht das Problem«, hörte ich mich zögernd sagen.

»Umso besser. Ihr kommt doch? Ab wann soll der Mietvertrag denn gelten? Erster Juni, schafft ihr das?«

»Eva, ich weiß nicht so recht ...«

»Findest du die Miete zu teuer?«

»Nein.«

Der Mietpreis, 3.500 Kronen im Monat (was damals rund 1.000 D-Mark entsprach), war ein angemessener Betrag für ein derart großes Haus, weder zu teuer noch besonders billig.

»Das freut mich, Sylvia. Sind wir uns dann also einig?«

»Hhmm ...«

»Darauf hatte ich gehofft. Dann bis bald. Und schönen Gruß an Hauki!«, flötete Eva und hatte bereits aufgelegt, als ich verblüfft feststellte: Nun gab es endlich kein Zögern, kein Zaudern und kein Zurück mehr. Es war entschieden!

Manche Begegnungen im Leben scheinen im Rückblick wie von unsichtbarer Hand inszeniert.

So traf ich, kurz bevor der Umzug aktuell wurde, völlig unerwartet Nora wieder. Wir hatten uns vor mehr als zehn Jahren zum letzten Mal gesehen und danach völlig aus den Augen verloren.

Nun war sie überraschend aus der Schweiz zur Taufe meiner beiden Neffen erschienen, auch das bei Weitem mehr Zufall als Planung, und wir setzten uns endlich mal wieder an einen Tisch.

Beste Freundinnen aus Kindertagen sind durch nichts zu ersetzen. Während dein gesellschaftsfähiges erwachsenes Ich im Wohnzimmer Hof und die Gäste zum Narren hält, schmollt oder spielt – je nachdem – dein inneres Kind im Hinterzimmer, und einzig eine alte Freundin kann es sehen und verstehen.

Wir waren in den entscheidenden Jahren zwischen zehn und fünfzehn unzertrennlich, wenngleich ein ungleiches Paar gewesen. Ich lang, dünn, dunkel, sie blond und zwar schlank, aber dennoch irgendwie kompakt. Während ich zu meiner wachsenden Verlegenheit ständig über meine eigenen endlosen Beine stolperte, war Nora bereits damals weltgewandt und witzig und gab mir Halt und Sicherheit.

Ich hatte mich zuweilen gefragt, womit ich die große Ehre ihrer Freundschaft eigentlich verdiente, das Geschenk dann aber dankbar angenommen. Sie ließ mich ihr im Grunde verletzbares und weiches Ich kennenlernen, das sie den anderen nicht zeigte, und vertraute mir ihre romantischen Träume hinter der ironischen Fassade an. Ich wusste, sie hatte schauspielerisches Talent und machte sich gern über alles lustig. Doch als beste Freundin war sie fürsorglich und selbstlos, und man konnte sich in jedem Fall auf sie verlassen.

»Was hast du für Pläne?«

Auf diese Frage erzählte mir Nora, dass sie wieder nach Norddeutschland ziehen wolle, denn das Leben in der Schweiz sei ihr zu steril. Von Kulturarbeiterin wollte sie auf Grundschullehrerin umsatteln, ein handfesterer Beruf in jedem Fall, und ich zweifelte nicht an ihrem Talent und ihrer Eignung, für ein Schulkind, zumindest vorübergehend, einer der wichtigsten und einflussreichsten Menschen zu sein. »Und du?«

»Ich ziehe nach Schweden. In ein großes, altes Haus mitten auf dem Land. Das ist eigentlich alles, was ich bislang über meine Zukunft weiß. Das Weitere wird sich schon finden«, fügte ich rasch hinzu und erntete zum ersten Mal keinerlei Kritik. Im Gegenteil. »Mensch, wie spannend! Schweden, das passt toll zu dir, und alles wird bestimmt ganz wunderbar!«

Ein Hoch auf Kinderfreundschaften!

Nora und ich organisierten meinen Umzug gemeinsam. Sie hatte gerade etwas freie Zeit vor Beginn ihres Studiums, und ich nahm ihr Angebot, mir zu helfen, dankbar an.

Während Hauke bei einem Babysitter im Dorf blieb, packten wir zahlreiche Umzugskartons und die wenigen Möbel, die ich mitnehmen wollte, in meinen Pferdehänger und fuhren abends los. Die Reise dauerte die ganze Nacht. Wir wechselten uns mit dem Fahren ab. Und redeten und redeten – fast wie in den guten alten Zeiten.

Nora war gerade Single. Ich beneidete sie aufrichtig darum.

Die Trennung von Haukes Vater war längst überfällig. Man prüfe sorgsam und genau, wen man zum Vater seines Kindes macht. Das wusste ich nun im Nachhinein. Was geht im Kopf und was im Herzen eines anderen Menschen vor? Wer ist der Unbekannte, neben dem du morgens aufwachst? Gegen welche Kindheitsmuster und

Verletzungen hat er sich heimlich zu behaupten? Mit diesen quälenden Fragen wollte ich mich in Zukunft nicht länger herumschlagen.

»Bis bald«, sagte Nora, als wir mit leerem Pferdehänger wieder in Tielenhemme ankamen, und wir nahmen unsere alte Freundschaft von da an wieder auf. Die bedeutet mir bis zum heutigen Tag sehr viel, selbst wenn wir uns nur allzu selten sehen und eigentlich auch nicht oft genug miteinander reden. Doch ich denke oft an Nora. Mit unvermindertem Stolz auf meine älteste und beste Freundin und in alter Anhänglichkeit. Und erinnere mich gern an diese nächtliche Reise in jener Zeit, in der wir in alter Solidarität beide ein neues Leben begannen, an ihre Sehnsucht nach der Heimat und meine nach der Ferne.

Heimweh und Fernweh. Die sind in Sachen Menschsein ja ein alter Hut. Die beiden Pole, zwischen denen du dann irgendwo deine Zelte aufschlägst. Doch bei näherer Betrachtung ist der Unterschied zwischen zwei vermeintlichen Gegensätzen manchmal in der Praxis eher haarfein!

Hauke feierte seinen dritten Geburtstag noch in Tielenhemme auf dem Hof.

Kurz darauf hieß es dann Koffer packen und Abschied nehmen. Von einem Zuhause, das bereits keines mehr war. Vom besten aller deutschen Dörfer, den schönen Pferden und dem heimatlichen platten Land. Ein Lebewohl für immer, wie es sich erweisen sollte.

Ich reichte den Staffelstab der Verantwortung für das Seelenheil meines wetterwendischen Partners gern an seine nächste Freundin weiter, die ich oberflächlich kannte. Sie fuhr im Dorf die Bäckerwaren aus.

»Viel Glück!«, sagte ich. »Wird schon werden. Ich werde euch jedenfalls nicht in die Quere kommen.«

Nun konnte ich endlich für mein Kind die fantasievolle und gut gelaunte Mutter werden, die es eigentlich vom ersten Tag seines Lebens an verdient hatte.

Meine beiden eigenen Pferde, zwei Hengste namens Piet und Español, hoffte ich später nachholen zu können. Denn der große Stall, der zu Tegelvik gehörte, stand ja leer und bot genügend Platz.

Für meinen frischgebackenen Dreijährigen sah der Abschied anders aus. Er maß die Zeit noch hauptsächlich in Augenblicken, und ich ließ ihm gegenüber die Dauer unserer Abwesenheit wohlweislich in der Schwebe. Bei unserer Abreise wollte ich kein Drama, sondern Heiterkeit.

»Wir bleiben in Schweden, solange es uns dort gefällt«, sagte ich, und in diesem Sinne machten wir uns voller Unternehmungslust und Neugier auf den Weg.

Tegelvik begrüßte uns mit strahlendem Hochsommerwetter.

Bei unserer Ankunft lag der riesige Schlüssel, so wie mit Eva verabredet, unter einem Blumentopf auf der Veranda. Von nun an unser Schlüssel zu unserem neuen Haus.

Hauke lief aufgekratzt durch alle Zimmer und nahm sie in Besitz. Er staunte über Noras und meinen Versuch, alles etwas wohnlich und gemütlich einzurichten. Das große Haus wirkte noch immer recht kahl und leer mit den wenigen Möbeln, die im Pferdehänger Platz gefunden hatten, doch auch das hatte seinen Reiz.

Voller Freude begrüßte er seine alten Spielsachen, die in dem an die Küche grenzenden Zimmer auf ihn warteten. Dann packte er geschäftig seinen Minirucksack aus, während ich nach der langen Autofahrt erst einmal halb matt mit einem Becher Instant-Cappuccino in der Küche saß und alles auf mich einwirken ließ.

»Mama, die Elche aus deinem Lied sind da!«, meldete wenig später eine exaltierte Stimme aus dem neuen Kinderzimmer.

»Na bitte.«

»Und der allergrößte steht vor meinem Fenster.«

»Na, toll!«, antwortete ich gähnend. Wirklichkeit und Fantasie waren in Haukes Welt noch keine krassen Gegensätze, und das war gut so.

Doch dann zupfte eine kleine, warme Kinderhand mich ungeduldig am Arm, und ich erhob mich etwas widerstrebend.

Tatsächlich! Draußen im Wildwuchs des seit vielen Jahren bereits vernachlässigten Gartens stand ein enormer Elchhirsch mit einem Gardemaß von mehr als zwei Metern Schulterhöhe. Nun hob er den Kopf und sah uns für den Bruchteil einer Sekunde direkt in die Augen, bevor er mit für seinen klobigen Körper erstaunlich federnden Tritten eleganter als jedes edle Dressurpferd in Richtung Wald davonschwebte.

»Unglaublich!« Ich nahm Hauke auf den Arm, und wir blickten dem ersten Elch unseres Lebens noch nach, als der Nadelwald von Tegelvik dessen Silhouette längst in seinem schwarzen Grün verschluckt hatte.

»Herzlichen Glückwunsch, Hauke. Ein Glücksbringer-Elch. Ich glaube, die sind ganz schön selten. Wer einen von ihnen trifft, der darf sich sofort etwas wünschen.«

»Oh, toll! Und was wünschst du dir?«, fragte er.

»Ich wünsche mir, dass wir hier glücklich werden. Und dass das alte Haus uns mag und nett zu uns ist. Und du?«

»Ich ... wünsche mir ein großes Käsebrot. Mit einer kleinen Gurkenscheibe drauf«, sagte Hauke nachdenklich und mit großem Ernst. »Fika. Genauso wie mit Eva, Mama. Weißt du noch?«

Frühstück auf Tegelvik sah von nun an folgendermaßen aus: Zum Pyjama-Picknick am Vormittag auf der Veranda breitete ich eine Wolldecke auf der Steintreppe des Eingangsaltans aus, und diesen improvisierten Tisch deckten Hauke und ich dann gemeinsam mit Limonade, Cappuccino, Keksen, Gummibärchen, roten Äpfeln, einer halben Avocado für jeden und ein paar Fischen aus Salzlakritz.

Ein Specht schlug am Giebel des Hauses den Rhythmus des neuen Tages an, der leichte Wind in den hohen Wipfeln des Fichtenwaldes säuselte seine Melodie.

Es war mir tatsächlich doch noch in letzter Minute gelungen, meine Lektorin mit einer Textprobe zu überzeugen. Der neue Buchvertrag war unterschrieben, der Vorschuss bereits angewiesen. Wir würden vorerst nicht verhungern! Doch die Arbeit an dem neuen Kinderbuch schob ich vorerst noch auf. Es gab so viel anderes zu tun, und wir mussten uns erst einmal am neuen Ort zurechtfinden.

Wir nutzten die freien Tage für Ausflüge in die Umgebung. Zunächst erkundeten wir den Wald vor unserer Haustür, und es überraschte mich, wie lange ein Dreijähriger wohlgemut und ohne zu murren über Stock und Stein laufen und dabei ununterbrochen reden konnte.

Evas Wald war alt genug, um seiner Besitzerin in absehbarer Zeit ein ansehnliches Vermögen abzuwerfen.

Anfangs wählte ich schmalere Pfade, doch ich merkte bald, wie leicht man sich hier verlief. Der Wald war dunkel, die Fichten riesig. Man musste den Kopf weit in den Nacken legen, um hoch oben ihre Wipfel zu orten. Wir waren scheinbar die einzigen Menschen auf der ganzen Welt.

»Schweden, Hauke«, sagte ich. »Guck dich ganz genau um. Das ist der schwedischste Wald, den ich je gesehen habe!«

»Mir ist unheimlich ...«, meinte Hauke.

»Mir auch ein kleines bisschen«, gab ich zu.

Wir kehrten also auf den befahrbaren Kiesweg zurück und näherten uns einer Schneise, in der alles abgeholzt worden war. Es sah aus wie ein Schlachtfeld. Was für eine Verwüstung! Einzig Baumstümpfe und die abgeschlagenen Fichtenzweige waren zurückgeblieben. Erst später lernte ich, dass die enormen forstwirtschaftlichen Maschinen immer eine solche Verwüstung hinterlassen. Für den Waldbesitzer arbeiten sie kostengünstiger und benötigen weitaus weniger Zeit, als für ein behutsames Verjüngen des Baumbestandes erforderlich wäre. Dazu setzen umweltbewusste Forstwirte auch heute noch Arbeitspferde ein, die nicht nur den Boden schonen, sondern auch Birken und kleinere Bäume unbeschädigt weiterwachsen lassen.

Kalhygge. Das schwedische Wort klingt brutal, und Anblick und Auswirkungen sind es auch. Der fortan ungeschützte Waldboden verarmt, da der Humus in der Sonnenwärme mineralisiert und die Nährstoffe dann ausgewaschen werden. Brennnesseln und Fingerhut schießen hoch, und schließlich sorgen neue Setzlinge (oft sind es erneut Fichten) für eine weitere Generation der tristen forstwirtschaftlichen Monokultur.

»Es ist überhaupt nicht schön hier«, stellte Hauke fest. »Aber trotzdem gefällt es den Tieren.«

Er hatte recht. Gerade in diesen hässlichen Kahlschlägen wimmelte es von Rehen, besonders zur Stunde der Dämmerung. Und auch unseren Elchhirsch mit den imposanten Schaufeln trafen wir hier wieder. Oder war es vielleicht sein großer Bruder oder etwa ein alter Onkel?

Wir erweiterten bald den Radius unserer Exkursionen und fuhren gemächlich im Auto über Land.

Aus Gründen der Gemütlichkeit hatte Hauke auf dem Rücksitz des Wagens eine Daunendecke, ein großes Kissen, die beiden Stoffkatzen Anja und Nang und seine Kuscheldecke immer griffbereit. Und neben mir auf dem Beifahrersitz stand eine Tasche mit Proviant und anderen nützlichen und angenehmen Dingen.

»Hauke reist mit einem Sack voller Überraschungen«, nannte ich diese Touren. Die Überraschungen waren einmal eine Packung mit Seifenblasen, ein andermal ein Luftballon, ein kleines Buch, ein Block und ein paar Stifte oder eine bunte Zeichnung. Und derart ausstaffiert sahen wir uns nun gemeinsam Schweden an!

Die Landschaft des Ätrantals war lieblich: Seen und Wälder. Verwunschene Gehöfte. Auf den Straßen herrschte kaum Verkehr. An den Wegrändern wuchsen wilde Blumen. Wir sahen Rehe, Hasen, Dachse, Reiher und Kraniche. Die Weiden waren von Steinmauern umgeben. An einer spielte ein Wurf junger Füchse. Und über allem ruhte eine große und besänftigende Stille.

Wir kommunizierten mit den Menschen bislang meistens in Gebärdensprache. Die Landbevölkerung war überaltert, und lediglich die Jüngeren beherrschten Englisch. Das war gut so, fand ich. Denn es machte das Projekt des Schwedischlernens dringlicher.

In Deutschland war ich trotz zahlreicher Bekannter oft allein gewesen. Hier hingegen, ganz auf mich gestellt, fühlte ich mich nicht im Geringsten einsam. Nicht zuletzt, weil Haukes Gesellschaft alles so heiter machte und seine Fantasie selbst den Dingen eine Seele gab und sie so zum Leben erweckte.

»Du, weiße Wolke«, rief er, als wir auf unserer Veranda saßen. »Wie schwebt es sich da oben so, wird dir nicht manchmal schwindelig?«

»So ein Quatsch, du kleines Körperkind!«, zwitscherte die Wolke zurück. »Und pass bloß auf, sonst verwandle ich mich·in Regen und pinkle dir auf den Kopf!«

»Du, Mond!«, rief er, wenn er abends, viel zu spät für Kinder ordentlicher Mütter, am Wohnzimmerfenster stand. »Was isst du am liebsten zum Frühstück, bevor du morgens untergehst?«

»Moose und Flechten, mein Freund«, wisperte der gutmütige, alte Mond mit einer Stimme, die meiner verdächtig ähnelte. »Und manchmal brate ich mir auch ein Spiegelkuckucksei.«

»Du, kleine Fichte! Gefällt es dir, so klein zu sein, wenn alle anderen Bäume um dich herum so hoch und riesengroß sind?«

»Klein sein bedeutet groß sein, du junger, dummer, deutscher Drömel«, lispelte die Fichte, und Hauke war außer sich.

»Mama, hast du das gehört, was die kleine Fichte sagt?«

»Habe ich. Nicht zu fassen! Ganz unglaublich!«

Schweden war für uns noch ein Märchenland. Die unverständliche Sprache klang melodiös und leicht elegisch. Die Menschen, bildeten wir uns ein, waren hier viel netter und klüger als anderswo. Alles war neu. Selbst der unglaubliche Sternenhimmel der länger werdenden Nächte.

Ich zeigte Hauke die Milchstraße und den Großen Wagen. Mehr Sternbilder kannte ich leider nicht, doch er staunte nicht schlecht. Ein großer Bollerwagen, den jemand über eine Straße aus Milch zog? Aber wer war dieser jemand?

»Das erzähle ich dir ein andermal«, sagte ich.

Es war bald August. Die Sonne schien noch zuverlässig jeden Tag, der unbeschwerte Sommer war noch lange nicht zu Ende. Doch die Luft wurde rauer, und es roch diskret nach Herbst. Langsam, aber sicher holte uns die Wirklichkeit ein.

»Morgen fange ich an, Schwedisch zu lernen!«, verkündete ich, und Hauke rief: »Gut! Dann tue ich das auch!«

Åke und Maj-Britt waren die ehemaligen Pächter und Landwirte von Tegelvik und unsere ersten schwedischen Bekannten, dank derer wir dann gemächlich und unabdinglich vom Wunderland unserer Fantasie in den realen schwedischen Alltag glitten.

Die imposante Feldsteinscheune, etwa fünfzig Meter vom Wohnhaus entfernt, hatte ihnen damals Platz für gut hundertfünfzig Kühe, Stiere und Jungtiere und ein paar Schweine für den Hausbedarf geboten. Nun stand sie seit über zwanzig Jahren bereits leer, für Hauke und mich ein etwas obskurer und spannender Ort, in dem wir manchmal flüsternd und klopfenden Herzens Hand in Hand auf Entdeckungstouren gingen. Ich betrachtete die große Scheune auch im Hinblick auf die Möglichkeit, irgendwann meine beiden Pferde aus Deutschland nachholen zu können. Mein junger schwarzer Friesenhengst hieß Piet, der etwas ältere schneeweiße Andalusier Español, auf Deutsch: der Spanier! Doch Schweden war damals noch kein Mitglied der EU und die Einfuhr von Pferden daher mit diversen bürokratischen Hindernissen verbunden.

Eines Abends klopfte es derart laut und ungeduldig, dass wir erschrocken zusammenfuhren. Wir hatten wie gewöhnlich nicht abgeschlossen, und schon schob sich ein schwergewichtiger Bär von Kerl mit breitem Gesicht unter einem dichten weißen Haarschopf durch die Haustür, um mit der Selbstverständlichkeit eines Hausherrn barfuß und festen Schrittes die Küche zu betreten.

»God kväll, gott folk!«, brüllte er uns an. »Guten Heute, liebe Leute. Und välkommen – willkommen – auf Tegelvik!«

Er schlug sich krachend mit beiden Handflächen auf die kräftigen Schenkel und quetschte kurz darauf wie in einem Schraubstock erst meine und dann Haukes Hand in seiner rechten Pranke. Meinen leicht verwirrten Blick auf seine nackten Füße kommentierte er mit: »Schuhe immer aus im Haus. So ist das hier in Schweden!«

Eine erneute Lachsalve folgte. Hauke verschwand unauffällig in seinem an die Küche grenzenden Spielzimmer, während ich dem ungebetenen Gast höflich Platz anbot.

Er ließ sich schwer auf einen der Küchenstühle sinken, wies mit beiden Daumen auf seine Brust und sagte: »Åke.«

»Hallo, Åke. Ich bin Sylvia.« Er winkte ab und schien das längst zu wissen. »Und das ist mein Sohn ...«

»Hauki! Weiß ich. Brudertochter Evas kleiner älskling – Liebling!« Er rollte mit den Augen und machte den verzückten Ausdruck seiner blauäugigen Nichte nach. »Hast du keinen Kaffee?«, fragte er dann.

»Selbstverständlich!« Ich setzte hastig den Wasserkocher in Gang und bereitete uns zwei Becher mit Instantkaffee zu, was er mit kaum verhohlener Missbilligung beobachtete.

»Milch und Zucker!«, befahl er, schlürfte dann provozierend laut und bemerkte: »Richtig äcklig! Schnellkaffee ist gar nicht gut!« – trank jedoch in aller Seelenruhe weiter.

Dann wischte er sich mit dem Handrücken über den Mund und fragte: »Wo in Deutschland?«

»Schleswig-Holstein. Nördlich von Hamburg ...«

»Hamburg? Reeperbahn. Galante Damen!«

Er feixte und redete mit seiner dröhnenden Stimme weiter auf mich ein, nun endgültig auf Schwedisch, denn sein Vorrat an deutschen Wörtern schien erschöpft. Dass ich ihn ganz offenbar nicht mehr verstand, störte ihn nicht im Geringsten. Einzig ich fühlte mich dumm.

Fazit: Wer in ein fremdes Land zieht, lerne gefälligst umgehend die Landessprache. Nie wieder wollte ich mich in Zukunft als derart unbedarft blamieren.

»Ich lerne bereits Schwedisch«, versicherte ich ihm. »Jag läser redan svenska!«

»Duktig flicka! Tüchtiges Mädel!«

Dann gab er mir mit Händen und Füßen zu verstehen, dass er die paar Wörter meiner Sprache, die er kannte, den deutschen Jägern abgeluchst habe. Sie würden in ein paar Wochen wiederkommen und die zum Hof gehörende Jagdhütte in Besitz nehmen.

»Erst Rehbock. Und dann Elch. Pang. Ende. Aus! Verstehst du?« Ich nickte.

Ich verstand, und es gefiel mir nicht.

»Josef und Karl. Von Stuttgart. Sprechen immer nur deutsch. Seit zwanzig Jahren. Josef ganz okay und gar nicht so dumm. Aber Karl – großer Idiot! Typisch deutsch, verstehst du? Hundert Prozent Besserwisser!«

Er tippte sich an die Stirn, sein Lachen klang nun wie ein bösartiger, harter Husten. Dann erhob er sich und kommandierte: »Lyssna, Sylvia. Hör mal zu! Du. Und kleiner Hauki. I morgon eftermiddag. Morgen Nachmittag. Fika hos Åke und Maj-Britt. Kaffee. Smörgås. Smörrebröd. Buu-tterbrot. Alles klar?«

»Alles klar! ...«

»Klockan två. Åke och Maj-Britt. I byn. Im Dorf. Zwei Uhr. Kapiert?«

»Zwei Uhr. Kapiert.«

Er gab mir einen Zettel mit der Adresse, brummte mit leicht erhobenem Zeigefinger noch allerhand Unverständliches und ging schließlich ohne Gruß zur Tür. Ich sah ihn draußen auf dem Altan in aller Ruhe seine ausgetretenen Sandalen überstreifen.

Dann verschwand er in der Dämmerung.

An diesem Abend hielt ich mich lange wach und saß mit meinem Wörterbuch, einer schwedischen Sprachlehre und einem Schreibheft in der Küche. Ich wusste ungefähr, was Åke oder seine Frau mich am kommenden Nachmittag fragen würden, und bereitete mich, so gut es irgend möglich war, darauf vor. Ich schrieb auf Schwedisch Sätze auf wie: Ich komme aus Schleswig-Holstein. Ich arbeite mit Pferden. Ich schreibe Kinderbücher. Schweden ist schön. Wir mögen das

Haus. Hauke ist ein sehr liebes Kind. Das schmeckt hervorragend. Freut mich, euch zu treffen. Wie sagt man das auf Schwedisch? ... Der letztere war ein geradezu genialer Satz. Stets anwendbar, wenn ich einmal nicht weiterwusste. »Vad heter det på svenska?«, sagte ich so lange vor mich hin, bis ich den Satz wie selbstverständlich aufsagen konnte.

Ob die Aussprache wohl richtig war? »Vad heter det på svenska?«, plapperte mir Hauke, der ebenfalls noch nicht müde war, nach einer Weile munter nach.

Ich blickte auf die Uhr. Es war bald Mitternacht, und ich sagte: »Vi sover nu. Wir schlafen jetzt. Tack så mycket, kleiner Hauke! Vielen Dank für diesen interessanten Tag!«

Bauer, Jäger, Tischler, Maurer, Trinker. All das traf auf Åke zu. Das mit der Landwirtschaft auf Tegelvik war lange her. Åke war nun 81, und er arbeitete fünf Tage in der Woche gegen Barbezahlung als Allround-Handwerker und hatte jede Menge im Dorf und in seiner näheren Umgebung zu tun. Sein Lachen war nirgendwo zu überhören. Seine kräftige Stimme schmetterte Schnapsweisen und tat alles andere als diskret seine Meinung über dieses und jenes kund.

Er konnte alles, wusste alles besser (und das als gebürtiger Schwede!) und war seit mehr als einem halben Jahrhundert der Ehemann von Maj-Britt, einer guten, häuslichen Frau, die er wahrscheinlich nicht verdient hatte. Sie war ein paar Jahre jünger als er und in fast allem sein Gegenteil: zierlich, stets adrett gekleidet, warmherzig, vorsichtig und (eher typisch schwedisch!) stets ein wenig reserviert.

Im Keller ihres von Åke eigenhändig gemauerten Bungalows brannte das Paar gemeinsam hochprozentigen Schnaps. Das war alles andere als legal. »Wir sind inzwischen viel zu alt fürs Gefängnis!«, dröhnte Åke. »Wir haben deshalb Narrenfreiheit, uns sperrt niemand mehr ein!«

Ebenfalls gemeinsam kochten sie auch fantastische und nahrhafte Gerichte. Bevorzugt schwedische Hausmannskost. Wer ein Land von Grund auf kennenlernen will, sollte seine Küche kosten. In Schweden auf dem Land isst man deftig, gern Fleisch und frischen Fisch oder Wild. Elch gilt als besondere Delikatesse, doch man muss das magere rote Fleisch richtig zubereiten können, ansonsten schmeckt es fade und trocken. Angeblich ähnelt es Pferdefleisch, doch das kann und will ich nicht beurteilen. Für jemanden wie mich wäre der Verzehr von Pferdefleisch eine grässliche Spielart des Kannibalismus.

Maj-Britt sammelte Pilze und kochte jede Menge Beeren ein. Preiselbeerkompott ist die schwedische Standardbeilage zu vielen süßen und salzigen Gerichten. Das Wild, das sie servierten, hatte Åke selbst im Wald von Tegelvik erlegt. »Die deutschen Jäger jagen um des Jagens und des Schießens willen«, sagte er verächtlich. »Uns Schweden geht es stets vor allem um das Fleisch. Die deutschen Jäger überlassen es uns immer ohne Weiteres, es interessiert sie ganz und gar nicht!«

Åke und Maj-Britt waren gastfreundlich und großzügig. Bei der ersten Einladung zur Fika applaudierte Åke jovial, doch nicht sonderlich überrascht wegen meinen über Nacht erworbenen Schwedischkenntnissen. Auch Maj-Britt zeigte sich auf ihre stille Art beeindruckt. »Du kannst ja bereits mehr als die deutschen Jäger nach über zwanzig Jahren!« Doch sie irrten sich. Denn alles, was ich sagen konnte, hatte ich lediglich auswendig gelernt. Mir kam zugute, dass Åke am liebsten selbst redete, kein besonders begnadeter Fragesteller war und Maj-Britt nur selten zu Wort kommen ließ.

Wir saßen in der guten Stube, und Haukes und meine Schuhe standen fein säuberlich im Flur. Nur nie die Straßenschuhe anbehalten, wenn du ein schwedisches Haus betrittst! Das gilt als äußerst ungehörig. Zum Glück hatte Åke uns das ja bereits vorgelebt.

»I morgon äter ni middag hos oss!«, entschied er: Morgen kommt ihr zum Mittagessen, und Maj-Britt nickte nun lebhaft. Er zeigte auf die Finger seiner rechten Hand: »Klockan fem! Verstehst du? Fünf Uhr.«

Nein. Ich verstand nicht ganz. Doch in Schweden ticken die Uhren ja allgemein etwas langsamer als in Deutschland. Wen wunderte es also, dass man hier erst abends zu Mittag aß?

Ab sofort waren wir nicht mehr auf uns gestellt. Wenn wir einen Abend mal nicht zum *middag* zu Åke und Maj-Britt kamen, war ihre Enttäuschung groß. Die Altbauern von Tegelvik hatten uns umgehend adoptiert und gaben fortan Antworten auf alle unsere Fragen, ganz allgemein das Leben in Schweden und auch den praktischen Alltag betreffend.

»Vad heter det på svenska?« war meine Standardfrage. Ich ergänzte sie bald um: »Hur säger ni på svenska? Wie sagt ihr das auf Schwedisch?«

Sie erklärten alles bereitwillig und ausführlich. Und lobten meine Fortschritte im Sprechen ihrer Sprache.

Ihre Fragen beantwortete ich ihnen oft erst beim nächsten Besuch. Zu Hause setzte ich mich mit meinem Wörterbuch und einem Block an den Küchentisch und schrieb mir alles, was ich zu erzählen hatte, auf. Die Grammatik war sicher grauenhaft. Die Aussprache vermutlich nicht viel besser. Doch ich erweiterte auf diese Weise blitzschnell meinen Wortschatz, wagte es, an Unterhaltungen teilzunehmen, und wurde nicht mehr hauptsächlich als Ausländerin wahrgenommen. Viele Schweden sind nämlich bei Weitem nicht so fremdenfreundlich, wie es ihrem Ruf entspricht. Wer Schwedisch nicht gut beherrscht, wird gern hinter der vorgehaltenen Hand dafür gerügt. Ein ausländischer Akzent ist nichts, was einem Sympathien einträgt. Die schwedische Königin Silvia ist zwar beliebt, doch ihre mangelnden Sprachkenntnisse und ihr starker deutscher Akzent sind es nicht. Das ist in Deutschland kaum bekannt.

Bevor das Essen aufgetragen wurde, füllte Åke stets die drei großen Punschgläser der Erwachsenen mit selbst gebranntem Schnaps, der süß und irgendwie nach Fliederblüten schmeckte und sehr viel stärker war, als man zunächst annahm. Zum Hauptgang gab es dann das zweite und zum Nachtisch, jedenfalls für die beiden Gastgeber, das dritte Glas.

Ich nippte jeweils nur an meinem. Spätestens beim schwarzen Kaffee nach dem Nachtisch stieg der Fliederschnaps den beiden Alten zu Kopf und machte sie streitsüchtig. Beide buhlten nun ganz ungehemmt um unsere Gunst. Åke als ehemaliger Frauenheld und aus alter Gewohnheit um meine, Maj-Britt mit schwedischen Liedern und dem Spielzeug, dem ihre Enkel bereits entwachsen waren, um Haukes. Der hatte still und ernst der Unterhaltung zugehört und mit großen Augen registriert, was um ihn herum geschah.

Maj-Britt brachte ihn mit ihren lustigen Reimen schließlich zum Lachen, und eines Tages hatte sie ihm dann endlich die ersten schwedischen Worte entlockt:»En gång till! Noch einmal!« Voller Stolz ließ sie ihn wieder und wieder das soeben Gelernte wiederholen, und der gutmütige Hauke gönnte ihr ihre offenbare Freude und versagte ihr den Gefallen nicht.

En gång till! Noch einmal, und noch einmal von vorn!

Das große Krebsfest ist eine beliebte schwedische Tradition. Wie alles, was im hohen Norden als vergnüglich angesehen wird, ist auch beim Krebsfest der allgemeinen Fröhlichkeit ein Wermutstropfen beigemischt. Denn man begeht zugleich das Ende des Sommers oder auch den erneuten Einbruch der Dunkelheit, die im Norden allzu zeitig kommt und allzu lange bleibt. Die Krebspremiere wird jedenfalls Anfang August gefeiert, und Hauke und ich waren von Åke und Maj-Britt dazu eingeladen.

»Auch die Dänen werden kommen«, teilte Åke mir zufrieden mit. »Tom und Egon. Die Jagdpächter des kleinen Fuchshügels, das ist Bauer Sjöbloms Hof. Im Gegensatz zu den deutschen Besserwissern sind die Dänen immer witzig und gut drauf. Sie bringen deutsches Bier und Schokolade mit, kochen ihr leckeres, fettes dänisches Essen und sind überhaupt richtige Allerweltskerle. Ihr mögt doch Krebse, Hauke und du?«

Hauke bejahte die Frage sofort eifrig. Bereits als Dreijähriger war er aus Gründen, die ich mir nicht recht erklären kann (denn ich bin eine miserable Köchin!), ein ausgesprochener kleiner Gourmet und an gutem Essen und neuen Geschmäcken stets interessiert.

»Ich denke schon, dass wir sie mögen«, sagte ich. »Wir haben allerdings noch nie welche gegessen.«

»Umso besser. Sie sind eine Delikatesse! Nur müssen die Biester ja erst mal gefangen werden. Ihr seid natürlich mit dabei! Wir haben wie jedes Jahr einen Uferstreifen des Ätran gepachtet, dort versenken wir unsere Krebskörbe und hoffen auf einen reichlichen Fang. Morgen ist der erste Mittwoch im August. Punkt siebzehn Uhr darf es losgehen«, teilte Åke mit, und er gab mir zu verstehen, dass das im Gegensatz zum Schnapsbrennen eine schwedische Gesetzesvorschrift sei, an die man sich besser halte.

Es wurde ein richtiges Familienfest. Åkes und Maj-Britts Kinder und Enkel nahmen daran teil und viele andere Familienmitglieder, deren Namen ich mir unmöglich alle merken konnte. Alles wimmelte durcheinander, die beiden Enkel Martin und Mattias, sieben und zehn Jahre alt, nahmen Hauke in ihre Mitte und entführten ihn zum

Fest der Kinder. Denn alle, die ein Fangrecht am Ätran erworben hatten, versammelten sich hier an diesem Abend, und es gab ein großes allgemeines Hallo.

Åke hatte die Krebskörbe oder -fallen mit Ködern aus Fischabfällen bestückt und erklärte mir, wo und wie man sie im Wasser am besten auslege. Er kannte die Verstecke der Krebse unter Steinen und Baumstämmen im Wasser oder auch im Schilf am Uferrand genau. Die einheimischen Flusskrebse waren seit vielen Jahren durch eine Krebspest erheblich dezimiert. Man hatte deshalb im Laufe der Jahre immer mehr sogenannte Signalkrebse ausgewildert. Die meisten von ihnen kamen aus China, waren aber nun im europäischen Norden heimisch geworden und hatten sich gegen die Minderheit der einheimischen Vettern längst durchgesetzt.

Lagerfeuer flackerten bald überall, die Kinder grillten an abgebrochenen Ästen klebrige Marshmallows. Martin und Mattias assistierten Hauke, der sich mit seinem langen Marshmallowspieß ein wenig vor den lodernden Flammen fürchtete.

Irgendwo ertönte eine Gitarre, jemand begann zu singen, nach und nach wurde aus der einen dünnen Frauenstimme ein ganzer gemischter Chor. Als es schließlich dunkel war, gab Åke mit großer Geste Zucker, Salz, eine Dose Bier und reichlich Dill in einen großen Wasserkessel und stellte den auf einen Rost über das Feuer.

»Den ersten Korb sehen wir gleich heute Abend nach«, sagte er. »Die anderen stehen bis morgen kurz vor dem Krebsfest. Aber diese ersten fangfrischen Krebse hier am Lagerfeuer, die schmecken stets am allerbesten.«

15 Krebse befanden sich in der ersten Falle. Das war kaum mehr als ein Krebs per Kopf, doch Åke war zufrieden.

»Ist ja nur eine kleine Kostprobe«, sagte er. Er hatte dicke Arbeitshandschuhe angezogen und warf die lebenden Tiere in den Kessel mit kochendem Wasser. »Ja, ja. Die sind auf der Stelle tot«, kommentierte er meinen Blick, und sein robustes Lachen ging mir zum ersten Mal ein wenig auf die Nerven.

Ich war froh, dass Hauke anderweitig beschäftigt war und ihm als Tierfreund dieser Anblick erspart blieb.

Und, ja, trotz meiner Skrupel, als Mensch zu der Gattung der grausamsten aller Raubtiere zu gehören, schmeckten die nun brandroten, im Dillsud gekochten Krebse einfach wunderbar.

Maj-Britt zeigte mir, wie sie zu essen waren. Das Kopfteil wurde abgebrochen und laut schlürfend ausgesaugt. Dann pulte man den Körper aus der Schale, entfernte den dünnen schwarzen Darm und konnte nun das weiße Fleisch des Schwanzteils freilegen. Das Beste aber waren, laut Maj-Britt jedenfalls, die Scheren. Man brach sie auseinander und zog mithilfe einer spitzen Spezialgabel das appetitlich portionierte und zarteste Stück Krebsfleisch heraus.

Åke teilte Dosenbier aus, sogenanntes Starkbier aus dem staatlichen Systembolaget, wo man in Schweden alkoholische Getränke einzukaufen hat. Ich reichte meine Dose diskret an irgendwen in der Menge weiter.

Die Kinder hatten sich zu uns gesetzt. Hauke kroch bald auf meinen Schoß. Er war stolz über seine neuen, großen schwedischen Freunde. Sein Haar roch nach Rauch. Sein kleines Gesicht glühte. Ich fütterte ihn mit dem Krebsfleisch, das ich ihm aufgespart hatte, und er kommentierte den neuen Geschmack wie so oft mit: »Hhmm. Schmeckt wirklich *sehr* gut!« Mein kleiner Optimist! Ich war so froh, ihn an meiner Seite zu haben!

Am Ende eines langen Tages begann die schwedische Sprache sich meinem Verständnis mehr und mehr zu entziehen. Alles hörte sich in meinen Ohren dann nur noch fremd und unbegreiflich an.

Ich war froh, dass bald niemand mehr auf mich einredete. Alle waren anderweitig beschäftigt. Åke stocherte laut fluchend in der erlöschenden Glut und versuchte, das Feuer erneut anzufachen. Maj-Britt redete leise mit ihren Enkeln. Die Gitarre und der spontane Chor waren verstummt. Der sinnentfremdete Klang der Stimmen um mich herum bildete nun eine Art von Sprechchor. Das Feuer knisterte erneut. Åke pfiff eine schwedische Melodie. Hauke nuckelte an seinem Daumen, so wie immer kurz vor dem Einschlafen.

Schleswig-Holstein und Tielenhemme gehörten mittlerweile zu einem anderen Leben, weit entfernt und dennoch gar nicht so lange her. Nun waren wir Fremde, die man freundlich behandelte. Würden wir hier irgendwann aber auch eine neue Heimat finden?

Den Himmel über Tielenhemme und die Pferde, die ich dort zurückgelassen hatte, sah ich nun nachts in meinen Träumen. Abschiednehmen war doch ein längerer Prozess, als ich zunächst angenommen hatte. Ein neuer Lebensabschnitt hatte zwar begonnen, doch der vergangene klang in mir noch nach. Und manchmal fragte ich mich, warum eigentlich alles so und nicht anders gekommen war.

Als zwanzigjährige Veterinärmedizin-Studentin hatte ich in Berlin einen sehr viel älteren Mann getroffen, der mir die Welt versprach und gleichzeitig meine Berufswahl ausredete. Vermutlich sah er in den angehenden jungen Tierärzten mit ihren handfesten Lebenszielen eine Bedrohung seiner eigenen Position in meinem Leben.

Ich ließ mich darauf ein. Das Großstadtleben und die ramponierte, damals noch geteilte Stadt mit ihrer klaustrophobischen Insellage war ohnehin auf die Dauer nichts für mich. S. hatte seit seiner Kindheit dort gelebt, doch um mich nicht zu verlieren, kehrte auch er Berlin den Rücken.

Wir landeten in Tielenhemme in Dithmarschen an der Eider, mitten in einem Naturschutzgebiet. Dort wurden wir Herr S. und Fräulein Sylvia genannt. Ein alternder Schriftsteller und seine junge, lebenslustige Freundin mit einem guten Händchen für Pferde. Sechs Jahre lebten wir zusammen. Dann zog S. in einen kleinen Ort am See in der Nähe von Kiel. Dort verbrachte der erste Mann in meinem Leben in einer Einliegerwohnung mit Kochnische und Sitzbadewanne seine letzten, ziemlich einsamen Jahre. Ich habe ihn oft besucht und fühlte mich meiner Gewissensschuld für sein recht labiles Seelenheil, solange er lebte, nicht entbunden.

Seit wir kein offizielles Paar mehr waren und seine erotischen Besitzansprüche der Vergangenheit angehörten, wurden wir allmählich und behutsam gute Freunde. Das war jedoch ein langer und kein einfacher Prozess. Als ich ihm schließlich zögernd meine ungeplante Schwangerschaft beichtete, hatte ich seinen Zusammenbruch befürchtet. Doch er erwies sich als der Einzige, der sich schlicht und einfach mit mir auf das Baby freute. Dafür werde ich ihm immer dankbar sein. Sein plötzlicher Tod kurz vor Haukes Geburt war für mich auch aus diesem Grund ein kleiner Weltuntergang.

Die ersten zehn Jahre meines Lebens als junge Erwachsene haben S. gehört. Ehe ich's mich versah, hatte er sich ihrer bemächtigt. Er hatte drei gescheiterte Ehen hinter sich und dennoch nicht sehr viel daraus gelernt. Er war extrem eifersüchtig, vor allem, solange wir zusammenlebten. Ich habe ihn geliebt und viel von ihm gelernt und will im Nachhinein eine Beziehung mit einem derart großen Altersunterschied doch niemandem empfehlen.

Mit zwanzig weißt du als Frau noch nichts von der allgemeinen Hypochondrie der Männer. Du idealisierst leicht ihre Einsamkeit und romantisierst ihre Probleme mit dem vernünftigen Hantieren von Gefühlen. Vaterfiguren sind jedenfalls als Frau mit Vorsicht zu genießen, vor allem, wenn dir deine Freiheit etwas wert ist.

Inzwischen war ich 33 und hatte einiges dazugelernt. Meine deutschen Dummheiten gehörten jedenfalls der Vergangenheit an. Über mein schwedisches Leben bestimmte ich allein. Endlich frei und endlich Single! Kein Mann an meiner Seite, der mich vergötterte, keiner, der mich links liegen ließ oder gegen den ich mich behaupten musste. Das gefiel mir, und ich würde mich an diese neue Freiheit gern und schnell gewöhnen können.

Girlanden, Mondlaternen, Papierservietten mit Krebsmotiven auf dem endlos langen Tisch. Die leuchtend roten Krebsteller waren malerisch mit hellgrünen Dillkronen garniert. Die Gäste trugen alberne Papphütchen, und einige hatten bereits bei ihrer Ankunft einen Schwips.

Das ist in Schweden gang und gäbe: Wenn ein Fest angesagt ist, trinkt man sich erst mal zu Hause einen an, ehe man sich auf die Party oder in den Pub begibt, und schafft so die Grundlage für den totalen alkoholischen Knock-out. Ich habe mich in den vergangenen bald dreißig Jahren hier im Land noch immer nicht an diese Unsitte gewöhnen können!

Zur traditionellen *kräftskiva* (*skiva* wie »Scheibe« oder »Tischplatte«) gibt es für alle Gäste Krebse satt. Dazu wird Baguette und manchmal auch Paj gereicht. Pro Kopf hatte Åke mit mindestens zehn Krebsen gerechnet. Er selbst schaffte allerdings erheblich mehr. Denn zu jedem Krebs wurde erneut angestoßen. Mit Schnaps und Bier. Die toten roten Krebse, sagte Åke, wollten gern noch einmal schwimmen!

Das Fest fand auf der überdachten Veranda des Bungalows statt. Dort gab es Platz für über zwanzig Gäste. Familie und Nachbarn hatten sich eingestellt. Und auch die Dänen waren gekommen. Genauer gesagt Egon, der irgendwo im Norden Jütlands eine Jugendherberge betrieb, und Tom, ein stiller Kriminalinspektor vom

Limfjord. Ihr Verpächter, dessen Jagdhütte sie seit vielen Jahren mieteten und in dessen Wald sie jagten, war auch mit eingeladen worden.

Hauke saß am Kindertisch mit seinen neuen Freunden Martin und Mattias. Er sprach wenig, doch er lachte oft und gern und offenbar auch an den richtigen Stellen. Sprache ist ja zwischen Kindern ohnehin nur selten ein Problem.

»Helan går Sjung hopfallerallala«, stimmte Åke mit seinem vollen, dominanten Bass an, erhob sein Glas, und die anderen fielen mit ein.

Schluck den Ganzen
Sing hopp fedarallan lallan lej
Der, der nicht den Ganzen schluckt,
Bekommt auch keinen Halben
Den Ganzen schluuuuck
Sing hopp faderallan lej …

Im allgemeinen feuchtfröhlichen Lärm versuchte mein Nachbar zur Rechten, der kleine, untersetzte Däne mit bereits etwas schütterem blonden Haar und freundlichen Augen, seit geraumer Zeit, ein Gespräch mit mir anzufangen. Ich war davon überzeugt, dass er Deutsch perfekt beherrschte, doch wir sprachen Englisch.

»Weißt du übrigens, dass du bei ›unserem Bauern‹ Sjöblom frische Milch von glücklichen Kühen und Eier von ebensolchen Hühnern kaufen kannst? Das müsste dir als Tierfreundin doch eigentlich gefallen …?«

Er beschrieb mir den Weg. »Eine viertel Stunde durch den Wald von Tegelvik, ein schöner Spaziergang.

Wenn du ohnehin schon da bist, klopf ruhig bei unserer Stuga an. Wir haben immer Kaffee auf dem Herd.«

Ich bedankte mich für die Einladung, und er sagte: »Schön, dass das alte Haus von Tegelvik endlich wieder bewohnt wird. Fühlst du dich wohl in Schweden?«

»Ja. Mir gefällt es hier«, antwortete ich wahrheitsgemäß.

»Mir auch«, erwiderte er. »Obwohl wir in Dänemark eigentlich der Ansicht sind, in Schweden sei alles entweder langweilig – oder aber verboten ... Ich muss dich noch etwas anderes fragen: Weiße Stiere, grüne Wiesen und schwarze Pferde brauche die junge Deutsche als Inspiration zum Verfassen ihrer Kinderbücher. Dieses Gerücht ist dir vorausgeeilt. Da wird man ja schon neugierig. Ist denn an diesem Klatsch was dran?«

»Wer weiß?«, erwiderte ich.

»Was inspiriert eine Frau wie dich denn sonst so?«

Ich antwortete mit einer Gegenfrage: »Und was inspiriert Männer wie dich an der Jagd? Das Schießen oder das Töten?«

»Vielleicht sprechen wir jetzt lieber schwedisch. Nur damit du es schneller lernst«, sagte er. Ein guter Schachzug. Er hatte mir einen Maulkorb verpasst, und ich brauchte keine provozierenden Fragen mehr zu stellen.

Als es an der Zeit war aufzubrechen, war nur noch der Kommissar nüchtern.

»Kannst du mich im Auto mitnehmen?«, fragte ich auf Schwedisch. »Kan du skjutsa mig?«

Die Männer in der Runde sahen einander an und lachten vielsagend. Irgendetwas hatte ich falsch gemacht. Doch erst am folgenden Tag klärte Åke mich darüber auf: Ich hatte das Verb *skjutsa* nicht richtig ausgesprochen. Es hört sich ähnlich an wie das, was ich stattdessen sagte: »Kan du kyssa mig? Kannst du mich küssen?«

Er tat es übrigens nicht, obwohl er antwortete: »Självklart, Sylvia. Mer än gärna! Aber sicher, Sylvia. Nur allzu gern!«

Mit Hauke an der Hand ging ich bereits am kommenden Tag auf dem beschriebenen Weg durch den Wald, bog nach einem guten Kilometer rechts ab und erblickte auf einer leichten Anhöhe den kleinen Fuchshügel. Was für ein passender Name für Bauer Sjöbloms Hof, der dort idyllisch eingebettet von Wiesen und Birkenwald in der milden Abendsonne leuchtete wie auf einem Aquarell von Carl Larsson.

Etwa fünfzig Meter entfernt von dem schwedenroten Bauernhaus mit seinen weißen Eckpfosten und Fensterrahmen lag der altmodische Kuhstall. Es war Melkzeit. Aus dem Inneren des Stalles hörte man die Tiere und das mechanische Stöhnen und Zischen der Melkmaschinen. In der benachbarten Blockhütte der Dänen standen Fenster und Türen offen.

Irgendwann streckte Sjöblom seinen Kopf zur Stalltür heraus, sah uns, winkte emsig und rief hocherfreut: »Välkommen! Bara stig in! Herzlich willkommen. Nur herein!«

In dem niedrigen, sauberen Stallgebäude waren 13 Milchkühe angebunden. Ein wenig abseits standen ein paar Kälber und Jungtiere in hölzernen Boxen. Sjöblom zeigte und erklärte uns alles.

Er war ein großer Mann von kräftigem Körperbau und mit ungelenken, eckigen Bewegungen. Seine Stimme war für jemanden von seiner hünenhaften Statur eine Nuance zu hell. Sein nun graublondes Haar musste früher einmal so flachsblond gewesen sein wie das vieler skandinavischer Kinder. Er sprach einen derart starken Dialekt, dass ich ihn kaum verstand.

Dieses quengelnde Schwedisch mit den besonders lang gezogenen Vokalen hörte man im Fernsehen manchmal bei altmodischen Bauernschwänken aus der Gegend. Doch dieser Bauernhof hier war nicht die Kulisse eines Schauspiels, sondern echte Wirklichkeit. Ich fühlte mich um mindestens vierzig Jahre zurückversetzt. Also in eine Zeit, zu der ich noch gar nicht geboren war!

Sjöblom redete mit seiner hohen, eintönigen Stimme auf mich ein, und ich hörte krampfhaft zu und bemühte mich, an den richtigen Stellen zu nicken oder mit dem Kopf zu schütteln. Manchmal sagte ich auch »Jag vet inte« – ich weiß nicht. Es kam nicht so sehr darauf an. Meine Antworten gingen ohnehin im Einweg-Wortschwall des Bauern unter.

Während er uns gut gelaunt durch sein heimisches Imperium führte, saß sein Vater lächelnd auf der hölzernen Futterkiste. Ein magerer, alter Mann mit der gebückten Haltung von Morbus Bechterew im fortgeschrittenen Stadium. Drei gigantische Kater strichen schnurrend um seine Beine und warteten auf ihren Anteil an der frischen, fetten Milch.

»Ein Liter Milch fünf Kronen«, sagte Sjöblom, steckte meine silberne Münze rasch in die Overalltasche und füllte meine Plastikkanne aus dem Kühltank in der Milchkammer voll bis an den Rand.

Der Kommissar schlenderte von der Jagdhütte herüber und lud mich – nun in bestem Deutsch – zu einem Kaffee und Hauke zu einem Sprudel ein.

Sjöblom starrte ihn verständnislos an. »Vad sa du? Was hast du gesagt?«

»Inget«, sagte der Kommissar und grinste. »Nix!«

Er habe am Vorabend einen kapitalen Bock geschossen. Einen großen Vierzehnender, berichtete er voller Stolz. Sagte man da nun »Herzlichen Glückwunsch«?

Ich sah mir kurz die Jagdhütte von innen an. Sie war spartanisch möbliert, urig und irgendwie recht behaglich. In der Küche gab es einen alten Herd aus Gusseisen, der mit Holz beheizt wurde. Ein Kessel mit heißem Wasser stand bereit. Doch die Einladung zum Kaffee schlug ich aus. Ich war endlich frei, und es hatte es sich gut angefühlt, beim gestrigen Fest erneut gesehen zu werden. Ein wenig flirten. Mehr hatte ich ohnehin nicht gewollt.

Die Hitze der Hundstage war trügerisch. In den Wänden des alten Hauses begannen die Mäuse bereits rastlos auf und ab zu huschen und sich in der Glaswolle einzunisten. Wir würden uns eine Katze anschaffen müssen. Die nächtliche Feuchtigkeit trieb zu Maj-Britts Freude überall die Pilze aus dem Boden. Karl-Johan heißt auf Schwedisch der Steinpilz. Er wurde nach dem schwedischen König Karl XIV. Johann so benannt, dem Begründer der heutigen Königsfamilie Bernadotte. In Frankreich geboren und aufgewachsen, kam er erst mittleren Alters nach Schweden, wo er dann 1818 zum König gekrönt wurde. Zu seinen kulinarischen Vorlieben gehörte auch der heutige König der Pilze in der schwedischen Küche, den damals im Norden Europas noch kaum jemand probiert hatte.

Meine freien, faulen Tage waren nun vorüber. Ich hatte mit der Arbeit an meinen Kinderbüchern begonnen. Meine Arbeitszeit am Schreibtisch begann spätabends und dauerte die halbe Nacht. Denn tagsüber wollte ich voll und ganz für Hauke da sein.

In Schweden werden so gut wie alle Kleinkinder ab einem Jahr tagsüber in eine Krippe oder an eine Tagesmutter abgegeben. *Dagis* heißt auf Schwedisch der »Kindergarten«. Man sieht es allgemein für wichtig an, dass bereits kleine Kinder lernen, sich in eine Gruppe einzufügen. Wer da als Mutter (oder Vater) nicht mitmacht, wird von vielen schief angesehen. Das war mir anfangs allerdings noch nicht bewusst und hätte mich auch nicht beeinflusst. Allzu sehr genossen wir unsere Spiele und Gespräche, denn man kann mit einem Dreijährigen bereits über viele Dinge recht vernünftig oder auch vergnüglich reden, nicht zu vergessen das große Frühstückspicknick und die Abende vor dem brennenden Kamin im großen, kahlen Saal von Tegelvik.

Am späten Abend verwandelte sich mein Arbeitszimmer unterm Dach im Obergeschoss des Hauses dann in ein Treibhaus der Erinnerungen. Im übrigen Haus knackte, tickte und knisterte es nachts in den Wänden, doch hier fühlten wir uns geborgen und dank eines kleinen elektrischen Heizgeräts auch stets behaglich warm. Ich baute Hauke auf dem Fußboden aus jeder Menge Decken und Kissen ein Lager für die Nacht.

Vor dem Einschlafen wünschte er sich immer eine Vorlesestunde aus demselben Buch. Es war ein Kindersachbuch über Vögel, denn Tiere interessierten ihn sehr.

Ich legte mich zu ihm auf den Fußboden, nahm meinen leicht schläfrigen kleinen Sohn wie eine Lieblingspuppe in den Arm, schlug das Buch auf und begann zu lesen. Gemeinsam betrachteten wir Abend für Abend dieselben Bilder, die Flügel, Schnäbel und Krallen der verschiedenen Vögel im Detail illustrierten, und immer lautete Haukes stereotyper Kommentar, wenn wir zum Skelett des Vogels kamen: »Aber das hier ist ein anderer Vogel!«

Dass das Skelett ein Sinnbild für den Tod war, ahnte er offenbar bereits, und, um die Idylle nicht zu trüben, log ich bedenkenlos: »Ein total anderer Vogel. Natürlich. Ja!«

Ich glaube, ich war stets die Erste, die über der Lektüre einschlief. Zumindest für eine halbe Stunde vor der dann folgenden und meistens langen Arbeitsnacht!

Neben meiner elektrischen Reiseschreibmaschine dampfte bald ein großer Becher Instant-Cappuccino (das war Anfang der Neunzigerjahre eine Neuheit und in meinem Leben ein richtiger Hit!), und nun reiste ich in meinem Kopf zurück ins beste Dorf der Welt und ließ mein eigenes Tielenhemme wieder auferstehen, um endlich in aller Ruhe und zugleich mit dem gebührenden Quäntchen Wehmut unwiderruflich Abschied zu nehmen.

Pferdeabstinenz. Dieses Gefühl hatte das Schreiben über Menschen und Tiere im Dithmarscher Dorf in mir erneut geweckt, und ich begann sie immer deutlicher zu spüren.

Piet und Español befanden sich noch immer in Deutschland. Platz für sie gab es ja in der großen Feldsteinscheune. Die beiden Hengste fehlten mir immer mehr. Was ist auf die Dauer schon ein Leben ohne Pferde? Pferdegeschichten sind Liebesgeschichten. Reiten, richtig verstanden und verantwortungsvoll praktiziert, hat vor allem mit der Verehrung dieses vierbeinigen Wesens zu tun, das ich nur widerstrebend als Tier bezeichne. Pferde zu verstehen ist eigentlich ganz einfach, wenn man nur aufmerksam und innerlich gelassen ist, denn vor einem Pferd kann sich niemand verstellen. Es durchschaut die emotionale Gemütslage seines Gegenübers sofort und verhält sich dementsprechend.

Bei Joseph Roth las ich, dass Pferde mit ihrer »kräftigen Milde und süßen Kraft« den Menschen zu »Hingabe, Brüderlichkeit und Liebe« lockten. Dem habe ich nichts hinzuzufügen.

In Deutschland waren Pferde mein Beruf gewesen. Ich hatte nach einer Ausbildungszeit in verschiedenen Dressur- und Zuchtställen auf eigene Faust junge Pferde ge- und verkauft. Beruflich hatte ich stets mit deutschen Sportpferden zu tun gehabt, doch meine wahre Liebe galt den alten Pferderassen, und meine beiden Hengste waren ein imposantes, barockes, schwarz-weißes Paar.

Der junge Friese schien mit seiner langen, gewellten Mähne und den üppigen Fesselbehängen, die man im Englischen so treffend *feathers*, Federn, nennt, wie einem Märchenbuch entsprungen. Auch der ältere Español aus Andalusien war ein eindrucksvolles Pferd. Ich hatte ihn vor etlichen Jahren fast geschenkt bekommen, nachdem er seinen damaligen Besitzer auf rabiate Weise in den Sand gesetzt hatte.

In Deutschland gehörten Andalusier und Friesen zu den wiederentdeckten barocken Pferderassen, die sich immer größerer

Beliebtheit erfreuten. In Schweden hingegen kannte man diese Pferde Anfang der Neunzigerjahre noch kaum.

Als Piet und Español nach monatelangem Behördenkrieg endlich in Tegelvik ankamen und die von Åke in der alten Feldsteinscheune hastig zurechtgezimmerten Boxen bezogen, waren sie daher bald überall bekannt. War die Sache mit den schwarzen Pferden, weißen Stieren und grünen Wiesen also doch wahr gewesen? Die weißen Stiere des Pächters von Tegelvik grasten auf den Weiden rund ums Haus. Doch auch Español, den ich einst als Apfelschimmel übernommen hatte, war inzwischen schneeweiß. Mit spanischem Stolz und durchs Leben erworbener Würde betrachtete er nun die neue Welt im hohen Norden. Er war inzwischen sehr loyal. Wenn ich Hauke auf seinen Rücken setzte, bewegte er sich mit besonderer Vorsicht und lauschte den Endlosliedern, die sein junger Reiter mit den kurzen, baumelnden Beinen fröhlich für ihn sang: »Ich freue mich, dass es dich gibt und dass es mich gibt, alles ist gut, und alles wird gut. Immer!«

Die schwedische Finanzkrise Anfang der Neunzigerjahre sollte dann auch auf unser Leben Einfluss nehmen. Die hohe Inflation seit Ende der Achtzigerjahre hatte im Land zu einer allgemeinen Überschuldung geführt. Die Zinsen waren allzu hoch. Immer mehr Privatpersonen und auch Firmen konnten schließlich die fälligen Raten ihrer Darlehen nicht mehr pünktlich zurückzahlen.

Der Wert der schwedischen Krone war damals noch durch einen festen Wechselkurs an die anderen europäischen Währungen gebunden. Im übrigen Europa war die Inflation bei Weitem niedriger. Das führte zu einem unrealistisch hohen Wert der Schwedenkrone im Vergleich zu den anderen Währungen.

Für mich mit meinem deutschen Geld aus den Buchverträgen machte all das den Alltag schrecklich teuer. Ich merkte es täglich beim Einkaufen. Manche Lebensmittel kosteten fast doppelt so viel wie in Deutschland.

Bauer Sjöbloms Angebot, bei ihm nicht nur günstig Milch, Eier, Kartoffeln, Gemüse, Käse, den er billig von der Meierei bekam, sondern auch feinstes und exquisit duftendes Wiesenheu für meine Pferde zu kaufen, hatte ich gern angenommen. Zum Dank dafür sagte ich zu, als er mich bat, ihm während der kommenden Tage beim Holzhacken zu helfen. Alles hat im Leben schließlich seinen Preis, nur die Währungen sind unterschiedlich.

Das Brennholz für den bevorstehenden Winter befand sich bereits gut abgelagert im Holzschuppen. Doch es würden ja weitere Winter kommen, und Sjöblom war ein Mann mit fester Lebensplanung. Der letzte Sturm hatte in seinem Wald ein paar Birken gefällt. Die Stämme hatte er bereits mit der Kettensäge in hantierbare Blöcke zerteilt, und die galt es nun zu spalten und zu stapeln. Eine zeitraubende, schweißtreibende Arbeit und im Alleingang ziemlich öde.

Zum Spalten des Brennholzes gibt es spezielle Maschinen. Sjöblom hatte sich von seinem Nachbarn ein sperriges Modell älteren Baujahrs ausgeliehen und brachte mir ein neues schwedisches Wort bei: *vedklyv,* auf Deutsch »Holzspalter«. Dahinter verbirgt sich ein lärmendes und kreischendes Ungetüm, das jede Unterhaltung bei der Arbeit unmöglich macht. Sjöblom warf einen Holzblock auf das laufende Band, und ich hatte zuzusehen, dass dieser dann richtig unter der rotierenden Axtklinge zu liegen kam. Zog man seine Hand nicht schnell genug weg, so war sie wohl ab!

Anfangs zögerte ich. »Das sieht verdammt gefährlich aus!«

»Nur wenn du nicht aufpasst oder allzu langsam bist. Hast du Angst?«

»Ne!«

Und schon fingen wir an. Nach einer Weile hatten wir uns aufeinander eingespielt und arbeiteten schweigend immer effektiver.

Hauke hatte derweil im angrenzenden Hühnerstall bei den braunen Legehennen absolut keine Langeweile. Er liebte Tiere, hatte in Ermangelung eines eigenen Hundes Sjöbloms Hühner in sein Herz geschlossen und seine Lieblingshenne auserkoren, »die ohne Schwanz«. Sie ließ sich erstaunlicherweise gern von ihm streicheln und behutsam in seinen beiden Armen über den Hof tragen. Ich war froh, dass er sich dank seiner lebhaften Fantasie fast immer gut beschäftigen konnte. Mit einem ständig quengelnden Kleinkind wäre das Leben auch für mich sehr viel einförmiger gewesen.

Nach ein paar Stunden stellte Sjöblom endlich die Höllenmaschine ab. Seine viereckigen Brillengläser waren leicht beschlagen, und er wischte sich verstohlen über die schweißglänzende Stirn. Dann betrachtete er mit Genugtuung den ansehnlichen Brennholzhaufen. »Alle Achtung, Sylvia. Du bist tatsächlich stark wie ein Pferd. Aber jetzt machen wir mal fünf Minuten Pause.«

»Wenn's unbedingt sein muss!«

Er lachte. »Fika, kleiner Mann!«, rief er laut, und aus dem halbdunklen Hühnerstall ertönte ein helles: »Komme gleich!«

»Ab in die Küche mit euch beiden. Mama hat frisch gebacken«, verkündete Gunnar Sjöblom gönnerhaft.

Die meisten Männer – und das hat durchaus seine liebenswerten Seiten – sind eigentlich kleine Jungen, die vor dem Publikum ihrer Mitmenschen mehr oder weniger glaubhaft den Erwachsenen geben. Das muss auf die Dauer recht ermüdend sein. Doch mit etwas Glück haben verständnis- und liebevolle Mütter ihrem schutzlosen Gemüt einst hinreichend Kraft und Mut fürs ganze Leben eingehaucht. Wehe, wenn nicht!

Sjöbloms Mutter war dieser liebevollen Kategorie ganz offenbar nicht zuzurechnen. Sehr klein und mager und von einer kalkigen

Blässe, die daher rührte, dass sie ihre Küche so gut wie nie verließ, wirkte sie verdrossen und unnahbar.

Sie hockte auf der Brennholzkiste nahe beim Küchenherd und trommelte mit ihren dick bestrumpften Fersen gegen deren hölzernen Resonanzkörper. Meinen Gruß hatte sie mit zusammengepressten Lippen erwidert und dachte nicht daran, von ihrem angestammten Thron zu steigen, um sich mit uns an einen Tisch zu setzen. Doch in der Küche duftete es verlockend, und das war ganz allein ihr Werk!

Fika auf dem Land. Die strikten Regeln hatte mir bislang ganz offenbar noch niemand richtig beigebracht. In einem traditionellen Heim, wo man Wert auf Fika-Etikette legt, gilt es nämlich, zwar alle Kekse zu probieren, doch von jeder Sorte stets nur einen einzigen zu nehmen. Während ich munter einen Fauxpas nach dem anderen beging, versuchte Sjöblom mit seiner kleinen Lektion zum Thema »Schwedisches Kleingebäck« die Indignation seiner Mutter geflissentlich zu überspielen.

Drömmar, Träume, waren spröde, krümlige Kuchen mit Vanillegeschmack. Sie wurden mit Hirschhornsalz gebacken, das mache ihre Konsistenz so luftig, erklärte Sjöblom. In Deutschland hätten meine männlichen Nachbarn mit solchen Küchenkenntnissen kaum aufwarten können. Doch schwedische Männer waren eben emanzipierter, ganz offenbar selbst in Sjöbloms Generation. »Und Träume sind ja nicht verboten«, fügte er gedankenvoll hinzu.

Pepperkakor, Pfefferkuchen, isst man in Schweden nicht nur zur Weihnachtszeit. Ihr Genuss sei nämlich nützlich, lernte ich nun. Denn: »Pfefferkuchen machen einen lieb und nett!«, erklärte Sjöblom mit leicht verschämtem Lächeln in Richtung seiner offenbar etwas schwerhörigen Mama.

»Gut zu wissen«, sagte ich und griff erneut zu.

Bondkakor, Bauernkuchen, bestehen aus allerhand Süßem, Fettem und Ungesundem wie jeder Menge Butter, Zucker, Sirup und Mandeln. »Du siehst, das Leben auf dem Bauernhof ist durchaus angenehm und gut«, warb mein Fremdenführer durchs Kuchenland vermutlich in eigener Sache.

Havreflarn, runde Haferkekse, schmecken selbstverständlich jedem Pferdemenschen und bedurften keiner weiteren Erklärung.

Finska pinnar, finnische Stäbchen, sind eine schwedische und keinesfalls finnische Erfindung. Die länglich-rechteckigen Kuchen aus Mürbeteig schmeckten nach Butter und waren mit Mandelsplittern und Perlzucker bestreut, der mich an Neuschnee auf einem unbestellten Acker denken ließ. Daher der Name? Sjöblom lächelte verzückt und zuckte mit den Achseln.

Schließlich ließ er mich die sechste Sorte testen, *Hallongrottan.* In einer zentralen Vertiefung der runden Himbeergrotte glänzte leicht überbackenes, selbst eingekochtes Himbeerkompott. Ich aß gleich drei von dieser Sorte und war damit bei Sjöbloms Mutter ein für alle Male unten durch.

Er klärte mich erst später darüber auf. »Mach dir nichts draus«, sagte er. »Es Mama recht zu machen, war noch nie besonders leicht.«

»Kannst du eigentlich auch melken?«, fragte er mich eines Abends. Er hatte gerade in der blitzblanken Milchkammer meine Kanne aus dem Kühltank gefüllt und meine Fünfkronenmünze flugs in der ausgebeutelten Tasche seines Overalls verschwinden lassen.

Ich antwortete nach dem Vorbild Pippi Langstrumpfs: »Wie soll ich das denn wissen können? Hab's schließlich noch nie ausprobiert!«

Kühe haben nicht nur große, seelenvolle Augen, sondern sind in der Regel auch recht nachsichtig. Das lernte ich in den kommenden Tagen. Und die schwedischen Milchkühe waren Anfängern im

Melken gegenüber deutlich toleranter als ihre hitzköpfigeren finnischen Cousinen. Das brachte mir die rotbunte Finnin Leila bei. Auch, dass eine ärgerliche Kuh nicht wie ein Pferd nach hinten ausschlägt, sondern stets zur Seite – und das, wenn es sein muss, mit einer solchen Wucht, dass man es besser nicht so weit kommen lässt. Es gibt eine Art Metallbügel, der, in die Flanke des entsprechenden Tieres geklemmt, das Ausschlagen zum größten Teil unmöglich macht. Aber gutes Zureden und Wachsamkeit halfen auch. Jedenfalls nachdem Leila und ich die ersten Sprachschwierigkeiten überwunden hatten und uns allmählich mehr und mehr auf einer Wellenlänge befanden.

Auch auf den oft im wahrsten Sinne des Wortes schietigen Schwanz der Milchkuh gilt es zu achten, wenn man sich auf dem Melkschemel direkt unter ihrem Bauch befindet. Denn – wupps – peitscht der dir ins Gesicht oder, was wesentlich schlimmer ist, ins Auge, und das kann für dein zukünftiges Sehvermögen beklagenswerte Folgen haben.

In Sjöbloms altmodischem Stall waren die Kühe noch zum Melken angebunden, und sie hatten auch noch Namen. Mit den heutigen modernen Laufställen, wo die Kühe nur noch Nummern sind und von Robotern gemolken werden oder sich vielmehr melken lassen, denn sie begeben sich freiwillig dorthin, hatte der kleine, halbdunkle, doch stets sehr saubere Stall nichts gemein. Bevor er mir das Prinzip der Melkmaschinen erklärte, stellte Sjöblom mir nicht ohne einen gewissen Stolz die 13 Damen seines ansonsten recht einsamen Junggesellenlebens vor.

Rosa 17 war die Ururenkelin der ursprünglichen Rosa, die Gunnar Sjöblom junior noch aus Kindertagen erinnerte. Rosa ist in Schweden traditionsgemäß der beliebteste Name für eine Kuh. Die weibliche Nachkommenschaft erbte in der Regel den Vornamen der Mutter, der dann mit einer fortlaufenden Ziffer versehen wurde.

Die meisten Kühe stammten aus altem Familienbestand und waren auf dem Hof geboren, nur äußerst selten war eine Milchkuh hinzugekauft worden. »Dabei tut ein bisschen fremdes, frisches Blut ja manchmal durchaus gut«, bemerkte Sjöblom vielsagend. Und sein ansonsten so schweigsamer, gebeugter Vater auf der Futterkiste fügte schnell hinzu: »Es ist übrigens wissenschaftlich erwiesen, dass Kühe, die einen Namen haben, mehr Milch geben als solche mit Nummern. Die Engländer haben das herausgefunden, steht in der letzten Ausgabe von *Land*. Die Zeitschrift liest du doch wohl auch?«

»Natürlich!«, erwiderte ich höflich, »*Land* ist interessant!«, was sogar der Wahrheit entsprach. Die Zeitschrift erschien einmal wöchentlich, und Sjöblom gab mir sein ausgelesenes Exemplar jeden Sonntag mit. Die Artikel über Landwirtschaft und Umwelt boten mir weitere, sehr aufschlussreiche Schwedisch-Lektionen in Wort und Bild.

Sjöblom junior stand allerdings im Verdacht, sich in der Hauptsache für den Annoncenteil zu interessieren. Der Heiratsmarkt nahm hier den zentralen Platz ein, vor allem die Spalte: »Er sucht sie.« Es herrschte Frauenmangel auf dem Land. Dafür sprach, dass unter »Sie sucht ihn« unübersehbar Ebbe waltete. Gut fünfzigjährige Kinder wie Gunnar, die noch immer mit ihren Eltern Haus und Hof teilten, waren in der Gegend keine Seltenheit, doch vermutlich nicht mehr allzu leicht an die Frau zu bringen ...

»Früher hatten Kühe noch ganz andere Namen«, fuhr der sanfte alte Mann mit seiner etwas heiseren Stimme fort. Er verbrachte seine Tage hier im Kuhstall oder auf seinem alten roten Volvo-Traktor aus demselben Grund, aus dem auch sein Sohn den Heiratsmarkt in *Land* studierte: Beide träumten von ein bisschen Freiheit.

»*Sommarlöf* und *Äppelros. Söndagsmö* und *Dimma* (Sommerlaub, Apfelrose, Sonntagsmaid und Nebel).«

Die moderneren Namen waren jedenfalls prosaischer. Blomströmn junior hatte sie alle mit Kreide auf die Schiefertafel über dem jeweiligen Tier geschrieben, sodass für mich keine Gefahr bestand, dieses dann falsch anzureden. Ich begrüßte also Stjärna, Rosa, Krona, Sara, Maja, Lilja, Majros, Linda, Blomma, Lisa, Hanna, Klara und Rosita. Letztere wurde seit ein paar Wochen nicht mehr gemolken und bekam als sogenannter Trockensteher, auf Schwedisch *sinko*, Futter mit geringem Nährstoff- und Proteingehalt. Sprich: überjähriges Heu.

Während dieser Zeit vor dem Kalben soll der Organismus sich erholen, bevor dann die neue, etwa zehnmonatige Melkperiode beginnt. Rosita war mit 16 Jahren die älteste Milchkuh in Sjöbloms Bestand. Zum Vergleich: In einem modernen Tierbestand mit Laufstall und Melkroboter beträgt das Durchschnittsalter einer Milchkuh rund vier Jahre. Dann gilt sie als »verbraucht«, gibt nicht mehr genügend Milch und wird deshalb zum Schlachter geschickt.

Eines Tages stand zu Haukes Begeisterung ein kleiner mechanischer Bagger vor dem Kuhstall, und ein Sandhaufen in Kindergröße türmte sich davor auf und wollte umgeschichtet und abgefahren werden. Nun wechselte mein eifriger Sohn zwischen Hühnerstall und Kinderbagger hin und her und hatte mindestens ebenso viel zu tun wie ich als Melkerlehrling.

Es dauerte nicht besonders lange, und ich wusste mit den Milchgeschirren umzugehen und konnte die sich durch pulsierenden Unterdruck an den Zitzen festsaugenden Becher fachgerecht anlegen, nachdem ich die jeweilige Kuh vorher mit der Hand kurz angemolken hatte. Ich wusste, wie der Milchtank penibel zu reinigen war (wichtig wegen eventueller Keime, die den Milchpreis dann empfindlich senken!) und in welcher Reihenfolge die Kühe nach dem Melken wieder in die Freiheit entlassen wurden. Denn sie verbrachten ihre glücklichen Tage selbstverständlich auf den Weiden rund ums Haus.

Und am Tag, nachdem Rosita einen schwarz-weißen Mini-Stier gekalbt hatte, wurden Hauke und ich tatsächlich zu einer zweiten Audienz in die Küche des kleinen Fuchshügels gebeten. Es gab »Kalbtanz«, eine Spezialität aus langsam erhitzter Biestmilch, also der ersten Milch nach der Geburt eines Kalbes. Schmeckt durchaus interessant und gilt dank des hohen Gehaltes an Eiweiß und Nährstoffen zudem als sehr gesund.

Die Herrscherin des Hauses verließ zwar ihren Thron auch jetzt nicht, doch voller Stolz über ihr Paradegericht nickte sie Hauke gnädig zu und hieß selbst mich, doch gern noch einmal zuzugreifen.

Devalvering war die neue schwedische Vokabel, die ich im September 1992 lernte. Das ist ein Fachbegriff aus der Finanzwelt, der auch im Deutschen existiert und »Abwertung« bedeutet.

Die schwedische Finanzkrise hatte ihren Höhepunkt erreicht. Der Zinssatz kletterte kurzfristig und in einem desperaten Versuch, das Geld im Land zu halten, auf fünfhundert Prozent.

Am sogenannten schwarzen Mittwoch, dem 16. September (ein Datum, das ich mir leicht merken kann, da es der Geburtstag meines Vaters ist!), erklärte die Regierung, dass man auf die feste Anbindung der Krone an den europäischen Währungskorb fortan verzichte. Das bedeutete Abwertung und den freien Fall der international bislang so überbewerteten Landeswährung.

Viele schwedische Geschäfts- und auch Privatleute wurden in den finanziellen Ruin getrieben.

Doch des einen Not ist bekanntlich des anderen Brot, und für mich mit Einkünften und einem kleinen Sparguthaben in D-Mark war die

Finanzkrise wie ein verfrühtes Weihnachten. Für hundert D-Mark hatte ich bislang rund dreihundertfünfzig Kronen eingetauscht. Nun bekam ich fast fünfhundert!

Zudem waren die Immobilienpreise in den Keller gerutscht, vor allem für Sommerhäuser auf dem Land. Die mussten dringend abgestoßen werden, denn viele Städter konnten sich keinen Zweitwohnsitz mehr leisten.

Plötzlich fühlte ich mich richtig reich! Jedes Mal, wenn wir in die Kreisstadt Svenljunga zum Einkaufen fuhren, sah ich mir nun die Aushänge eines dort ansässigen Maklers an. Eine günstigere Gelegenheit, hier ein Haus zu kaufen, würde es für mich kaum jemals wieder geben.

Die Fotos eines kleineren falunroten Hauses mit weißen Fensterrahmen und einem großen, halbwilden Grundstück hatten es mir ganz besonders angetan. Es lag in einem Dörfchen namens Hid, an dem wir auf dem Nachhauseweg stets vorbeifuhren.

Die Schilder des Maklers wiesen in einen einspurigen Kiesweg, der bald steil bergauf führte. Ein unbewohnter gelber Hof mit leer stehendem Stallgebäude lag auf der linken Seite des Weges. Und nach weiteren etwa achthundert Metern, auf denen einem tunlichst kein Auto entgegenkommen durfte, denn es gab keine Möglichkeit auszuweichen, leuchtete das rote Holzhaus auf dem Gipfel der Anhöhe.

An dem hier und da recht schiefen Zaun stand »Till salu« – zu verkaufen – auf einem strahlend weißen Schild. War das hier unser neues Zuhause? Mein Herz schlug merkbar schneller.

»Was meinst du, Hauke. Könnten wir hier wohnen?«

»Mama, das Haus sieht total gemütlich aus«, sagte mein kleiner, unermüdlicher Optimist.

Wir stiegen aus und sahen uns um. Es fühlte sich spannend und etwas verboten an, hier auf eigene Faust herumzuspionieren. Wahrscheinlich war das der Grund dafür, dass wir von nun an nur noch flüsterten.

Der Briefkasten quoll über von Reklame. Ganz offenbar war hier seit Langem niemand mehr gewesen. Schließlich öffnete ich beherzt die Gartenpforte und nahm Hauke an die Hand.

»Und wenn nun jemand kommt?«, fragte er ein wenig ängstlich.

»Dann sagen wir, dass wir das Haus kaufen wollen.«

»Wollen wir das denn?«

»Wie können wir das wissen, Hauke, wenn wir es uns noch nicht einmal aus der Nähe angesehen haben?«

Das leuchtete ihm sofort ein.

Das alte rote Holzhaus sah aus der Nähe noch anheimelnder aus. Wir blickten durch die Fenster des Wohnzimmers und entdeckten einen zentral gelegenen Kamin mit gläsernem Einsatz. Der würde das Haus bedeutend wärmer halten, als es das offene Feuer in Tegelvik vermochte. Die Räume waren nicht sehr hoch, und die Außenwände wirkten dick und stabil.

»Was sagst du, Hauke?«

»Die Schaukel da, gehört die mit zum Haus?«

»Na klar!«

»Dann ist das Haus aber bestimmt sehr teuer.«

»Sollte man meinen. Ist es aber nicht!«

»Mama, ich glaube, es ist das tollste Haus, das ich je gesehen habe!«

Wir streiften Hand in Hand durch den wilden Garten, entdeckten eine zwischen hohen Bäumen und Büschen versteckte leicht baufällige Laube mit alten Gartenmöbeln und einem klapperigen Holztisch.

»Hier kannst du ganz in Ruhe eine schöne Tasse Cappuccino trinken und über neue Geschichten nachdenken!«, urteilte Hauke mit Kennerblick.

»Und du kannst unterdessen schaukeln, bis dir schummerig wird.«

In einem Meer von Rhododendron lag auf der Rückseite des Hauses eine großzügige Holzveranda. Ich konnte das leuchtende Farbenmeer der Blüten in meinem Geburtstagsmonat Mai bereits vor mir sehen.

Auf der anderen Seite des Weges entdeckten wir einen der für Schweden typischen Erdkeller. Diese einfachen und kühlen Vorratsräume wurden früher für Kartoffeln und andere Lagerbestände genutzt, doch die meisten dieser Keller sehen heute einfach nur noch malerisch aus und stehen leer.

Offenbar gehörte die wilde Wiese mit zum Haus. Für Pferde war sie kaum geeignet und als Weide auch nicht groß genug, doch man konnte vielleicht dort einen Stall bauen und dann Weideland von einem der angrenzenden Bauern pachten.

Wir waren aufgeregt, denn uns gefiel das kleine Anwesen immer besser.

Nur Hauke machte sich plötzlich Sorgen. »Und was ist mit Tegelvik? Ist das alte Haus nicht traurig, wenn wir plötzlich ein neues lieber mögen?«

»Wir mögen das Haus in Hid ja vielleicht gar nicht lieber. Es eignet sich nur besser für uns. Und denk mal an die Mäuse, die sich inzwischen aus ihren Verstecken wagen und nachts im Saal von Tegelvik und in der Küche über Tische und Stühle tanzen ...«

Hauke schüttelte sich. Wir hatten inzwischen überall Fallen aufgestellt, doch für jede gefangene Maus schienen drei andere nachzurücken.

»Seit die meine Schokoladenkekse angeknabbert haben, mag ich keine Mäuse mehr.«

»Ich auch nicht. Wenigstens nicht im Haus. Außerdem bräuchten wir hier oben in Hid nicht mehr zu frieren. Ich glaube, der Kamineinsatz im Wohnzimmer heizt leicht das gesamte Haus.«

»Frieren ist blöd«, fand auch Hauke. Und damit hatte ich ihn überzeugt.

Als wir nach Hause kamen, rief ich den Makler in Svenljunga an und verabredete mit ihm einen Besichtigungstermin.

Ein eigenes Haus? Ein neues, richtiges Zuhause, das uns ganz allein gehörte? War damit die Probezeit vorbei, und hatte Schweden sie bestanden?

Es ging uns ja so gut hier. Weder Hauke noch ich hatten bislang an Heimweh gelitten. Es gab zwar manches, was wir noch nicht recht durchschauten, doch auf der anderen Seite auch so vieles, was uns hier gefiel. Warum sollten wir diesen Schritt nicht wagen?

Ich habe noch nie sehr viel davon gehalten, wichtige Entscheidungen auf die lange Bank zu schieben. Das ganze Leben ist ein Risiko. Allzu lange über das Für und Wider einer Sache nachzugrübeln, ändert nichts daran. Das hatte ich nicht zuletzt bei zahlreichen Pferdekäufen und Tauschgeschäften gelernt, und einer meiner besten Lehrmeister in dieser Sache war wohl Pferdehändler Löhden.

Auch der war kein Freund von Unentschlossenheit. Nachdem die infrage kommenden Pferde besichtigt und probegeritten waren, erklomm man hinter dem kompakten Mann in seinem grauen Händlerkittel die steile Treppe zu dem kleinen Büroraum hoch über Pferdestall und Reithalle. Die Kaffeemaschine wurde in Gang gesetzt, und die Stunde der Wahrheit nahte.

Ich denke immer noch gern an Johann Löhden, einen Pferdemann und -kenner jener Sorte, die inzwischen in einer von Frauen dominierten Pferdeszene eher Seltenheitswert hat. Viele gute und wenige nicht so gute Pferde habe ich einst von ihm gekauft. Die nicht so guten nahm er, wenn ich darauf bestand, mit Unschuldsmiene stets zurück und gab mir ohne Worte zu verstehen: »So geht es einem, der nicht richtig aufpasst!« Womit er ja recht hatte!

Er selbst kaufte seine Pferde immer günstig ein, das war wohl seine größte Stärke. Er bezahlte stets in bar, und in seinem gesamten Leben als Pferdehändler hat er nie auch nur ein einziges Pferd reklamiert!

Jovial, schlagfertig und witzig und durch und durch Familienmensch, so erinnere ich Löhden. Er behandelte alle gleich, ob reich oder arm, vornehm oder gewöhnlich.

Dem hochdekorierten Leiter des Landgestüts in Celle, einem Akademiker mit Doktortitel, brachte er nicht mehr Respekt entgegen als dem Hilfsschüler, der in einem drittklassigen Handelsstall die Stallgasse fegte. Sein Humor war immer menschlich. Aufsässig gegenüber jeder Obrigkeit, frech im Umgang mit Bürokraten und Pedanten und ein listiger Fuchs im Verhandeln mit Käufern und Kunden.

Wen er nicht leiden konnte, der nahm sich besser vor ihm in Acht. Doch wem er gut gesonnen war, zu dem war er stets fair. Denn im Grunde war er gutmütig, wollte keinen Ärger und hatte ein großes Herz.

Als begnadeter Erzähler tat er gern die überwiegend wahren Begebenheiten seines bewegten Lebens kund, und sein Vorrat an Geschichten schien nie zur Neige zu gehen. Doch spätestens nach der zweiten Tasse Kaffee und der dritten Anekdote saß er erneut wie auf glühenden Kohlen. »Genug geredet. Lass uns endlich handeln, Sylvia. Irgendwas geht schließlich immer. Und ob es richtig oder falsch war, das werden wir dann später sehen.« Und auch in diesem Punkt irrte er sich nie.

Die Sache mit dem roten Holzhaus fühlte sich jedenfalls grundrichtig an. Der Makler aus Svenljunga führte uns durch alle Räume, und das Haus schien uns freundlich gesonnen. Einfach und anspruchslos, somit typisch ländlich-schwedisch, versprach es Wärme und Geborgenheit. Die Ausstattung war bescheiden, das Meublement eher bieder.

Man konnte den Besitzer, den wir nie trafen, förmlich vor sich sehen: einen älteren, naturverbundenen Witwer aus Göteborg, der hier seine einsamen Sommer und müßigen Wochenenden verbracht hatte. Inzwischen war ihm die anderthalbstündige Autofahrt zu anstrengend geworden und das Haus daher verwaist. Es handelte sich zwar um keinen Notverkauf, doch er war durchaus bereit zu verhandeln.

Mildes Licht fiel durch die Fenstersprossen des Wohnzimmers. Draußen rauschten die altväterlichen Eichen, die ein paar Hundert Jahre länger hier standen als das ebenfalls recht betagte Haus, und ließen die Schatten ihrer Äste und Zweige lautlos über Möbel und Wände huschen.

Die Küche war ein schmaler Schlauch, einfach ausgestattet mit einem alten Herd und einem minimalen Junggesellenkühlschrank. Doch direkt am Fenster war Platz für einen kleinen Tisch und wenigstens drei Stühle.

Der kilometerweite Ausblick über das liebliche Ätrantal war einmalig. Was konnte man mehr wollen?

Lediglich im angrenzenden Bad, ganz offenbar nachträglich dort eingebaut, fehlte die für mich obligatorische Badewanne. Ich habe diesen allgemeinen Trend zur Dusche nie verstanden. Ins beinahe unerträglich heiße, von duftendem Schaum gekrönte Badewasser einzutauchen war für mich seit jeher der größte Alltagsluxus. Gern mit einem komplizierten Buch, dessen Seiten sich vom Wasserdampf von mir aus dann gern wellen dürfen. Dem besseren Verständnis hilft die Hitze allemal, und Bücher sind schließlich Gebrauchsgegenstände.

In Tegelvik gab es nur eine spartanische Dusche, noch dazu ganz ohne Vorhang. Doch hier in unserem eigenen Bad sollte eine große Wanne eingebaut werden, und das möglichst, noch bevor wir einzogen!

Wir folgten dem Makler in den Garten, und er führte uns zur Tischlerwerkstatt. Die befand sich in einem ebenfalls rot gestrichenen, solide gezimmerten Nebengebäude. Den Fußboden machten grob gehobelte, dicke Dielenbretter aus. Die alte Hobelbank, allerlei Werkzeug, der zwar betagte, doch immer noch einwandfrei funktionierende Benzinrasenmäher waren im Kaufpreis inbegriffen. Und auch das angrenzende obligatorische Plumpsklo, das in Schweden auf dem Land so gut wie alle älteren Häuser haben.

Mit dem Bauern, dem das angrenzende Land gehörte, würde über die Pacht von etwas Weideland für Piet und Español bestimmt zu reden sein. Und auch die Baugenehmigung für einen Pferdestall – laut Makler bei einem Haus wie diesem und ganz ohne Nachbarn – kein Problem!

»Mach einfach ein Gebot, ich leite es dann an den Besitzer weiter«, schlug der Makler vor. »Augenblicklich ist der Käufer König. Doch wer weiß, wie lange noch ...«

Hauke saß bereits auf seiner neuen Schaukel, und ich gab ihm etwas Schwung.

»Mehr!«, rief er und: »Guck mal, Mama. Was ich kann!« Und er schaukelte höher und höher.

Sein kleines Gesicht glühte vor Stolz und Freude, und seine Begeisterung steckte mich an. Ich fühlte mich auf einmal beinahe ebenso unbeschwert.

»Mama. Kaufen wir die Schaukel?«

Ich schubste Hauke noch einmal kräftig an. Es gibt solche Augenblicke, in denen du glaubst, das Leben (fast) dein Eigen nennen zu können, obwohl du eigentlich weißt, dass es dir bald schon erneut durch die Finger rinnen und nichts und niemand es dabei aufhalten wird. Worauf also warten?

»Wenn du meinst, dann kaufen wir die Schaukel. Und kriegen mit etwas Glück dann das ganze Haus obendrauf«, sagte ich.

Ein Haus zu kaufen ist in Schweden viel unkomplizierter als in Deutschland. Den Kaufvertrag unterschreibt man schlicht und einfach beim Makler. Einen Notar wie in Deutschland braucht man dafür nicht. Die Signaturen unter dem Kaufvertrag müssen lediglich von zwei beliebigen Personen beglaubigt werden. Mit Unterschrift und – nun kommt es, typisch schwedisch (!) – unter Hinzufügen der Personennummer. In meiner Welt tauchte diese beim Kauf des Hauses zum ersten Mal auf, diese ominöse Zahlenkombination, die in Schweden im Alltag ganz unentbehrlich ist und so gut wie alles regelt. Denn hier im Land bist du ohne diese Kennzahl kein vollwertiger Mensch und eigentlich nicht einmal nachweislich existent.

Die ersten sechs Ziffern bestehen aus dem Geburtstag, rückwärtsgelesen, also Jahreszahl, Monat und Tag. Dann, nach dem Bindestrich, der bei über Hundertjährigen durch ein Pluszeichen ersetzt wird, fügt der Staat noch vier Ziffern hinzu. Die dritte Ziffer gibt Auskunft über das Geschlecht. Gerade Zahl bedeutet weiblich, ungerade männlich.

Nur wer eine Aufenthaltsgenehmigung erhalten und seinen Wohnsitz in Schweden angemeldet hat, bekommt eine Personennummer. Ich hatte beides bislang versäumt. Wie sonderbar, dachte ich, dass alle, die ich kannte, ihre zehn Ziffern derart bereitwillig zu Zeit und Unzeit angaben. Den gläsernen Menschen gab es ganz offenbar längst im Land meiner Träume. Ich war zum ersten Mal gründlich ernüchtert. Wie konnten die Schweden sich nur derart willenlos zu einer Nummer degradieren lassen?

Bereits 1947 wurde die Personennummer eingeführt, und Schweden war damit das erste Land der Welt, in dem alle Einwohner fortan mithilfe einer Zahlenfolge von sämtlichen Behörden sofort identifiziert werden konnten. Was in Deutschland gegen die bürgerlichen Grundrechte verstößt, ist jedem Schweden längst in Fleisch und Blut übergegangen, und niemand lehnt sich dagegen auf: Nenn deine zehn Ziffern, und der Staat erzählt dir, wer du bist. Welche Krankheiten du hattest, wie viel du verdienst, wie viel Schulden oder Vermögen du hast, welche Autos du wie lange besessen und wie oft du den Wohnsitz gewechselt hast.

Ob Schuhgröße, Lieblingsfarbe, Anzahl deiner Lover oder Dinge, über die nicht einmal du dir selbst so recht im Klaren bist: Frag den großen Bruder Staat, denn der weiß in Schweden alles!

Sjöblom, dem ich am Abend nach dem Hauskauf beim Melken seiner 13 Kühe half, verstand nicht, was ich meinte, als ich sagte, ich wolle keine namenlose Menschennummer sein. Er zuckte nur ein wenig verwirrt mit den Achseln.

Ahnte er womöglich, dass ich meinen Irrtum bald bereuen sollte? Auch meine frohe Neuigkeit vom eigenen Haus kam bei ihm nicht gut an. Ganz im Gegenteil: Er machte ein beleidigtes Gesicht. Ein Haus? In Hid? So weit entfernt? Gefiel es mir denn hier nicht mehr? Und wie sollte in Zukunft eventuell noch mehr aus unserer guten Nachbarschaft werden?

Die Ränder seiner blassen Augen hinter den viereckigen Brillengläsern waren gerötet. Mit meinen Waldspaziergängen zum Melken würde es also demnächst vorbei sein. Zehn Kilometer! Die Autofahrten kosteten Benzin und Zeit. Ich bemerkte jetzt erst, dass der lächelnde, gebeugte alte Mann an diesem Abend nicht auf seiner Futterkiste hockte.

Ich fragte nach ihm. Doch Sjöblom war nicht mehr nach reden zumute. Auf seine Heugabel gestützt, starrte er eine Weile vor sich hin und wandte sich dann ab.

Wir molken schweigend weiter.

Ein Ja aus Göteborg! Ich hatte dem Makler zwei Drittel des gefragten Preises geboten, und der Besitzer der roten Stuga hatte ohne längere Bedenkzeit akzeptiert.

Kaum zu glauben. Etwas weniger als umgerechnet 30.000 Euro kostete das Haus mit seinem wilden, gut 10.000 Quadratmeter großen Garten, der Werkstatt, dem Erdkeller, den vier mehrere Hundert Jahre alten Eichen, dem Meer aus Rhododendron in bislang unbekannten Blütenfarben, der Schaukel und der Laube sowie den beiden geblümten Sofas im Wohnzimmer.

Als Tag der Übergabe legten wir den 1. Mai des kommenden Jahres fest. Das gab mir etwas Spielraum zum Regeln der Finanzen – und ich hatte Tegelvik ja ohnehin für ein ganzes Jahr gemietet.

Doch es fror sich nun viel unbeschwerter in dem großen, alten Haus mit der Aussicht auf den kommenden Winter im heimelig warmen eigenen Heim in Hid. Mit dem Bezahlen des Handgelds, in Schweden in der Regel zehn Prozent des Kaufpreises, hatte der Vertrag juristische Gültigkeit.

Hauke und ich waren aufgeregt und glücklich. Wir besuchten unser Haus ab sofort fast jeden Tag, standen ehrfürchtig am Gartenzaun, winkten schüchtern den Respekt einflößenden Eichen zu und machten sowohl verrückte als auch realistische Zukunftspläne.

Und da das am besten in einer behaglichen Atmosphäre geschieht, fuhren wir oft weiter zur nahe gelegenen Gemeinde Överlida, wo das ortsansässige Hotel täglich zur Mittagsstunde *dagens rätt* für nur 45 Kronen anbot.

Dagens rätt, das Gericht des Tages, ist eine gastronomische Institution in Schweden und beinhaltet so viel Salat und Brot, wie man essen will, ein Hauptgericht, ein Getränk, beliebig viele Tassen Kaffee und manchmal sogar ein einfaches Dessert.

Davon wird wahrlich kein Gastwirt fett! Und in Överlida aßen Kinder unter fünf zudem gratis!

»Hauke, hau rein!«, ermahnte ich meinen munteren Mini-Gourmet. »Dank der Finanzkrise sind wir jetzt richtig reich, doch wer weiß, wie lange das anhält!«

Noch vor ein paar Monaten hatte mein kleines Kind beim Essen stets auf meinem Schoß gesessen. Ich hatte ihm seinen Willen gelassen. Schließlich ist man nur einmal im Leben klein.

Nun, mit dreieinhalb, thronte es mir im Hotelrestaurant auf der Sitzbank und einem großen Kissen gegenüber, aß ordentlich mit Löffel und Gabel, und wir redeten vergnüglich über alles, was uns so einfiel: seine beiden imaginären Brüder Stefan und Simon, unseren zukünftigen Hund, den wir uns beide wünschten, und nicht zuletzt auch über Mommes bevorstehende Fahrt nach Schweden, denn mein Verlag hatte mir einen Vertrag für den zweiten Teil meiner Kindergeschichten in Aussicht gestellt. Arbeitstitel: »Momme in Schweden«.

Hauke fand, das sei ein gutes Thema.

»Momme, das bin ich, und Schweden gibt es ja immerhin auch«, stellte er zufrieden fest.

Und noch etwas Entscheidendes hatte er hinzugelernt. Nach dem Essen sagt in Schweden, wer gut erzogen ist, stets: »Tack för maten.« Oder als deutscher Nachwuchsschwede auf dem Weg zur Zweisprachigkeit: »Danke für das Essen!«

Das klingt irgendwie lustig, wenn auch ein bisschen kantiger!

Freier Ausgang für die Hühner! Das galt von nun an (und trotz des Hofnamens!) auf dem kleinen Fuchshügel, und Hauke und ich hatten es durchgesetzt. Zumindest bei gutem Wetter öffnete Gunnar

Sjöblom nun für ein paar Stunden am Vormittag die Tür des überdachten Maschendrahtgeheges.

Der bereits ergraute Elchhund Ludvig verstand die neuen Sitten seiner vertrauten Welt nicht mehr, und mit bekümmerter Aufmerksamkeit bewachte er die aufgeräumt gackernde Damengesellschaft, die sich außerhalb der Gitter ihres Heimes immer ungezwungener zu bewegen traute: Trunken vom Rausch der neuen Freiheit flatterten die braunen Legehennen bald über die von Birken umsäumte, leicht hüglige Weide im Anschluss an den alten Schweinestall und ließen Sjöblom ins Grübeln kommen, denn auch ihm gefiel der Anblick dieser neu erwachten Lebensfreude.

Und das verdrossene alte Augenpaar hinter dem leicht beschlagenen Küchenfenster änderte nichts an seiner neuen Einstellung. Eher im Gegenteil.

Die Gebieterin des kleinen Fuchshügels trug dann bald schon Schwarz, denn sie war Witwe. Der freundliche, gebeugte alte Mann hatte sich ebenso stumm und lautlos aus dem Dasein verabschiedet, wie er es zumindest während seiner letzten Jahre dort im Stall und auf der Futterkiste verbracht hatte. Ein paar Tage lang war er zu schwach für seinen Posten im Kuhstall gewesen und dann eines Morgens einfach nicht mehr aufgewacht.

Zur Beerdigung wurde Besuch aus Göteborg erwartet. Gunnars eminente Schwester Dana.

Dana war das erste Wort, das Hauke bald in ungelenken Großbuchstaben kritzeln konnte. Er tat es mit Wonne und mit Verve, denn sie hatte es ihm beigebracht.

In seinem Malheft stand der Name nun in trotzig-lustigen Versalien über jeder neuen Seite. Er zierte unseren alten Holztisch in der Küche, und ich entdeckte ihn in lila Wachskreide seitlich unter dem Kaminsims im Wohnzimmer an der Wand.

Dana stand auf der Schachtel mit den Memory-Karten für Anfänger, auf der Cornflakes-Packung, dem Kekspaket und der Telefonrechnung.

Eine graue, halb verhungerte junge Katze war kürzlich bei uns eingezogen, und als Hauke mit verschmitztem Lächeln vorschlug, das verschüchterte Tier Dana zu nennen, denn darüber werde es sich sicher freuen, bestand auch für mich kein Zweifel mehr: Dana war der Name unserer neuen, ungekrönten Königin und mein kleiner Sohn nun jüngstes Mitglied im globalen Klub der einsamen Herzen, dem auch ich seit Langem bereits angehörte.

Die meisten schwedischen Frauen waren Anfang der Neunzigerjahre bereits wesentlich emanzipierter als ihre deutschen Schwestern. Das Gros der schwedischen Männer schien die Zugeständnisse, die eine gleichgestellte Gesellschaft von ihnen erforderte, im Großen und Ganzen zu bejahen.

Zugegebenermaßen hatte ich mir mit einem Mann, für den das Baden, Füttern oder Windelnwechseln seines kleinen Sohnes nie auch nur im Entferntesten infrage gekommen wäre und dessen Diskussionsthemen sich nie aufs Glatteis der Gefühle wagten, ein besonderes Montagsexemplar in Sachen »Befreiung der Geschlechter« ausgewählt. Doch in Schweden gab es bereits Soldatinnen und weibliche Offiziere, Fernfahrerinnen, Hufschmiedinnen, Schlachterinnen, und immer mehr Aspirantinnen legten auch das Jägerexamen ab.

Die meisten Männer, selbst aus der älteren Generation, lobten das und fanden es zumindest nach außen hin gut und richtig. Und die, die die Entwicklung eher ängstlich oder kritisch sahen, hielten tunlichst ihren Mund. In geselliger Runde äußerte man in Schweden ungern kontroverse Standpunkte, auch das hatte ich inzwischen gelernt.

Ich bin in vieler Hinsicht Feministin. Doch ich finde, Gleichberechtigung sollte keine Unterschiede ausradieren. Zum Beispiel kann ich mich absolut nicht als Soldatin mit einem Maschinengewehr im Arm sehen. Mein Vater hat gezwungenermaßen seine Jahre als junger Erwachsener im Zweiten Weltkrieg als Soldat vergeudet, und seine schrecklichen Erfahrungen hatten ihn zu einem überzeugten Pazifisten gemacht. Was würde er von diesen jungen uniformierten Frauen halten?

Doch in Schweden machte ich mich mit diesen Anschauungen meist unmöglich. Es waren nicht nur jüngere Leute, die mich hoffnungslos rückständig fanden. »Soldat oder Jäger. Was ein Mann kann, können Frauen in der Regel auch!«, äußerte selbst Åke. »Und das meiste können wir ja ohnehin bedeutend besser!«, pflichtete ihm Maj-Britt mit maliziösem Lächeln bei.

Dass so gut wie alle schwedischen Kinder ab einem Jahr in der Kinderkrippe oder bei einer staatlich angestellten Tagesmutter abgegeben wurden, auch das war natürlich eine Folge der Emanzipation. Eine verheiratete Mutter, die sich dafür entscheidet, während der ersten Jahre bei ihren Kindern zu Hause zu bleiben, wird im Land noch immer gern ein wenig abfällig als *lyxhustru* bezeichnet. Eine Luxusgattin, das ist in Schweden eine Frau ohne Beruf und eigenes Einkommen, und so will niemand gern gesehen oder bezeichnet werden.

Die Frage, wann ich Hauke endlich bei der Dagis anmelden wolle, wurde mir inzwischen öfter und in zunehmend spitzerem Ton gestellt. Nie im Leben, dachte ich im Stillen und redete dann schnell über etwas anderes.

Zurück zu Dana, die bereits mit 15 die enge Welt des kleinen Fuchshügels verlassen und sich mit Gelegenheitsarbeiten und provisorischen Behausungen fortan allein durchgeschlagen hatte. Auf der

Komvux, der berühmten schwedischen Erwachsenenschule, hatte sie dann später die versäumte Ausbildung nachgeholt und mit Mitte oder Ende zwanzig ihr Abitur gemacht.

Die Komvux ist eine großartige Einrichtung, wie ich inzwischen aus eigener Erfahrung weiß. Wer einst die Schule ganz ohne Abgangszeugnis oder mit schlechten Noten abgeschlossen hat oder als Ausländer nach Schweden zieht, bekommt hier eine neue oder zweite und bei Bedarf auch eine dritte Chance. Auch das ist typisch schwedisch. Als hoffnungsloser Fall wird niemand so leicht eingestuft. Zweifellos eine der guten Seiten der hiesigen Luxusversion eines Sozialismus, der seine Mitbürger zugleich auch ständig mahnt: »Glaub ja nicht, dass du jemand, und schon gar nicht, dass du jemand Besonderes bist!« Zum Beispiel kann man auch bei der Führerscheinprüfung folgerichtig unzählige Male durchfallen, ohne sich wie in Deutschland nach dem dritten Mal einem »Idiotentest« stellen und als Versager fühlen zu müssen.

Nach absolvierter Komvux war Dana jedenfalls Krankenschwester geworden, in Schweden ein recht qualifizierter Job mit einer besonders umfassenden Ausbildung. Nach einigen Zusatzsemestern Notfallmedizin begleitete sie nun im Rettungshubschrauber schwer erkrankte oder verunglückte Patienten in das jeweils zuständige Spezialkrankenhaus.

Gunnar hatte mir bereits mit Stolz davon erzählt. Als großer Bruder sah er längst mit Bewunderung zu seiner renitenten und so weltgewandten kleinen Schwester auf. Gegensätzlicher konnte ein Geschwisterpaar kaum sein.

Dana, inzwischen ganz Göteborgerin, chic und modebewusst, gesprächig, lustig, offen und stets gut gelaunt, betrachtete den etwas hinterwäldlerischen Bruder mit nachsichtiger Anteilnahme. Man konnte sich lebhaft vorstellen, wie sie mit ihrem mitreißenden

Schwung und Charme bereits als junges Mädchen die Herzen ihrer männlichen Umgebung auf dem platten Land und in der Großstadt in Brand gesetzt hatte.

Nun war sie Ende vierzig, nach wie vor schlank und sportlich und ein bisschen zu braun gebrannt, und ihre auffallend blauen Augen leuchteten trotz des traurigen Anlasses ihres Besuches, vor allem wenn sie Hauke sah.

Sie hatte sich nie recht für einen einzigen ihrer zahlreichen Verehrer entscheiden können, hatte geflirtet, verführt oder sich verführen lassen und darüber das Ticken der biologischen Uhr wissentlich überhört. Für Kinder war es für sie nun zu spät. Und dass sie das bedauerte, ohne es zugleich ändern zu wollen oder gar zu können, das merkte man ihr deutlich an.

Am Tag nach der Beerdigung schlug sie einen Waldspaziergang vor. »Nur wir vier. Zwei Jungs und zwei Mädels!«, sagte sie mit vielsagendem Blick in Richtung Bauernhaus und der dunklen, unbeweglichen Silhouette, die sich ein wenig vage im blütenweißen Rahmen des Küchenfensters abzeichnete, und entschlossen nahm sie Hauke an der Hand.

Der Spaziergang ging zum Waldsee. Der gehörte zum Hof, jedenfalls die eine Hälfte. Die andere war Eigentum von Bauer Johansson, der in ein paar Kilometern Abstand wohnte und dessen Familie mit den Sjöbloms seit Generationen verfeindet war. Den ursprünglichen Anlass dieser ewig aktuellen Fehde erinnerte längst niemand mehr. Der spielte auch keine Rolle. Man redete nicht miteinander und grüßte sich nicht. Das sei so und werde auch immer so bleiben, hatte Gunnar mich bereits wissen lassen.

Das Ufer des verwunschenen Waldsees war morastig und von Schilf bewachsen. Das Wasser roch ein wenig süß und moderig. Gunnar Sjöblom hatte aus alten Brettern einen Bootssteg gebaut, und ein halb mit Wasser gefülltes Ruderboot wartete darauf, für den bevorstehenden Winter endlich an Land gezogen zu werden.

Mit Hauke an der Hand balancierte Dana vor uns über den bedenklich wippenden Steg, und ich hörte sie leise seufzen: »Stackars lilla pappa!« Armer kleiner Papa.

»Ist dein Papa denn noch lange tot?«, fragte Hauke neugierig.

Dana wiegte ihren Kopf. »Ich hätte einfach öfter mal zu Besuch kommen sollen. Er hatte es wahrlich nicht so leicht.«

»Mein Papa ist auch tot«, erklärte Hauke. »Jedenfalls ein bisschen.«

»Ach!« Sie beugte sich zu ihm hinab und hob ihn behutsam auf den Arm. »Stackars lilla Hauke.«

»Stackars lilla Dana, ebenfalls«, echote es mit beflissener Kinderstimme zurück.

Und dem hatte niemand unserer kleinen Trauergesellschaft noch etwas hinzuzufügen.

Wir zeigten Dana unser neues Haus. Sie fand es einmalig und wunderbar und gratulierte uns spontan und herzlich. Dann strich sie Hauke übers Haar und wandte sich vertraulich an mich: »Armer Gunnar! Na, du weißt schon.«

»Arme Männer ganz generell«, erwiderte ich in dem Versuch, dem Thema, das nun kommen musste, erfolgreich auszuweichen. »Die gehen seelisch so viel leichter als wir vor die Hunde.«

»Stimmt. Meinem Bruder fehlen wohl ein bisschen Pep und Schwung. Ich weiß, es passt nicht recht. Doch ein Blinder sieht ja, wie er deinetwegen leidet. Aber was nicht geht, das geht eben nicht.«

»Du sagst es.«

Vor ihrer Abreise am nächsten Tag kam sie auf eine glänzende Idee. »Lass doch zumindest deine Pferde bei meinem Bruder auf dem Hof wohnen! Der alte Pferdestall steht schon so lange leer. Papa hat vor über dreißig Jahren sein letztes Arbeitspferd gegen den alten roten Volvo-Traktor eingetauscht. ›Ein Trecker ist nützlich, aber der Umgang mit Pferden besänftigt die Seele‹, hat er immer gesagt. Gunnar ist ein Ass im Tischlern und bringt leicht den Stall wieder ein bisschen auf Vordermann. Dort hast du dann sogar fließendes Wasser und jemanden, der für deine Pferde sorgt, wenn du mal etwas anderes vorhast!«

Gesagt, getan. Als der erste Schnee fiel, zogen meine beiden Hengste in ihr renoviertes Domizil auf dem kleinen Fuchshügel ein. Pferdepension gegen sporadische Hilfe beim Melken. So lautete das Tauschgeschäft.

Bald galoppierten Piet und Español über die sanften Hügel ihrer neuen Koppel neben der Weide der 13 Milchkühe. Und während Hauke Gunnar redselig im Stall oder auf dem Traktor Gesellschaft leistete, ritt ich durch den unberührten Winterwald. In leichtem Trab schwebte mein Pferd fast lautlos durch den Pulverschnee.

Die Jagdhütten waren nun alle verwaist. Auf einer verborgenen Lichtung schlummerte unter einer Haube von blendend weißem Neuschnee ein windschiefes, verlassenes Gehöft mit zugenagelten Fenstern. Im kahlen Geäst des alten Apfelgartens zettelte gerade eine Horde von Saatkrähen eine gefiederte Verschwörung an. Die klare Wintersonne zauberte metallische Reflexe in ihre schwarzen Uniformen.

Rah, krah lautete die internationale Losung aus ihren grindigen Schnäbeln – und die geheime Botschaft ist dieselbe in Schweden wie in Norddeutschland ...

Unser erstes Jahr in Schweden ging zu Ende. Weihnachten wurde allerorts vorbereitet.

Sjöblom hängte auf Geheiß seiner Regierung in der Küche rotgrüne Weihnachtsgardinen auf. In allen Fenstern brannten Lichter.

Schweden ist heute ein säkulares Land. Seit dem Jahr 2000 ist die Ehe zwischen Svenska kyrkan, der protestantischen Staatskirche, und dem schwedischen Staat endgültig geschieden. Doch erst seit 1951 herrscht Religionsfreiheit im Land. Jeder, der wollte, konnte von da an aus der staatlichen Kirche austreten. Für mich als Deutsche wirkt ein protestantischer Gottesdienst in Schweden immer leicht exotisch. Die Pastoren tragen lange weiße Roben mit Kordel und einer Stola über den Achseln und sehen mehr wie katholische Geistliche aus. Auch die Konfirmanden tragen in Schweden Weiß, die Farbe der Reinheit. Ihre langen, weiten Gewänder erinnern an Nachthemden.

Als Gegenbewegung zur Staatskirche haben etliche Freikirchen eine Rolle gespielt, ursprünglich eine moderne freiheitliche Volksbewegung in Opposition zur kontrollierenden Macht der Staatskirche und mit starkem missionarischen Gedankengut. Doch auch die schwedischen Freikirchen kämpfen inzwischen mit schwindenden Mitgliederzahlen und einem allzu hohen Durchschnittsalter derer, die dort noch aktiv sind. Viele der kleinen hölzernen Kapellen auf dem Land wurden inzwischen verkauft und zu Sommerhäusern umfunktioniert.

Lucia wird landesweit am 13. Dezember gefeiert. Mehrere Wochen zuvor hängen die Fotos der Kandidatinnen in allen Schaufenstern aus. Jede Schule, jede Kleinstadt, mancher Verein und auch das schwedische Fernsehen küren jeweils eine eigene Lucia. Eine große Anzahl oft etwas schüchtern wirkender junger Mädchen träumt offenbar davon, einmal im Leben diese Wahl zur Lichterkönigin zu gewinnen.

Für mich glich all das eher einem provinziellen Schönheitswettbewerb – mit dem Unterschied, dass die Aspirantinnen anstatt in Bikini und High Heels sittsam ganz in Weiß gekleidet waren. Die gewählte Lucia trägt dann am 13. Dezember die nunmehr meist mit elektrischen Kerzen ausstaffierte Lichterkrone (die Schweden sind ein vorsichtiges Volk!), faltet ihre Hände und singt, begleitet von ihrem Chor aus ebenfalls weiß gekleideten Helferinnen und kleinen Sternenjungen mit ihren hohen, steifen Zipfelmützen, unter anderem den Lucia-Klassiker:»Nu tändas tusen juleljus« (Jetzt werden tausend Weihnachtslichter angezündet).

Und alle, oder sagen wir so gut wie alle erwachsenen Schweden freuen sich, denken vermutlich an ihre eigene Kindheit und sind zu Tränen gerührt.

Auch Hauke würde später als Schulkind jedes Jahr im Dezember Sternenjunge sein, denn das war obligatorisch. Und unter einer aus irgendeinem Grunde stets eine Nummer zu großen, hohen Sternenmütze, die ihm dann jedes Mal bis weit über die Nase rutschte, trieb er weiß gekleidet und halb blind im Lucia-Zug neben seinen wesentlich beherzteren Kameraden durch die Flure seiner Schule in die weihnachtlich geschmückte Turnhalle mit allen erwartungsfrohen Eltern und Anverwandten der Mitschüler.

Ich litt mit ihm, wenn er wie ein gestrandeter Fisch halbwegs im Takt des jeweiligen Liedes seinen Mund öffnete und wieder schloss, um zumindest vorzutäuschen, dass er wie alle anderen sang. Weder er noch ich konnten uns je mit dieser Sitte richtig anfreunden.

Außer der Tatsache, meinen kleinen Sohn derart leiden zu sehen, irritierten mich stets die gefalteten Hände der frömmelnden Schönheitskönigin, die zumindest mich in der Rolle der Heiligen nie recht zu überzeugen wusste.

Glad jul: Frohe Weihnachten! Dass im dunklen Norden dieses Fest so groß gefeiert wird, hat wohl eigentlich eher heidnische als christliche Beweggründe. Das Fest der Wintersonnenwende bedeutet ja zugleich das Ende der kürzer werdenden Tage und ist somit für alle, ob gläubig oder nicht, ein fröhlicher und hoffnungsvoller Tag. Tatsächlich empfinde auch ich die Dunkelheit im nordischen Winter als das, was meine Stimmung am meisten drückt. Gegen Kälte gibt es schließlich warme Kleider. Doch die allzu langen Nächte gehen manchmal selbst mir aufs Gemüt.

Zu Weihnachten reisten wir das erste Mal seit unserem Umzug nach Deutschland und feierten bei meinen Eltern nördlich von Hamburg. So, wie es sich in unserer Familie stets gehörte: mit Roastbeef und Bratkartoffeln, Lübecker Marzipankonfekt und dem Weihnachtsschmuck aus meinen Kindertagen.

Das gute alte Deutschland, fanden Hauke und ich, hatte durchaus auch seine Meriten.

WILLKOMMEN IM NIEMANDSLAND

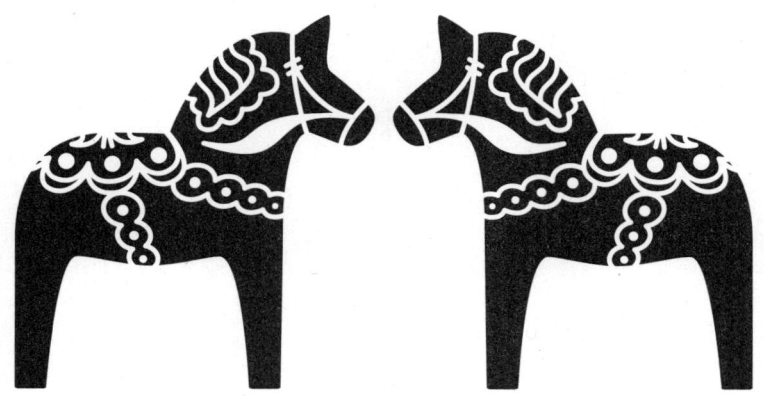

Unsere Rückkehr nach Tegelvik zu Beginn des neuen Jahres fühlte sich bereits ein bisschen wie nach Hause kommen an. Das bedeutete zugleich auch, dass der Lack des Funkelnagelneuen ab war.

Ich verstand inzwischen zu viel Schwedisch, um mir noch einreden zu können, dass die Leute hier im neuen Land grundsätzlich netter, toleranter, lebensklüger oder einfach nur sympathischer waren als im alten.

Der so angenehm trockene Humor der Holsteiner fehlte mir zuweilen und auch die deutsche Direktheit. In Schweden hielt man mit seiner Meinung, vor allem wenn sie von der aller anderen abwich, lieber hinter dem Berg. »Att ha åsikter« – Standpunkte zu haben, das gilt hierzulande als nichts Gutes. Mit zu viel Aufrichtigkeit machst du dich in Schweden kaum beliebt.

Daran, dass ich begonnen hatte, die Schattenseiten des Landes zu bekritteln, war möglicherweise die Kälte im Haus nicht ganz unschuldig. Ständiges Frösteln macht eben unduldsam. Und auch die Invasion der Mäuse, die immer zahlreicher und frecher in Erscheinung traten, verdüsterte mein Weltbild. Einzig in unserer nächtlichen Bastion, meinem Arbeitszimmer unterm Dach, ließen die Mäuse uns zufrieden.

Unsere junge Katze Dana hatte zwar zu jagen begonnen. Doch noch waren ihr die grausamen Spiele mit ihren Opfern wichtiger als die Pflicht des effektiven Tötens.

Tatkräftig wie immer sagte Åke Hilfe zu. Gift und ein kleines Kind im Haus – das gehe nicht gut zusammen, sagte er und kam mit einer Spezialanordnung, die er als die effektivste und billigste Mäusefalle der Welt bezeichnete: ein Eimer mit Wasser, auf den während der Nacht ein mit Speck eingeriebenes Holzbrett als eine Art von Leiter führte.

Die Mäuse benutzten sie tatsächlich, fielen ins Wasser und waren am kommenden Morgen ertrunken.

Als erster Anblick, noch ein wenig schlaftrunken nach halb durch-geschriebener Nacht, waren diese Wasserleichen nicht unbedingt das, was ich als guten Start in einen neuen Tag bezeichne. Ich entsorgte sie, um Hauke den Anblick des Massakers zu ersparen, und gab Åke Eimer und Brett zurück. Er lachte mich natürlich aus und fand mich allzu zimperlich.

Doch ich setzte lieber auf Katze Dana, kürzte ihre Futterration, und tatsächlich begann sie ihren Job allmählich ernster zu nehmen. Sie aß zwar immer noch kein Mäusefleisch, reihte die erlegten Kreaturen jedoch von nun an stets fein säuberlich auf der Fußmatte im Flur auf. Es waren jeden Morgen zwischen fünf und neun. Dennoch reduzierte sich die Anzahl der überlebenden Hausbesetzer allzu langsam.

Schließlich half jedoch unsere Politik der Abschreckung. Solange unsere stets ein wenig hungrige Katze leise maunzend durch die Räume patrouillierte, wagten sich die Mäuse immer seltener hervor. Stattdessen hörten wir sie fortan umso geschäftiger durch die Isolierung in den Wänden wuseln. Es schien, als wollten sie sich durch extra hektische und geräuschvolle Geschäftigkeit für die drastischen Maßnahmen rächen. Solange sie es dabei beließen, konnten wir zufrieden sein.

Ich war im Prozess der neuen Heimatfindung einen guten Schritt vorangekommen und wohnte nun in einer Art von Niemandsland. In Deutschland war ich ohne eigenen Wohnsitz nur noch Gast. Und in Schweden hatten wir den exotischen Reiz der Neuankömmlinge eingebüßt, ohne jedoch bereits als heimatberechtigt zu gelten. Ich hatte zwar eine Reihe von Bekanntschaften gemacht. Doch Bekannte sind nicht unbedingt Vertraute, und engere Freundschaften entwickelten sich im Norden offenbar nur langsam. Natürlich war auch die Sprache, die ich noch nicht perfekt beherrschte, ein gewisses Hindernis. Ich konnte mich in Alltagsdingen recht mühelos verständlich machen, doch wenn es um kompliziertere Dinge ging, fehlten mir nicht selten die richtigen Worte. Das, was ich sagen wollte, klang zu meiner eigenen Enttäuschung oft allzu platt.

Ich ahnte bereits, dass auch das Schreiben möglicherweise auf die Dauer ein Problem werden konnte. Nicht allein der Sprache wegen. Auch alle meine beruflichen Kontakte lagen nun auf Eis. Meine sporadischen Rundfunkaufträge in Deutschland als freie Mitarbeiterin für unterschiedliche Sender fielen jetzt natürlich weg.

Das Schreiben war auch in Schleswig-Holstein und meinem Alltag im Pferdegeschäft stets meine einsame Insel gewesen, auf die ich mich bei Bedarf zurückzog. Doch hier in Schweden schrieb ich zudem in einer fremden Sprache, die niemand meiner neuen Bekannten verstand. Einen Text zu kopieren, loszuschicken und dann auf eine Antwort zu warten, kostete Energie, Zeit und Geld. Ohne Internet war ich damals erheblich mehr auf mich gestellt und isoliert als heute.

Die beiden neuen Kinderbücher waren fertig, die Manuskripte angenommen worden, und demnächst würde ich die Belegexemplare zugeschickt bekommen. Das erste Exemplar eines eigenen druckfrischen Buches in der Hand zu halten ist immer festlich und besonders. Doch wem, außer Hauke, sollte ich die Bücher hier schon zeigen?

Nora würde mich im kommenden Sommer im neuen Haus besuchen. Das hatten wir bereits geplant. Wir schrieben uns hin und wieder Briefe, und sie hatte mir ein paar Kassetten mit ihrer Lieblingsmusik aufgenommen, die ich nun im Autoradio ständig hörte. Wie bereits gesagt: Nichts geht über alte Kinderfreundschaften!

Und ich sah ein, dass ich derart überlebenswichtiges Rüstzeug fürs Leben als brauchbare Mutter auch meinem Sohn nicht länger vorenthalten durfte. Auch er musste neue Freunde finden und endlich andere Kinder treffen. Daran ging kein Weg mehr vorbei.

Einmal in der Woche verbrachte Hauke von nun an ein paar Stunden bei einer Tagesmutter im Dorf. Zwischen fünf und sieben Kinder turnten und tobten durch den direkt an einer Wiese mit allgemeinem Bolzplatz gelegenen Bungalow, wo Maggan mit ihrem Mann und ihren beiden halbwüchsigen Söhnen wohnte. Sie war freundlich, gutmütig und fürsorglich. Ich musste Hauke allerdings beim ersten Mal mit einer Überraschung beim Nachhausekommen bestechen. Sonst wäre er nicht dort im fremden Haus und bei all den lärmenden Kindern geblieben. Das Projekt Tagesmutter hatte ihm anfangs gar nicht gefallen. Wozu andere Kinder? Er spielte viel lieber allein oder mit mir. Ich war ein bisschen alarmiert und verstand zugleich seine Unsicherheit. Würde er sich überhaupt auf Schwedisch gut genug verständlich machen können? Würden die anderen Kinder ihn hänseln? Kinder können ja bekanntlich ziemlich grausam sein. Dann dachte ich an Bauer Sjöblom und seine Herrscherin und war mir wieder meiner Sache sicher. Denn ein Muttersöhnchen wollte ich aus meinem Kind nicht machen!

Maggans Tageskinder erwiesen sich dann als äußerst freundlich, jedes wollte sich gern um den schüchternen Neuen kümmern, der meist lächelnd zu Boden blickte, ihn an die Hand nehmen, um ihm alles zu zeigen und zu erklären. Jeder wollte mit ihm spielen.

Ein kleiner Ausländer! Toll! Das war doch endlich mal was! »Hauki!«, riefen sie. »Komm her! Guck mal! Hier gibt's Lego! Probier mal! Magst du das? Schmeckt es dir? Willst du gern Fußball spielen?«

»Weiß nicht recht«, murmelte das deutsche Kind verlegen.

»Macht nichts, Hauki. Guck doch einfach erst mal zu!«

Natürlich fanden die anderen Kinder es anfangs sonderbar, dass Hauke nur einmal in der Woche kam. Doch das erhöhte umso mehr seinen Seltenheitswert. Auch dass er mit mir in einer fremden Sprache redete, verlieh ihm weitere exotische Pluspunkte.

Bald hatte er zum ersten Mal im Leben einen gleichaltrigen besten Freund: Fredrik, einen klein gewachsenen, pfiffigen Rothaarigen mit unzähligen Sommersprossen. Im Alter von knapp vier Jahren war es noch durchaus ein Vorteil, stets der Kleinste von allen zu sein. Denn Fredrik war freundlich, forsch und furchtlos und auf eine liebenswerte Weise frech. Voller Energie schlug er Saltos auf Maggans Sofas, stand kinderleicht auf seinen beiden Händen und war zudem ein Akrobat am Ball. Alle fanden ihn einnehmend und bewunderten ihn, auch Hauke.

Die Kälte in Tegelvik war Besuch nicht richtig zuzumuten. Doch wenn wir erst nach Hid gezogen waren, würde Hauke alle seine neuen Freunde einladen können. Platz zum Spielen bot der große, eingezäunte Garten schließlich mehr als genug.

Seine beiden imaginären Brüder Stefan und Simon verloren nun allmählich an Bedeutung. Mit den wirklichen Kindern spielte er inzwischen andere Spiele, und das war gut so. Auch der Wald und die weißen Wolken hoch oben am Himmel wurden wortkarg.

Bei der Tagesmutter durfte er das Kinderprogramm des Fernsehens und manchmal auch Videofilme sehen. Viele der anderen Kinder spielten zu Hause bereits auf den Computern ihrer Eltern. Schweden war in technischen Belangen Deutschland ziemlich weit voraus. Ich schrieb immer noch auf meiner alten elektrischen Schreibmaschine und wollte daran auch nichts ändern. Computerspiele und Videofilme hatte es bislang in Haukes Leben nicht gegeben, und was man nicht kennt, das vermisst man auch nicht.

Einmal die Woche. Das war uns beiden zunächst genug. Zu Hause kehrte Hauke dann gern in unser provisorisches, privates Wunderland zurück, und auch ich wusste mein Leben als sein Mentor und die Gunst, an seiner Seite die Welt noch einmal mit unverbrauchten Augen sehen zu dürfen, umso mehr zu schätzen.

Die Liebe zu einem Kind ist eine Schule des beharrlichen Los-
lassens, ihr Ziel, einst guten Mutes getrennte Wege zu gehen. Manche Dinge, die du bereits weißt, musst du dennoch erst begreifen.

Die Rückkehr des Lichtes bedeutet in Schweden noch mehr als in
südlicheren Ländern. Das Leben erwacht erneut aus seinem Winter-
schlaf, längst erwartet und dennoch eine glücklich machende Überraschung. Auch auf dem kleinen Fuchshügel war die Stimmung
aufgeräumt. Während die Herrin des Hauses mit dem zusammen-
geknüllten Lokalblatt akribisch ihr Küchenfenster zur Welt putzte,
summte Sjöblom beim Melken nun seine eintönigen Melodien mit
neuem Impetus, und Hauke und ich zählten hoffnungsfroh nicht
mehr die Monate, sondern nur noch die Wochen bis zum Umzug in
unser eigenes, warmes, mäusefreies Heim.

Zu Frühlingsanfang, dem Tag, von dem an das Licht die Dunkelheit besiegt, sind endlich Tag und Nacht gleich lang.

Hoch in der Luft über dem Hof posaunten die ersten aus dem
Süden heimkehrenden Kraniche ihre pastoralen Fanfaren. Sjöblom
stand breitbeinig vor seinem Kuhstall, lüftete seine Altherrenschirm-
mütze, für die er nun zu jung war, und legte den Kopf in den Nacken,
um die Boten des Glücks zu zählen, was ihm aber nicht gelang. Ihre
Flugformation glich einem Keil, der seinen Winkel immer wieder änderte. Die alten Tiere flogen stets voran, sodass die Unerfahreneren in
ihrem Windschatten leichter und müheloser dahinsegelten.

»Der Kranich ist unser – das heißt: Västergötlands – Landschaftsvogel«, klärte er mich auf. »Hier in unserer Provinz nisten die meisten Kraniche Schwedens. Hast du das gewusst?«

Hatte ich nicht, und er nutzte die Gelegenheit, mich zu einem gemeinsamen Ausflug nach Skövde einzuladen, genauer gesagt an den
Hornborjasjön. Am Ufer dieses gar nicht besonders großen und dennoch in ganz Schweden berühmten Sees versammeln sich alljährlich

Tausende der grau gefiederten Heimkehrer zu einer fast einen Monat währenden Massentanzveranstaltung. Es hört sich altmodisch an, doch bei diesem Ball der Vögel geht es vornehmlich um eins: den Partner fürs Leben zu finden. Denn Kranichpaare, wurde ich belehrt, waren monogam und einander ein Leben lang treu.

Die Fahrt nach Skövde dauerte rund zwei Autostunden. Wir konnten also morgens nach dem Melken aufbrechen und abends vorm Melken bequem wieder zu Hause sein, und auch Hauke würde kaum länger als gewöhnlich in Maggans Obhut bleiben müssen.

»Ich lade dich zu einer Fika ein und fahre, du brauchst dich um nichts zu kümmern«, sagte Sjöblom, und wer hätte da schon Nein sagen können?

Der Kranich: überwiegend grau, nur die Wangen und der hintere Bereich des Halses sind geschwärzt. Auffallend: der rote federlose Fleck im Scheitelbereich, der die Köpfe der älteren Tiere ziert. Dieser gut durchblutete Schwellkörper ändert je nach Stimmungslage Farbe, Leuchtkraft und Größe. Der Kranich ist etwas größer als ein Weißstorch, und die Spannweite seiner Flügel kann bis zu zweieinhalb Meter erreichen. Er schläft im Stehen, gern in flachem Wasser, und im Flug streckt er seine langen Beine nach hinten aus, sodass sie die Schwanzfedern ein Stück überragen. Sein erhabenes Trompeten ist dann kilometerweit zu hören. *Kurruu-krarr,* so hörte es sich an, und wenn ihr Landschaftsvogel rief, bekamen alle Västgöten in meiner Gegend glänzende Augen.

Sjöblom hatte am Tag des Ausflugs seinen betagten blauen Volvo-Kombi am Dieselfass neben dem Kuhstall vollgetankt, und er hielt mir galant die Wagentür auf.

Zur Feier des Tages trug er eine knarrende Lederjacke. Für die passende Reisemusik war auch gesorgt. Stolz und gut gelaunt legte er die neu erworbene Musikkassette in den nachträglich eingebauten Player des Wagens: Vikingarna. Tanzmusik, was schon sonst, zum Anlass dieser Spritztour.

Schwedische Dansband-Musik kam in den Siebzigerjahren auf, eine Mischung aus verpoppten Schlagern, Country und einer Ahnung von Jazz. Es ist Musik für den sogenannten Paartanz. Die durchweg schwedischen Texte handeln, wenn nicht von ewiger Liebe oder dito Freundschaft, von anderen konservativen Werten einer guten alten Zeit.

Als der Front-Vikinger Christer Sjögren mit seinem schwedenberühmten Bass »Leende guldbruna ögon« intonierte, drehte mein Chauffeur das Volumen auf. »Leende guldbruna ögon har jag förälskat mig i« klirrte aus den Autolautsprechern: »In lächelnde goldbraune Augen hab ich mich verliebt.«

Er reduzierte die Lautstärke wieder.

»Du weißt auch, an wen man unwillkürlich denken muss bei diesem Lied?«

Ich tat so, als hätte ich die Frage nicht verstanden. Immer wenn Sjöblom das Personalpronomen »ich« durch das unpersönliche Fürwort »man« ersetzte, galt es, auf der Hut zu sein. Dass ich gar keine goldbraunen, sondern graugrüne Augen habe, hatte keine weitere Bedeutung.

Um ihn abzulenken, stellte ich eine Menge Gegenfragen. Fast alle Menschen sprechen gern über sich selbst. Ich ermunterte ihn zu Auslegungen über sein Leben als Kind, das stets im Schatten der quicken kleinen Schwester gestanden hatte, und bald schon blühte er richtig auf.

Die süße Dana, der Liebling des Vaters. Und, je älter und hübscher sie wurde, das Hassobjekt der Mutter. Doch vielleicht war ihr Hass ja eher Missgunst oder Eifersucht. Oder gar versteckte Fürsorge, möglich auch das.

Er wurde rot, das hatte er so noch niemandem erzählt. So persönlich redete er normalerweise mit keinem. Das Lieblingskind des Vaters war jedermanns Favorit gewesen. Der Günstling der Mutter hingegen beeindruckte niemanden. Lang und ungeschickt, gehemmt und schüchtern, ein durchschnittlicher Schüler, kein Tänzer, da er sich nicht traute, ein Mädchen aufzufordern. Nicht mal ein guter Fußballspieler.

Er lachte ausdruckslos. Seine Stimme war heiser. Alle Menschen haben, wenn sie erst einmal ihre Masken fallen lassen, etwas Rührendes.

Was hatte ich eigentlich zu verlieren? Waren unsere Gemeinsamkeiten nicht am Ende viel größer als das, was uns voneinander unterschied? Ich weiß, der Dalai Lama behauptet das, und vermutlich hat er damit recht ...

Ich erzählte ein paar Anekdoten vom Pferdehandel in Norddeutschland. Die kamen bei Leuten wie Gunnar Sjöblom stets gut an.

Erzählen ist für mich die Essenz des Lebens. Ich habe nichts dagegen, selbst zu erzählen, höre aber mindestens genauso gern zu. Erzählen besänftigt und beruhigt.

Meine Kindheit im Windschatten einer hochbegabten großen Schwester war eine gute Schule im Beschwichtigen. Aus Selbstschutz vor ihren unvorhersehbaren Launen habe ich von klein auf gelernt, Gedanken anderer Menschen zu lesen, und bin ein Seismograf für Stimmungen. Seit ich denken kann, war es meine Aufgabe, Lebensfreude zu verbreiten. Das wird schon wieder. Kein Problem. Das geht sicher gut. »Det ordnar sig« sagt man auf Schwedisch. »Ingen fara, inga problem«, und diese Floskeln beherrschte ich natürlich längst auch auf Schwedisch.

Die Psychologen nennen Leute wie mich »Aggressionsverdränger«. Das Wort habe ich erst kürzlich kennengelernt, es klingt wenig schmeichelhaft.

Meine große Schwester war für das Feinsinnige, Gescheite und Geschickte zuständig. Ihr Ressort waren zudem Dramen aller Art. Ich war am besten darin, Zweitbeste zu sein. Mein Fach war Bodenständigkeit und gute Laune.

Solche Kindheitsmuster prägen dich ein Leben lang, und auf diese Weise wurde ich Berufsoptimistin. Mir ist das immer recht gewesen. Retrospektiv war mein Part im Umfeld meiner Kindheit bei Weitem nicht der schlechteste.

Als wir ankamen, war der Parkplatz fast leer. Morgens an einem Wochentag waren die meisten Vogelfreunde bei der Arbeit.

Die Kraniche standen ziemlich schlapp in kleineren Gruppen am Seeufer herum. Von Tanzvorführung keine Spur.

Sjöblom breitete hoffnungsfroh die mitgeführte Wolldecke auf einem Rasenstück beim Parkplatz aus. Der Picknickkorb, den er liebevoll unter den missbilligenden Blicken seiner Mutter gepackt hatte, enthielt belegte Brote mit Käse und gekochtem Schinken, gekaufte Zimtschnecken, Kekse, zwei Äpfel, ein paar abgezählte Marianne-Bonbons und eine große Thermoskanne mit Kaffee. Auch für Milch zum Kaffee war in einem kleinen verschließbaren Plastikkännchen gesorgt.

Wir begannen mit den Käsebroten und kauten schweigend mit Blick auf die schlappen Vögel. Erst als wir bei den Zimtschnecken angekommen waren, begann ein Kranich, ziemlich hölzern und steif auf seinen langen Beinen hochzuhüpfen.

Damit steckte er ganz offenbar die anderen an. Einer schlug heftig mit den Flügeln, ein anderer schleuderte mit seinem Schnabel eine Grassode hoch in die Luft. Ein dritter verbeugte sich tief vor einem etwas diffusen Publikum, und aus der Ferne ertönte eine laute Fanfare.

»Was tut man nicht alles für die holde Weiblichkeit«, bemerkte Sjöblom und setzte seufzend hinzu: »Und meistens ohnehin umsonst ...«

In einem Schaukasten konnte man lesen, dass ein Kranich bis zu 27 Jahre alt werde und Fische, Frösche, Eier, junge Vögel und Insekten auf seinem Speisezettel stünden. Hier am See wurden die tanzenden Heimkehrer während ihres einmonatigen Aufenthalts zudem mit über hundert Tonnen Gerste bewirtet.

Auch auf der Heimfahrt spielten die Vikinger unverdrossen ihre größten Hits. Ich hätte, wenn ich es gewollt hätte, inzwischen mitsingen können. Doch wir schwiegen nun einmütig.

Sjöblom steuerte den Kombi lässig mit der linken Hand. Die Finger seiner Rechten tanzten Foxtrott im flottesten Vierviertakt. Ich sah aus dem Fenster, dachte an dies und das, und ab und zu nickte ich ein bisschen ein, und wenn ich aufwachte, nickte der Bauer am Steuer mir aufmunternd zu.

»Du är för skön, Sylvia«, sagte er, und das »schön« bezog sich nicht auf mein Aussehen, sondern auf den angenehmen Unterhaltungswert selbst meiner halb wachen Gesellschaft.

Meine ungewohnt kinderfreie Zeit, während Hauke seinen wöchentlichen Nachmittag bei Tagesmutter Maggan und seinen neuen Freunden verbrachte, nutzte ich für alte Vorlieben.

Ich fuhr nach Svenljunga, wenig einladender Zentralort mit Polizeistation, weiterführender Schule, Maklerbüro, zwei Supermärkten, einer äußerst karg möblierten Pizzeria, zwei Tankstellen und einem Möbelladen. Im ersten Stock über Imbiss und Zeitungskiosk hatte ich ein Café ausfindig gemacht. Es war kein bisschen plüschig und gemütlich wie in Deutschland, sondern mit grauem Linoleumboden, kahlen Wänden und Plastikmöbeln ohne Sitzkissen ausgestattet. Hier galt Selbstbedienung. *Påtar* stand auf einem Schild neben der Kaffeemaschine. Für seine zwölf Kronen bekam man Kaffee satt und durfte seinen Becher so oft, wie man wollte, nachfüllen. Das ist in schwedischen Lokalen gang und gäbe.

Ich sitze für mein Leben gern in Cafés. Ich weiß, das ist eigentlich eher eine Großstadtbeschäftigung. Ich mag jedoch keine großen Städte. Nach Rom, Paris oder London würde ich mich niemals freiwillig begeben. Notfalls ein Tag in Hamburg, höchstens ein halber in Berlin. Wäre ich jedoch gezwungen, in einer solchen Metropole zu leben, würde ich mit Sicherheit meine Tage völlig passiv in den dortigen Cafés verbringen, nachdenken, beobachten, mir Notizen machen, lesen und mich vom anonymen Stimmengeräusch berieseln und beduseln lassen. Das und meinem in Arbeit befindlichen Kinderbuch-Manuskript hin und wieder einen Satz hinzuzufügen, den ich dann zu Hause meistens wieder strich, war mein neuer Tagesmutterluxus in Svenljungas herrlich ungemütlichem Café.

Einmal steuerte ein älterer Mann allzu zielstrebig auf meinen Tisch zu und fragte, während er sich bereits setzte, ob das wohl in Ordnung sei.

Ich machte:»Hmmm«, und wollte damit sagen:»Ganz und gar nicht.« Es ist in Schweden mehr als ungewöhnlich, sich über die zwar unausgesprochene, doch allgemein bekannte Forderung nach sozialer Distanz derart hinwegzusetzen.

Der Mann wirkte ein bisschen heruntergekommen. An seinen Gummistiefeln klebte verkrusteter Kuhschiet, und er roch nach vergorener Silage. Sein Haar hätte einen Friseur oder zumindest einen Kamm nötig gehabt.

»Du liest deutsche Bücher«, sagte er in schlechtem Schwedisch, und ich nickte, ohne dabei aufzusehen.»Ich habe Sie neulich im Supermarkt mit Ihrem kleinen Sohn sprechen hören«, fuhr er auf Deutsch fort.»Sie sind also Deutsche!«

»Hmm.«

»Hören Sie mal, wohnen Sie schon lange hier?«

»Nicht so.«

»Und warum sind Sie hierhergezogen?«

»Verwickelte Geschichte.«

»Sicher der Liebe wegen!«

»Falsch.«

»Aha!«

Damit war der Höflichkeit Genüge getan, und er stellte keine weiteren Fragen, sondern erklärte, weshalb er sich zu mir gesetzt hatte, und klagte mir sein Leid.

Er war nach dem Krieg als jüngerer Mann ins Land gekommen, hatte einen Hof gepachtet und eine Schwedin geheiratet, die ihn bald darauf wieder verließ. Den Hof hatte er behalten und molk selbst als Rentner immer noch morgens und abends seine Kühe, 34 Stück. Er schimpfte über seine minimale Rente, war einsam und ausgestoßen, ließ an Land und Leuten kein gutes Haar, fühlte sich als Ausländer, seit jeher und immer noch.

Hier im Café zu sitzen war sein einziges Vergnügen. »Ihres scheinbar auch?«

»Absolut nicht«, sagte ich. Doch er ließ sich nicht beirren.

»Leute sehen. Stimmen hören. Man ist ja nicht sehr wählerisch. Freunde? Ich hab keinen einzigen. Nie gehabt in diesem Land«, sagte er mit Nachdruck.

»Und warum nicht?«

»Weil der Schwede nicht an Freundschaft interessiert ist. Jedenfalls nicht mit unsereinem. Als Ausländer hast du eben Pech gehabt. Kämpfst dein Leben lang für dich allein.«

Ich widersprach ihm. Zählte alle Menschen auf, die mir bislang geholfen und sich als gastfreundlich und hilfsbereit erwiesen hatten.

»Wundert mich nicht«, sagte er verdrießlich. »Sie sind ja auch eine Frau. Frau, das musst du sein in diesem Land, dann gehört dir gleich die ganze Welt. Alle Männer hier in Schweden fürchten sich vor ihren Frauen, ist Ihnen das schon aufgefallen?«

»Nein.«

»Na, dann machen Sie in Zukunft mal die Augen besser auf. Sie sind doch bereits hier angemeldet? Haben Ihre Personennummer?«

Ich verneinte auch diese Frage.

»Holen Sie das schleunigst nach! Eine Personennummer ist für Sie wie ein »Sesam öffne dich«. Die Nummer berechtigt Sie zu allen möglichen Unterstützungen. Ich kann sie gar nicht alle aufzählen. Beihilfe für alleinstehende Mütter, Schwedisch für Ausländer, Kindergartenplatz, psychologische Beratung, Wohngeld, Arbeitslosengeld, Sozialhilfe und was weiß ich nicht alles. Als alleinstehende Frau kommen Sie hier immer klar. Nur wenn Sie ein Mann sind, gehen Sie mithilfe der Behörden und des Staates langsam, aber sicher vor die Hunde. Und tun niemandem auch nur im Geringsten dabei leid.«

»Und wo meldet man sich an?«

»*Skattemyndigheten*. Steuerbehörde. An der kommen Sie hier in Schweden sowieso nie vorbei. Wenn Sie zum Beispiel mal heiraten wollen, dann stellt die Ihnen den notwendigen *personbevis* aus, einen Zettel, ohne den Ihr Jawort absolut nichts wert ist.«

Davon hatte ich noch nie gehört.

»Sie haben eben noch viel zu lernen. ›Personenbeweis‹. So was denkt sich nur der Schwede aus! Den Zettel schreibt natürlich ein Computer aus. So ist das hier: kein Computer, kein Zettel, keine Nummer – kein Beweis, dass es dich wirklich gibt!«

Der Mann war mir sehr unsympathisch. Dennoch lebte er ja seit Langem hier und wusste offenbar Bescheid.

Ich folgte noch am selben Nachmittag seinem Rat, dank der Tagesmutter hatte ich ja Zeit. Ich ging zur lokalen Steuerbehörde, sagte, was ich wollte, nämlich fortan meine Steuern hier im Lande zahlen, gab an, wo ich wohnte und wie ich hieß.

Die freundliche, sehr blonde Angestellte schrieb lächelnd alles auf. Vielen Dank. Man werde bald schon von sich hören lassen. Das tat man auch. Innerhalb von einer Woche kam ein offizielles Schreiben von der Polizei. Es enthielt eine Ladung zum Verhör. Ich wurde aufgefordert, mich umgehend in der Polizeidienststelle Kinna einzustellen. Der Anlass: meine bevorstehende unmittelbare Ausweisung aus dem Land.

Das polizeiliche Verhör dauerte geschlagene zwei Stunden. Die Polizistin hieß Sonja. Ich finde das schwedische »Du« grundsätzlich sehr demokratisch. Ob Polizist, Arzt, Bankdirektor, Lehrer oder Staatsminister, unter Weglassung des Titels werden zwar nicht alle Menschen gleich, doch immerhin zu einem Gegenüber mit einem Vornamen.

Einige (wenige) schwedische Journalisten beweisen ihre republikanische Gesinnung, indem sie demonstrativ auch den König und die Kronprinzessin bei Interviews mit Vornamen und »Du« anreden. Die dritte Person und der jeweilige Titel wären in diesem Falle korrekt. Und da die meisten Schweden dem Königshaus positiv gesonnen sind, hält man sich weitgehend an diese (einzige) Ausnahme von den liberalen Umgangsformen.

Das Verhör mit Sonja war dennoch keine Aussprache auf Augenhöhe zwischen zwei gleichgestellten Menschen. Das war mir sehr schnell klar: Sie stellte der unliebsamen Ausländerin ihre Fragen in recht schroffem Ton.

Was willst du hier in unserem Land?

Beschäftigung, Beruf und Broterwerb?

Verdienst und aktueller Kontostand?

Ersparnisse und Eigentum?

Politische Anschauungen, persönliche Pläne?

Kinder, Partner, Männer, Frauen?

Ich glaubte, nichts zu verbergen zu haben. Ich konnte mich finanziell über Wasser halten, hatte soeben ein Haus gekauft und keine Schulden. War bislang noch in Deutschland im Rahmen der Künstlersozialkasse krankenversichert und wollte nichts vom schwedischen Staat, jedenfalls nichts Materielles. Nur hierbleiben und in Ruhe meine Bücher schreiben.

Und auch mein Sohn brauche keinen Kindergartenplatz.

Wie bitte? Die Polizistin hob ihre sorgsam gezupften Augenbrauen und gab mir ohne Worte zu verstehen, was sie von einer Mutter hielt, die ihrem Kind die soziale Integration in eine Gruppe Gleichaltriger vorsätzlich verwehrte. Individualismus pur – ein Sakrileg im schwedischen Sozialstaat.

»Ich finde, Schweden ist fantastisch«, sagte ich. Mit diesem Slogan hatte die schwedische Tourismusbranche jahrelang erfolgreich ausländische Reisende ins Land gelockt. Und genau deshalb war ja auch ich letztlich hier.

Sonja machte sich Notizen, und eine lange Stille trat ein.

Als sie mir endlich ein Formular mit angekreuzter Zeile für meine Signatur hinüberschob, sah sie mir zum ersten Mal offen ins Gesicht. Ihre Augen waren blau, ihre Stimme teilnahmslos wie die eines Computers:

»Hier unterschreiben! Spätestens in 14 Tagen wirst du unser Land verlassen haben. Deine offizielle Ausweisung wird dir in den kommenden Tagen noch einmal schriftlich zugestellt. Die Gründe dafür teilen wir nicht mit, denn dazu sind wir nicht verpflichtet. Solltest du dich widersetzen, werden wir dich und dein Kind notfalls polizeilich und mit Blaulicht auf ein Schiff nach Deutschland geleiten. Schweden ist fantastisch. Ja. Das stimmt. Jedoch nur für den, der bei uns willkommen ist!«

Es war eine nützliche Erfahrung. Nie zuvor hatte ich mich derart ohnmächtig gefühlt.

»Und mein Haus?« Sonja zuckte mit den Achseln. »Deine Sache.«

»Und meine Pferde?« Leerer Blick. »Wir weisen hier nur Menschen aus.«

Aus der Traum vom Glück im Norden? Nein, das durfte so nicht sein. Ich wollte bleiben, jetzt erst recht, und war bereit, in den mir verbleibenden zwei Wochen alles dafür zu tun.

Wirklich alles? Diese Frage hatte ich mir bald zu stellen, denn Gunnar erklärte mir am kommenden Tag nach dem Melken mit rotflammigen Wangen die mögliche Lösung meines dringenden Problems.

»Man könnte ja heiraten.« Er räusperte sich. »Man müsste nur ...«

»Du meinst ...«

»In der Not steht man einander bei«, sagte er und warf einen leicht beunruhigten Blick aus der Stalltür in Richtung des Hauses, wo sich die dunkle, unbewegliche Silhouette wie stets im Küchenfenster abzeichnete. »Und wenn man einander helfen kann ...«

Es war der unromantischste Heiratsantrag, der mir jemals gemacht wurde. Folgerichtig sagte ich nicht viel mehr als: »Hhmm.«

»Mindestens fünf Jahre muss die Ehe halten, so steht es im Gesetz.« Er hatte sich also bereits informiert. »Und es darf sich natürlich nicht um eine Scheinehe handeln. Das wäre dann Irreführung der Behörden. Und Betrug ist strafbar hier im Land.«

Wie hatte er sich das alles vorgestellt?

»Das Haus ist groß genug für drei. Als meine Ehefrau hättest du dann andere Rechte ...«

»... und Pflichten? Hätte ich die auch?«

Er wurde rot und wich meinem Blick aus.

»Gib mir etwas Bedenkzeit«, bat ich, und er nickte erneut.

Er schien fast ebenso aufgewühlt wie ich. Mit vollem Recht. Mit Obrigkeiten, welcher Art auch immer, ist schließlich nicht zu spaßen.

Bonden (ausgesprochen: »bunden«) ist im Schwedischen der Bauer oder auch die Bäuerin. Das Substantiv ist geschlechtsneutral.

Ich dachte über die neue Lebensform so vorurteilsfrei wie möglich nach. War sie nicht eventuell doch einen Versuch wert? Was du noch nicht ausprobiert hast, kannst du schließlich kaum bewerten ...

Ein paar Tage lang erwog ich Pro und Kontra einer solchen Zwangsehe und schrieb schließlich einen Brief. Meine Handschrift kann niemand lesen, nicht einmal ich selbst, deshalb schrieb ich ihn auf meiner elektrischen Schreibmaschine. Diese beruhigende Begleitmusik beim Denken ist inzwischen ausgestorben: das emsige Tastengeklapper, das fleißige Surren des elektrischen Motors, der geräuschvolle Ruck der Rücklauftaste, die den Wagen in Position für die kommende Zeile bringt.

Ich kann mich noch daran erinnern, dass ich, während ich beim Formulieren nach den richtigen Worten suchte, zugleich an meine mir inzwischen so lieb gewonnene Freiheit als Single dachte. Und auch daran, dass Schreiben offenkundig mehr mein Metier war als Heiraten.

»An Ihre Majestät Königin Silvia von Schweden ...«

Ich schrieb den Brief auf Deutsch. Schließlich teilten Schwedens Königin und ich ja Vornamen und Muttersprache.

Kürzlich war in der Zeitung die Geschichte eines deutschen Drop-outs zu lesen gewesen, der irgendwo in Värmland einsam in einer primitiven Blockhütte von Kräutern, Beeren, Luft und Liebe, jedenfalls zur (schwedischen) Natur, lebte und ausgewiesen werden sollte. Er verdiente zu wenig Geld, um nach offiziell bemessenem Existenzminimum davon leben zu können. Die Königin hatte mit ihrer Fürsprache dem bedrängten Landsmann schließlich die Ausweisung erspart. Es war also einen Versuch wert:

... Ich schätze Schweden sehr, das Land und die Menschen, die ich bislang hier getroffen habe, und mein neues Kinderbuch, an dem ich gerade arbeite, spielt hier. Es heißt Momme in Schweden, die Hauptfigur ist Momme, ein deutscher Junge, der mit seiner Mutter nach Schweden zieht, das Land ihrer Träume. Momme ist meinem Sohn Hauke nachempfunden, ein geborener Optimist, der das Leben liebt und selbst in den verfahrensten Situationen Möglichkeiten anstelle von Schwierigkeiten sieht. Das entspricht auch meiner eigenen Lebenseinstellung.

Hauke, ich und unsere beiden Pferde Piet und Español leben zufrieden hier auf Tegelvik in Västergötland und fallen niemandem zur Last. Den Pferden wurde im Gegensatz zu uns von der Landwirtschaftsbehörde Einreise und Aufenthalt im Land gewährt. Was soll nur aus ihnen werden, nun, da Hauke und mir die Ausweisung droht? Soll Momme im letzten Kapitel meines Buches von der schwedischen Polizei mit Blaulicht ausgewiesen werden – ohne zu wissen aus welchem Grund?

Oder soll ich mich, um dieser Abschiebung zu entgehen, mit dem erstbesten Kandidaten verheiraten? Ein Bauer aus der Nachbarschaft hat mir das bereits angeboten.

Eine Heirat sollte eine Angelegenheit des Herzens sein, keine der berechnenden Vernunft, um dem Staat und seinen Gesetzen Genüge zu tun. Dass die Königin von Schweden, wenn vielleicht nicht in ihrer Rolle als Staatsoberhaupt, so doch als Frau und Mutter, das versteht, ist nun meine letzte Hoffnung.

Ich legte dem Eilbrief ein Exemplar meines ersten *Momme*-Bandes und ein Foto von Hauke mit den beiden Hengsten bei, die uns beim morgendlichen Picknick auf dem Altan von Tegelvik zusahen. »Höchstwahrscheinlich völlig sinnlos«, kommentierte Sjöblom hoffnungsvoll.

Die Antwort der Königin traf nach wenigen Tagen ein. Auf blütenweißem Büttenpapier teilte mir ihre Hofdame mit, dass die Königin sich für Buch und Foto bedanke und meine Lage bedauere. Da der Monarch laut schwedischer Verfassung in politischen Fragen nichts entscheiden dürfe, werde sie mein Schreiben zusammen mit einem Begleitbrief an die zuständige Immigrationsbehörde weiterleiten, und sie wünsche mir viel Glück.

Das hatte ich dann auch wirklich. Noch ehe die Frist meiner drohenden Abschiebung abgelaufen war, war das Problem aus der Welt: Immigrationsbehörde und Polizei riefen mich an und entschuldigten sich für das bedauerliche Missverständnis.

Wir durften bleiben. Ein kleines Plastikkärtchen bescheinigte Hauke und mir eine vorerst sechsmonatige Aufenthaltsgenehmigung im Land, die dann auf Antrag verlängert werden konnte.

Von nun an hatten wir beide das, was ich vorher stets verspottet hatte: eine schwedische Personennummer. Die berechtigte zu medizinischer Versorgung, Zuschüssen für den Zahnarzt (immer noch recht teuer, doch für Kinder umsonst) und zur Teilnahme an einem SFI-Kurs: Schwedisch für Einwanderer. Dort ging es neben der schwedischen Sprache auch um Sitten und Gebräuche, Natur und Kultur im neuen Land. Das interessierte mich, und ich meldete mich umgehend an.

Außer mir nahmen fünf nicht mehr ganz junge finnische Frauen am Sprachkurs teil. Sie wohnten alle bereits mehr als zwei Jahrzehnte im Land, hatten ihre Männer begleitet, als die in Schweden Arbeit suchten, und wegen des fast ausschließlich finnischen Freundes- und Bekanntenkreises nie richtig Schwedisch gelernt.

Für den, der einmal versucht hat, sich mit der finnischen Sprache zu befassen, ist das nicht weiter verwunderlich. Schwedisch und Finnisch sind nicht miteinander verwandt. Finnisch ist die weitaus schwierigere Sprache. Die Grammatik erscheint geradezu hoffnungslos kompliziert. Ganze 15 Fälle gibt es im Finnischen, kein grammatisches Geschlecht und kaum Wörter, die den schwedischen ähneln. Finnisch ist als finnougrische Sprache einzig mit dem Ungarischen und dem Estnischen etwas näher verwandt.

Ende der Sechziger- bis Anfang der Siebzigerjahre waren weit über 100.000 meist jüngere Finnen als Arbeitssuchende nach Schweden gekommen. In Finnland herrschte Arbeitslosigkeit, in Schweden hingegen Arbeitskräftemangel.

Das Verhältnis von Finnen und Schweden ist bis zum heutigen Tag nicht ganz unkompliziert. Viele Finnen werfen den Schweden immer noch Überheblichkeit und Selbstgefälligkeit vor. Schweden sieht sich gern als so etwas wie eine moralische Großmacht. Finnland hingegen will vor allem ein Teil der europäischen Gemeinschaft sein, um den alten Erzfeind Russland damit auf Abstand halten zu können.

Inzwischen ist Finnland in vielen Bereichen wie Schule, Krankensystem, Asylpolitik und Wirtschaft dem großen Bruder Schweden überlegen. Es herrscht dort allgemein eine strammere Disziplin. Finnischer *sisu* bedeutet Kampfgeist, Ausdauer und Zähigkeit, Eigenschaften, die im finnischen Winterkrieg überlebenswichtig waren und die in Schweden nach rund zweihundert Jahre währendem Frieden weitaus weniger entscheidend sind.

Der Kurs brachte mich letzten Endes nicht viel weiter, meine Sprachkenntnisse waren bereits zu fortgeschritten. Doch zum ersten

Mal war ich ganz offiziell ein neues Mitglied der Gesellschaft und fühlte mich, jedenfalls für drei Stunden wöchentlich, als ein kleines Rad im großen schwedischen Getriebe.

Sjöblom war über meine Aufenthaltsgenehmigung froh und unfroh zugleich. Froh, weil er mich nicht verlieren wollte, und unfroh, weil er nicht wusste, wie er meine neue Aufgeräumtheit letztlich deuten sollte.

»Und was ist in einem halben Jahr?«, fragte er etwas missmutig. »Dann geht alles noch mal von vorn los. Vielleicht wirst du wieder ausgewiesen, niemand kann das wissen. Schwedin wirst du so jedenfalls nicht.«

»Mag sein«, antwortete ich. Und setzte gut gelaunt hinzu: »Den dagen, den sorgen«, eine Redensart, die ich am selben Vormittag im SFI gelernt hatte. Sie bedeutet: Diesen Kummer bewältigen wir dann an jenem (kommenden) Tag.

Endlich konnte ich den bevorstehenden Umzug nach Hid mit der ihm gebührenden Vorfreude planen. Ich war dankbar und erleichtert. Glücklich aber war ich nicht.

Mein ursprünglicher Traum von Schweden hatte irgendwie an Schwung und Zauberkraft verloren. Inzwischen weiß ich, dass auch das zum Auswandern gehört. Es ist beinahe unabdingbar. Zuerst erscheint dir das neue und noch fremde Land hundertprozentig wunderbar. Dann siehst du eine Weile lang hauptsächlich seine Schwächen. Und irgendwann pendelt sich deine Wahrnehmung von Licht und Schatten ein, und deine Auffassung wird gerechter.

Das Glück jedoch ist kapriziös. Das weiß ja jeder. Es lässt sich wie die Liebe weder festhalten noch erzwingen, gehorcht keiner Vernunft und interessiert sich nicht die Bohne für Sinn oder Zweck. Und als ich überhaupt nicht mit ihm rechnete, gab es sich dann plötzlich doch die Ehre und stellte sich ganz überraschend ein.

Meine Tierliebe kam Sjöbloms Zukunftsplänen zugute, jedenfalls hoffte er das. Auch er mochte schließlich Tiere. Meine beiden Pferde waren ihm inzwischen ans Herz gewachsen. Er wollte sie auf seinem Hof nicht mehr missen und fürchtete den Tag, an dem ich auf meinem Grundstück in Hid den geplanten Bau des Pferdestalles in Auftrag gab. Denn nun, im Schatten der schwedeninternen Finanzkrise, hatten die Tischler vor Ort nicht viel zu tun, und der Bau würde schnell vorangehen und mich nicht sonderlich viel kosten.

Auch ich hatte mich an Sjöbloms 13 Kühe gewöhnt und mochte jede mit ihren speziellen Eigenheiten. Den Bauern verband mit seinen Tieren eine Art gegenseitiger Gebrauchssympathie, allerdings ohne jedwede Garantie. Rosa 17 war nach mehrfacher Besamung immer noch nicht tragend. Nach zwölf langen und treuen Dienstjahren als Milchkuh war ihr Schicksal damit besiegelt. Gnadenbrot für alte Kühe, die keine Milch mehr geben, ist allenfalls ein sentimentaler Traum landwirtschaftlicher Laien.

Rosa 17 wurde zum Schlachter geschickt. So etwas gehörte zu seinem Alltag, doch als die Kuh gefügig und vertrauensvoll dem Gehilfen des Fahrers auf die Rampe zum Viehwagen folgte, wandte Sjöblom sich mit einer kantigen Bewegung ab. Er starrte einen Augenblick lang zu Boden, um dann erneut in sein Alltags-Ich zu schlüpfen und mit dem Viehhändler ein paar belanglose Sätze über das Wetter zu wechseln.

Sein munterer Tonfall täuschte mich jedoch nicht. Ich wusste, er schämte sich für seine Scham.

Eine neue Kuh sollte angeschafft werden. »13 ist schließlich meine Glückszahl – jedenfalls im Stall«, sagte Sjöblom am kommenden Tag erneut unternehmungslustig, denn in Tranemo war eine große Nutztierauktion angezeigt, und dorthin wollte er mich entführen.

Wir begannen etwas früher als gewöhnlich mit dem morgendlichen Melken und fuhren nach dem Frühstück los. Die Autofahrt zur Auktionshalle dauerte eine knappe Stunde. Ich hatte in Deutschland des Öfteren die Reitpferdeauktionen in Verden und Vechta besucht und sogar hin und wieder spontan ein unerwartet günstiges Pferd dort ersteigert, für das aus irgendeinem Grund niemand etwas bieten wollte.

Bei Reitpferdeauktionen herrscht eine aufgeladene Stimmung erwartungsfroher Kauflust. Der Pferdehandel ist eine gute Schule auch für den, der etwas über Menschen lernen will, denn er ist ein Geschäft mit Träumen und Hoffnungen. Jedes Reitpferd ist bekanntlich so viel wert, wie ein Narr bereit ist, dafür auszugeben.

In den zur Auktionshalle gehörenden Nutztierstallungen herrschte da eine völlig andere Atmosphäre. Schweine, Schafe, Ziegen, Kühe, Ochsen, Stiere und Kälber warteten geduldig auf ihren wenig glamourösen Auftritt im Ring. Vierbeinige Diener, Sklaven und Vasallen, die natürlich niemand so bezeichnete. Es ging um keine größeren Reichtümer, und eine leicht elegische Alltäglichkeit lag über dem Ganzen.

In einem etwas versteckten Teil des großen Stalles entdeckte ich auch einige junge Traber, die als eine Art Höhepunkt am Ende der Veranstaltung unter den Hammer kommen sollten. Schweden ist neben Frankreich im europäischen Trabrennsport die führende Nation.

Während den Galoppsport stets ein exklusives Flair umgibt, ist der Traber das Rennpferd der kleinen Leute. Vor der Zeit des Internets gab es in jedem noch so verschlafenen schwedischen Kaff mindestens eine von einsamen Männern zahlreich frequentierte Wettannahmestelle, besonders am Sonnabend, dem Tag der V75-Rennen, bei denen sich mit etwas Glück und entsprechenden Insiderkenntnissen mitunter gutes Geld gewinnen lässt. Glücksspiel war schon immer Männersache, während wir Frauen für das wirklich erlebte Glück in der Regel eine größere Begabung haben. Unsere Einstellung zu Tieren ist in einem allgemeinen Wandel begriffen. Es ist schwer zu sagen, wohin der einmal führen wird. Wie wird man in hundert oder zweihundert Jahren über menschlichen Fleischkonsum urteilen? Wird ein zum Verzehr gemästetes Schwein dann bei der Mehrzahl der Konsumenten den gleichen Abscheu erregen, wie wir ihn in Europa heute angesichts der Hunde und Katzen auf den chinesischen Fleischmärkten empfinden? Wird der Mensch sich auch in Zukunft noch als Krone der Schöpfung verstehen oder in diesen Fragen eher etwas Demut walten lassen?

Sjöblom riss mich bald aus meinen Grübeleien. »Du darfst wählen«, sagte er. »Die Kuh, die du auswählst, wird dann gekauft.«

»Aber ich habe kaum Ahnung von Milchleistung und anderen Kriterien«, widersprach ich.

Die Milchleistung war auf der Schiefertafel über jeder Kuh notiert, und die Zahlen schienen von Tier zu Tier erheblich zu schwanken.

»Weniger Milchleistung bedeutet auch einen geringeren Kaufpreis. Mit der Landwirtschaft geht es ohnehin den Bach hinunter, und alles gleicht sich irgendwie am Ende aus.«

Ich wählte Line 319 aus, eine stattliche Schwarzbunte mit großen, glänzend schwarzen Augen hinter langen silbergrauen und perfekt aufwärts gebogenen Wimpern. Ihre Milchleistung war aufsehenerregend und entsprach eher dem unteren Durchschnitt.

Als Sjöblom rasch und undramatisch den Zuschlag bekam, strahlte er mich an. »Na bitte!«

Ich gratulierte ihm, er gratulierte mir.

Am Abend sollte der Neuerwerb frei Hof geliefert werden. Sjöbloms Mutter lag zu dieser Stunde bereits längst im Bett.

Wir aßen deshalb in der Küche. Hauke wartete mit uns und spielte eine ganze Weile lang Memory mit sich selbst, seine neueste Leidenschaft, denn bei diesen Partien gewann er schließlich immer. Dann war er auf dem Küchensofa eingeschlafen.

Im Stall streute Sjöblom den Platz der neuen Kuh sorgsam mit Sägespänen und reichlich Weizenstroh ein. So würde sie sich nach dem langen Auktionstag bequem auf einem weichen Lager ausruhen können.

Es war spät und draußen bereits dunkel, als der Lastwagen des Viehhändlers endlich auf den Hof fuhr. Das graue Nylonhalsband ihrer Vorgängerin passte, und bald war Line an Rosas altem Platz festgebunden und ließ sich mit einem tiefen Seufzer ins Stroh sinken.

Es ist inzwischen wissenschaftlich erwiesen, dass Kühe lieber auf einem konventionellen Strohbett als auf einer modernen Gummimatte liegen. Und auch, dass zufriedene Kühe mehr Milch geben.

Sjöblom nahm auf der Futterkiste Platz, um die Schwarzbunte von dort aus zu betrachten. Im Dämmerlicht sah er auf dem ehemaligen Stammplatz seines Vaters aus wie dessen ein wenig zu protzig geratener Schatten.

Ich hockte mich zu der neuen Kuh ins Stroh, um ihre breite Stirn zu streicheln. Sie käute unverdrossen wieder. Eine Kuh hat bekanntlich vier Mägen. Das, was sie am Tage mehr oder minder unzerkaut heruntergeschlungen hat, rülpst sie später wieder hoch und zermalmt es zwischen unteren Schneidezähnen und der zahnlosen Hornplatte des Gaumens, wenn sich die richtige Stimmung dafür einfindet. Kauen beruhigt die Nerven, das gilt für Tier und Mensch.

Sjöblom verließ auf leisen Sohlen den Stall und kehrte nach einer Weile mit dem bewährten Picknickkorb für eine späte Fika im Kuhstall zurück.

Laut veterinärmedizinischem Gutachten war Line im dritten Monat trächtig. Die Milchproduktion auf dem Fuchshügel war zunächst einmal gesichert. Sjöblom konnte zufrieden sein.

Zwei Jahre später würde er bei der schwedischen Volksabstimmung mit der Majorität seiner Landsleute für einen Beitritt Schwedens in die EU stimmen und sich damit als Kleinstproduzenten mit nur 13 Milchkühen selbst abschaffen. Kühe von Lines bescheidener Milchproduktion und auch meinen laienhaften Rat konnte sich dann kein Landwirt mehr leisten.

Doch daran dachte an diesem späten beschaulichen Abend niemand von uns dreien. Wir verbrachten ihn kauend und in einträchtigem Schweigen. Zeit der guten Hoffnung.

Sjöblom lächelte versonnen. Er wähnte sich, im Gegensatz zu mir, zu guter Letzt auf dem richtigen Weg.

»Bist du glücklich, Sylvia?«, fragte er spontan aus irgendeinem Grund, und ich sagte, ohne lange zu zögern: »Ja.« Denn genau in diesem Augenblick war das die reine Wahrheit.

Endlich bekamen wir den Schlüssel für unser Haus, und Hauke und ich feierten den Tag auf der Veranda mit dem weiten Blick über das schöne Ätrantal.

Das Frühjahr 1993 war ungewöhnlich warm, und die Hochsommertemperaturen hatten die Oleanderbüsche bereits in ein Meer aus Farben verwandelt. Purpur- und himbeerrote, lachsfarbene, gelbe und weiße Blüten, wohin wir auch sahen, und ein zarter Duft nach Neuanfang und heiler Welt lag in der Luft.

Mai wie Meike! Ich hatte während der Weihnachtstage bei meinen Eltern in Norderstedt überraschend meine alte Klassenkameradin wiedergetroffen. In der Schulzeit hatten wir uns zwar gemocht, waren aber keine Freundinnen gewesen. Wir lebten wahrscheinlich in allzu unterschiedlichen Welten. Meike war politisch engagiert, ich hingegen eine Träumerin mit einem großen Faible für Hunde und Pferde. Inzwischen war sie Juristin geworden. Was aus mir geworden war, das war etwas schwerer mit nur einem Wort zu definieren: Lebenskünstlerin, vielleicht.

Ich lud sie spontan nach Schweden ein. Sie kam, fragte auf ihre praktische Art:»Was gibt's zu tun? Reden können wir schließlich auch beim Arbeiten!«, und half beim Einzäunen der neuen Pferdeweiden. So etwas hatte sie bislang noch nie getan, und Sjöblom, der dem bevorstehenden Umzug der beiden Hengste besorgt entgegensah, murmelte trotz seiner schwedischen Erziehung zur Gleichberechtigung der Geschlechter etwas von»wirklich keine Frauenarbeit«.

Wir lachten ihn solidarisch aus.

Und nach kurzer Eingewöhnungszeit hantierte Meike mit dem schweren Hammer zum Einschlagen der angespitzten hölzernen Weidepfähle so geschickt und souverän, als hätte sie nie etwas anderes getan. Innerhalb weniger Tage hatten wir mehrere Hundert Meter Zaun gezogen.

Meine Nachbarn in Hid, deren Hof sich in einigen Hundert Metern Entfernung befand, hatten die Landwirtschaft aufgegeben und mir ihre Hausweiden kostenlos zur Verfügung gestellt. Sie freuten sich, erneut beim Blick aus dem Fenster Pferde zu sehen – ganz wie in guten alten Zeiten!

Meike sang Hauke deutsche Lieder vor und kannte etliche lustige Spiele. Aufgeschlossen für alles Neue, unkompliziert, stets das Wohl der anderen mehr als ihr eigenes im Auge, pragmatisch, aufbauend und hilfsbereit. Das ist Meike. Wir wurden damals in Hid gute und enge Freundinnen und sind es heute immer noch.

Das Frühjahr ist in Südschweden zudem die Jahreszeit der Rabenmütter. Beim Autofahren musste man aufmerksam sein. Denn häufiger als sonst sah man jetzt Elche die Straßen überqueren. Sie brachen plötzlich aus dem Dickicht, wirkten orientierungslos und schienen ihre Umwelt gar nicht richtig wahrzunehmen. Es seien die Kälber vom vergangenen Jahr, erklärte uns Sjöblom. Sie waren tatsächlich ebenso langbeinig und rührend hässlich wie Pferdejährlinge. Vor der Geburt der neuen Kälber wurden sie nun von ihren Müttern verjagt. Erwachsenwerden ist bekanntlich selten leicht, und die alljährliche Verstoßung der jugendlichen Elche eine wiederkehrende schwedische Naturtragödie. Hauke hatte in seinem jungen Leben noch nie etwas derart Herzzerreißendes gesehen.

Von unserer Veranda im idyllischen Oleandermeer aus beobachteten wir eine große Elchkuh und ihr Vorjahrskalb in einem äußerst ungleichen Kampf. Die Elchkuh schlug mit ihren Vorderhufen brutal auf ihr halbwüchsiges Kalb ein. Sie holte dazu weit aus und verprügelte das wehrlose, kleinere Tier völlig besinnungslos. Ihre Hufe trafen es an Hals und Rücken und prasselten in seine Seiten.

Der Kampf war gerade deshalb so unfair, weil das Kalb sich gar nicht zur Wehr setzte. Es wollte nur ganz offenbar nicht erwachsen werden. Es taumelte und schwankte auf seine aufgebrachte Mutter zu. Im hilflosen Versuch, sich dicht an sie zu drängen, schmiegte es seinen langen, traurigen Kopf unter ihren Bauch. Die Elchkuh fuhr heftig herum und riss den Jährling dabei zu Boden.

Als er wieder auf die langen Beine kam, zitterten die so, dass er sich kaum auf allen vieren halten konnte. Er stand so eine Weile lang breitbeinig da und versuchte, mit gesenktem Kopf das Gleichgewicht zu wahren. Der Vorderhuf der Mutter traf ihn nun erneut, diesmal am Kopf. Der Jährling stöhnte auf und brach zusammen.

Hauke schluchzte, und er kroch auf meinen Schoß.

Für einen Augenblick dachten wir beide, der junge Elch sei tot. Doch nach einer Weile hob er erneut den Kopf, sprang auf die Beine und blickte sich benommen um. Die trächtige Elchkuh war nicht mehr zu sehen. Sie hatte sich in den Wald zurückgezogen, und das Vorjahrskalb war nun auf sich gestellt.

»Ich finde das gemein«, sagte Hauke. »Der neue kleine Elch hätte sich nach seiner Geburt sicher über einen großen Bruder sehr gefreut.«

»Das glaube ich auch«, sagte ich, strich ihm übers Haar und dachte, dass es durchaus Vorteile hatte, ein Einzelkind wie Hauke zu sein. Zeit seines Lebens würde er jedenfalls konkurrenzlos mein bester und einziger Lieblingssohn bleiben.

Der Mai ist mein Lieblingsmonat, nicht zuletzt, weil ich in dieser hoffnungsvollen Zeit geboren bin.

Zu meinem Geburtstag wünsche ich mir jedes Jahr drei Dinge: das Lied der ersten Nachtigall, einen Ausritt in den frühen Morgenstunden und – absolut keine Gäste. Denn der Geburtstag ist ein reiner Ego-Tag, den ich folgerichtig am liebsten allein verbringe. In heiterer Dankbarkeit und nachdenklicher Freude über meine eigene Existenz!

Wir ließen uns mit dem Einrichten des neuen Hauses ein paar Wochen Zeit. Wie aufregend, eines Morgens dann in unseren eigenen vier Wänden zu erwachen!

Mein Arbeitszimmer, in dem auch mein Bett stand, war ein schmaler, freundlicher Raum mit Blick über Terrasse und Oleander. Haukes Kinderzimmer befand sich unterm Dach. Doch er spielte lieber im Wohnzimmer, das von meinem Arbeitszimmer lediglich durch einen Perlenvorhang getrennt war, sodass wir, wenn wir wollten, miteinander reden konnten.

Wenn ich abends zu schreiben begann, hörte ich ihn im angrenzenden Wohnzimmer beim Spielen murmeln und summen.

»Wie geht's mit dem Spielen?«, fragte ich ihn ab und zu.

»Alles okay. Und wie geht's mit dem Schreiben, Mama?«, fragte er zurück.

Sein Bettzeug inklusive Kuscheldecke lag auf einem der Sofas, die wir vom Vorbesitzer übernommen hatten, und irgendwann sehr spät am Abend, wenn Kinder ordentlicher Eltern längst schliefen, kletterte er dann auf sein provisorisches, doch gemütliches Lager und schlummerte friedlich bis spät in den nächsten Vormittag. Ich war dann längst schon wach und schrieb.

An meinem Geburtstag schlug ich Hauke in diesem Jahr als Ausnahme von meiner Regel einen Ausflug vor. Auf meinen üblichen Ausritt wollte ich deshalb verzichten.

Auf Öland war ein schwedischer Friesenpferdezuchtverein gegründet und ich zur Mitgliederversammlung eingeladen worden. Ich bin beileibe kein Vereinsmensch. Doch die Möglichkeit, einige neue Menschen kennenzulernen, lockte mich. Und natürlich auch die Ostseeinsel, wo angeblich die Sonne selbst dann schien, wenn es im übrigen Land Bindfäden regnete.

Gut gelaunt machten wir uns am frühen Morgen auf den Weg. Hauke thronte wie stets auf dem Rücksitz des alten Kombis inmitten von Kissen, Decken und Kuscheltieren, und die große Tüte mit Picknick (nein, Fika!) und kleinen Überraschungen stand auf dem Beifahrersitz bereit.

Irgendwann, das nahm ich mir fest vor, würde auch ich in einen ordentlichen Picknickkorb wie den von Sjöblom investieren.

Manchmal beneide ich Menschen mit mehr Ordnungssinn, als ich ihn jemals haben werde. Doch man kann nicht alles können. Besser ein entspannter Chaot als ein verkrampfter Erbsenzähler!

Wir wählten kleinere Straßen und ließen uns Zeit. Machten Rast. Verzehrten unser Picknick. Hielten an, wenn es uns irgendwo besonders gut gefiel, und sahen uns um. Wälder, Seen, versteckt gelegene Gehöfte. Verträumte Arbeitspferde mit verstrubbelten Mähnen. Herden von Ammenkühen mit ihren Kälbern. Jede Menge Wild: Rehe, Hasen, Füchse und Fasanen. Selbst einen Dachs sahen wir eilig und mit kurzen Schritten die Fahrbahn überqueren. Für die Strecke von knapp 270 Kilometern brauchten wir auf diese Weise mehr als einen halben Tag. In Deutschland fahre ich nach einem schweren Unfall nicht mehr gern Auto und fürchte mich besonders vor den Rasern auf der Autobahn. Doch in Schweden macht selbst mir das Autofahren meistens Spaß.

Auf den Straßen herrschte kaum Verkehr, manchmal kam uns eine gute halbe Stunde lang kein einziges Auto entgegen. Irgendwann erreichten wir endlich die Küstenstadt Kalmar und fuhren auf die Ölandbrücke.

Gut sechs Kilometer lang, mit ihren massiven Betonpfählen ein trutziges und imposantes Bauwerk. 1972 vom heutigen König Carl Gustaf, der damals noch Kronprinz war, feierlich eingeweiht. Ganze 41 Meter über dem Wasserspiegel an ihrer höchsten Stelle.

Der Kalmarsund lag hellblau und spiegelblank vor uns, und auch auf der damals noch längsten Brücke Skandinaviens herrschte so gut wie kein Verkehr. Die Touristensaison, hatte ich mir sagen lassen, war auf Öland im Vergleich zur deutschen Ostseeküste kurz. Sie begann im Juli und war nach fünf Wochen bereits zu Ende. Nun, im Mai, waren die Insulaner noch unter sich.

Allen Erwartungen zum Trotz fand ich Öland auf den ersten Blick enttäuschend. Ich versuchte, mir das Hauke gegenüber nicht anmerken zu lassen. Mit seinen inzwischen fast vier Jahren war für ihn die ganze Welt noch weitgehend wunderbar.

Doch wie war es möglich, dass man in ganz Schweden so große Stücke auf eine derart abweisende Landschaft hielt? Das Land war karg und platt, die Wiesen mager und die Steinmauern, die sie umgaben, nicht wie in Småland stabil und akkurat gebaut, sondern nachlässig aus beliebigen Feldsteinen aufgeschichtet. Die hölzernen Windmühlen waren längst nicht mehr im Gebrauch und ihre Flügel daher festgezurrt. Auf dem Weideland wuchs verkrüppelter Wacholder, und nur hin und wieder heiterten ein paar Birken mit ihren weißen Stämmen und dem jungen, noch hellgrünen Laub das Bild ein wenig auf.

Der Himmel allerdings war noch größer und weiter, als ich es von Dithmarschen her kannte. Ein Meer aus Wolken und Licht.

Was ich nicht gewusst hatte, war: Öland ist die Insel der Nachtigallen, mein Lieblingssänger ihr offizieller Landschaftsvogel.

Aus Gärten, Hecken, Sträuchern und Gebüsch ertönten am Abend dieses Geburtstags dann ihre Strophen derart vielstimmig, wie ich sie nie zuvor gehört hatte. Was für ein überraschendes Geschenk! Ein Vogelmännchen versuchte, das andere an Sangeskunst zu überbieten. Nirgendwo hatte ich je zuvor derart zahlreiche Nachtigallen zu einem wahren Sängerwettstreit antreten hören.

»Schließ besser das Fenster, wenn du einigermaßen schlafen willst«, rieten mir meine Gastgeber.

Ich hielt mich selbstverständlich nicht daran. Unglaublich! Auf Öland raubte der Gesang der Nachtigallen den Menschen an meinem Geburtstag nachts den Schlaf!

In ganz Schweden gab es Mitte der Neunzigerjahre nicht mehr als 13 Friesenpferde, meinen eigenen Hengst Piet mit eingerechnet. Der Friesenpferdeverein hatte dementsprechend wenige Mitglieder, von denen die meisten aus irgendeinem Grund auf Öland lebten. Wir wurden während unseres Aufenthalts in der kleinen Gemeinde der Friesenfreunde herumgereicht und auf den Züchterhöfen willkommen geheißen.

Auf den Höfen mit den meisten Pferden wohnten auch die meisten Menschen. Diese Männer, die ganz offenbar keine Familienmitglieder waren, kamen aus Stockholm oder Göteborg. Beim Essen saßen sie mit am Tisch, doch sie beteiligten sich kaum am Gespräch. In einem geeigneten Augenblick fragte ich diskret und bekam zur Antwort: Drogen, psychische Probleme, Alkoholsucht, Kriminalität. Die Sozialbehörde hatte die Männer aufs Land geschickt. Pferde haben auf labile menschliche Seelen ja bekanntlich einen guten Einfluss.

Placering ist das schwedische Wort für diese Unterbringung zur Rehabilitierung bei Familien auf dem Lande. Die Dauer eines solchen Aufenthalts konnte mehrere Monate oder auch ein paar Jahre betragen. Ich war beeindruckt von so viel sozialem Engagement und Verantwortungsbewusstsein. Eine derartige Selbstlosigkeit war mir in Deutschland nie begegnet.

»Ich bewundere euch«, sagte ich zu meinen Gastgebern. »Ihr teilt mit diesen Menschen alles. Das ist großzügig. Ich komme mir im Vergleich zu euch richtig egoistisch vor mit meinem kleinen selbstbestimmten, eigenbrötlerischen Dasein!«

Man lächelte leicht gequält und wechselte dann rasch das Thema.

Erst sehr viel später erkannte ich meinen Irrtum. Es war eher der Sozialstaat Schweden, den man als großzügig beschreiben konnte. Menschen, die in den Städten für Probleme sorgten, wurden zur Rehabilitierung vorübergehend in die Provinz geschickt. Ob ihnen damit langfristig geholfen war, ist eine andere Frage. Der Staat bezahlte jedenfalls für ihre Unterbringung auf dem Land recht gut.

Viele eigentlich unrentable Höfe haben damals ihre kostspielige Pferdehaltung durch sogenannte *placeringar* finanziert. Die Menschen wurden zwar nicht immer, doch in allzu vielen Fällen nur als notwendiges Übel für die Dauer ihres Aufenthalts in Kauf genommen.

Man tolerierte sie des Geldes wegen, das sie jeden Monat einbrachten, und heuchelte nicht einmal größere Anteilnahme an ihrem Schicksal oder Leid.

Die Theorie war gut, die Praxis eher zynisch.

Ich hatte Ölands Schönheit vorschnell abgeurteilt und die Selbstlosigkeit einiger Menschen allzu leichtfertig gelobt. Es ist eben nicht alles Gold, was glänzt! Und auch nicht alles reizlos, was zunächst ein bisschen unansehnlich wirkt!

Einzelkinder haben einen unverdient schlechten Ruf als verwöhnte Egoisten, und ich möchte eine Lanze für alle Kinder brechen, die aus irgendeinem Grund ohne Geschwister aufwachsen müssen. Als einziges Kind mit Aufmerksamkeit und Liebe verwöhnt zu werden kann eigentlich kein schlechter Start ins Leben sein. Einzig das Überschütten mit materiellen Dingen macht auf die Dauer einsam und unzufrieden.

Die Verantwortung für ein Kind ist ein immenser Auftrag. Vermutlich würde kaum jemand ihn derart leichtfertig an sich reißen, wenn nicht der sehnsüchtige Kinderwunsch ihn zunächst einmal verbrämte. Das Wort Erziehung habe ich jedenfalls nie besonders gemocht. Es hört sich so kühl und technisch nach »zurechtrücken« und »geradeziehen« an.

Die alten Griechen waren in dieser Hinsicht klüger. »Pädagoge« ist abzuleiten aus der altgriechischen Bezeichnung für einen Sklaven, der den Schüler zu seinem Lehrer begleitet. Wenn dieser Lehrer das Leben war, dann war ich mit der Aufgabe als Haukes Pädagogin einverstanden!

Haukes Neugier und Offenheit, sein Mitgefühl und der für sein junges Alter erstaunlich trockene Humor, all diese guten und so liebenswerten Eigenschaften galt es zu beschützen und zu bewahren.

Mochten sie meine pädagogischen Fehler im Laufe seiner Kindheit glimpflich überstehen!

Auf meinen Vorschlag hin verschrieben wir uns in gemeinsamer Übereinkunft einer neuen regulären Pflicht: Mindestens einmal in der Woche galt es, sich etwas auszudenken, was jemandem in unserer näheren Umgebung eine unverhoffte Freude bereitete. Dieser Jemand konnte Mensch, Tier oder Pflanze sein, das spielte keine Rolle. Das Projekt war im Grunde nicht so altruistisch, wie es sich nun im Nachhinein anhört. Nichts macht dich so vergnügt und froh wie die Rolle des Anstifters zum Glück eines anderen. Zudem konnten wir auf diese Weise dem Leben, das so gut zu uns war, ein wenig Dankbarkeit bekunden.

»Machen wir. Aber wer ist eigentlich das Leben, Mama?«

Was antwortet man auf eine solche Frage?

Für mich war und ist das Leben alles Konstruktive in uns und um uns herum. Es ließ gerade den Oleander blühen, die Nachtigallen singen und sah zu, dass die dumme Schürfwunde an Haukes Knie unter dem bunten Pflaster so schnell wie irgend möglich wieder heilte.

Und bereits am folgenden Tag bescherte es uns völlig unverhofft den ersten Kandidaten für unser ehrgeiziges Projekt:

»Lasst alles stehen und liegen und kommt sofort«, rief Sjöblom auf dem Fuchshügel atemlos ins Telefon.

»Was ist denn passiert?«

»Der Bursche ist mir endlich in die Falle gegangen! Hauke ist doch so ein großer Tierfreund. Wenn er einmal im Leben einen Dachs aus allernächster Nähe sehen will, dann jetzt!«

»In Ordnung. Wir sind bereits unterwegs!«

Der Dachs ist wie der Mensch ein Allesfresser und bei keinem Landwirt sonderlich beliebt. Auf seinem Speiseplan stehen neben

Mäusen, Fröschen, Eidechsen, Schnecken, Käfern, Eiern und den Küken der am Boden brütenden Vögel auch Himbeeren, Brombeeren, Pilze und – Getreide. Bevorzugt Weizen und Hafer! Das war der springende Punkt.

Sjöblom hatte in diesem Jahr nur einen einzigen Acker mit Hafer bestellt. Im Jahr zuvor hatte er hier Kartoffeln angebaut, seine Lieblingssorte *blå mandel*. Sein Vater hatte die Saatkartoffeln in den Dreißigerjahren als Bahnarbeiter von einem Bauern in Småland, bei dem er untergebracht war, bekommen. Zehntausende von jungen, kräftigen Männern hatten in den Zwanziger- und Dreißigerjahren die schwedische Eisenbahn ausgebaut. Es war ein entbehrungsreiches, hartes Leben für mittellose Männer mit verwegenen Träumen. Sie galten oft einer Fahrkarte nach Amerika oder einer eigenen Kate mit etwas Wald und Ackerland, die Sjöblom senior dann schließlich auch erwarb. Seitdem wurden die Kartoffeln der Sorte »Blaue Mandel« Jahr für Jahr auf dem kleinen Fuchshügel angebaut.

Hafer stellt keine größeren Ansprüche an einen Ackerboden und eignet sich als Nachfolger von Kartoffeln daher gut. Für einen Hof mit wenig Ackerland sind Fruchtfolge und Erhaltung der Bodenfruchtbarkeit besonders wichtig, und Sjöblom wollte keinen Quadratmeter Land vergeuden.

Der Hafer war als Futter für die Kühe vorgesehen. Sjöblom war beinahe Selbstversorger und wollte im Herbst so wenig pelletiertes Fertigfutter wie möglich dazukaufen müssen. Der langen Rede kurzer Sinn: Seine Vorbehalte gegen Meister Grimbart waren durchaus berechtigt. Niemand konnte ihm verübeln, dass er die alte, unförmige Dachsfalle repariert, mit einem Köder in Form von Hundedosenfutter versehen und am Rande des Haferackers aufgestellt hatte ...

Und da saß er also hinter Gittern, hastig atmend und starrte uns aus seinen kleinen schwarzen Augen verängstigt an.

Er war noch jung. Sein gestreifter Kopf war schmal und wirkte kindlich, und sein Geruch war äußerst streng. Hauke machte ein betrübtes Gesicht, und auch mir tat das Tier in seiner Todeszelle leid. Ich nahm Sjöblom diskret beiseite und flüsterte:»Was nun?«

Er verstand nicht oder wollte nicht verstehen, denn er grinste, krümmte seinen rechten Zeigefinger und machte mit zusammengerollter Zunge einen hässlichen Klicklaut.

»Ausgeschlossen! Denk an Hauke!«

Sjöblom schüttelte den Kopf und wies mit dem ausgestreckten Arm auf die nicht zu übersehenden Spuren in seinem einzigen Haferacker. Überall, wo der Dachs sich immer wieder im Kreis gedreht hatte und der Hafer nun auf der Seite lag, war die kommende Ernte zerstört.

Es sah nicht gut aus für den Angeklagten, das Urteil war bereits gefällt.

Als Kind wollte ich eine Weile lang Juristin werden. Daran war mein Vater schuld oder vielmehr seine persönliche Führung durch das herrschaftliche Gebäude des Hanseatischen Oberlandesgerichts in Hamburg. Mit seinem enormen Schlüsselbund hatte er alle Sitzungssäle geöffnet und mir ihr Interieur erklärt. Er war mit Leib und Seele Richter und glaubte nach all seinen Dienstjahren noch immer an Gerechtigkeit, jedenfalls interpretierte ich ihn so. Ich träumte danach eine Weile lang davon, mit ebensolcher Verve einst als Anwältin unschuldig Angeklagten zu ihrem Recht zu verhelfen.

Daran musste ich nun denken.

Eine Begnadigung des Delinquenten war zwar unwahrscheinlich. Doch vielleicht konnte ich ja die Umwandlung der Todesstrafe in lebenslange Verbannung bewirken.

Sjöblom hatte in letzter Zeit gern über den Abstand zwischen seinem Hof und meinem neuen Haus geklagt. Zehn Kilometer! Selbst wenn man in Schweden auf dem platten Land den Begriff Nachbar oft recht großzügig auslegt, traf er auf uns nun nicht mehr zu. Mein Erdkeller auf der wilden Wiese war intakt und unbenutzt und für den Grimbart eine ideale provisorische Behausung. Und, sollte er ausbrechen, so gab es in unmittelbarer Nachbarschaft genügend Hafer- und Weizenfelder, die es sinnlos machten, den langen Weg zurück zum Fuchshügel auch nur zu erwägen.

Der Großbauer, dessen Felder an mein Grundstück grenzen, hieß Ohlsson. Alle Landwirte der Gegend waren selbstverständlich miteinander bekannt. Kennen bedeutet jedoch nicht automatisch mögen.

Bauer Ohlssons Hof war auf dem neuesten Stand. Er melkte gut hundert Kühe in einem ultramodernen Laufstall, und er bewirtschaftete mit seinem enormen Maschinenpark mehrere Hundert Hektar Ackerland.

Es gibt in Schweden eine wenig ehrenvolle und dennoch landestypische Untugend. Wer sich eine Weile lang im Land aufhält, macht unweigerlich ihre Bekanntschaft. Wenn mein spontaner Plan aufging, dann sollte ausgerechnet diese schwedische Schwäche unserem Dachs nun das Leben retten.

Schwedischer Neid, *svenska avundsjukan,* ist ein allgemein bekannter und oft zitierter Begriff. »Glaube ja nicht, dass du jemand oder gar etwas Besonderes bist«, lautet der moralische Imperativ des politisch korrekten Schweden. Im Sozialstaat sollen alle möglichst gleich viel oder eben auch gleich wenig sein und haben. Mit Eigentum oder besonderen Talenten protzt du in Schweden besser nicht.

Die Anpassung ans Mittelmaß ist auf der einen Seite zwar gerecht und äußerst demokratisch, auf der anderen aber zugleich auch kleinkariert. Und nicht zuletzt sterbenslangweilig! In der landestypischen Bescheidenheit liegen zugleich Stärke und Schwäche des schwedischen Systems.

Sjöblom war jedenfalls als Kleinbauer nicht allzu schwer davon zu überzeugen, dass Großbauer Ohlsson den Dachs eher verdiente als er, denn der konnte ihn sich schließlich leisten. Was mein weiblicher Charme nicht erreicht hatte, machte der schwedische Neid nun möglich: Der Dachs durfte am Leben bleiben. Unter der Bedingung, dass er sofort nach Hid umzog.

So war es entschieden, denn schließlich war auch Sjöblom im Grunde seines Herzens Tierfreund!

Hauke hörte auf zu weinen, ich lobte Sjöbloms Einsicht, und wir waren uns endlich alle einig!

Wie aber den Dachs nach Hid befördern? Sjöbloms Anhänger war bereits besetzt. Er hatte am Vorabend den wackeligen Steg am Waldsee repariert und das alte Ruderboot auf den Trailer bugsiert. Mit dem zu Wasser gelassenen Boot fing für ihn jedes Jahr der Sommer erst richtig an. Der alte Volvo stand mit dem angekuppelten Bootstrailer bereit.

»Dann muss der Dachs eben im Boot ausziehen«, schlug Hauke vor. Und dabei sollte es bleiben.

Sjöblom und ich hoben gemeinsam die bleischwere Falle in das Ruderboot, vertäuten sie dort mit diversen Spannbändern, und im Schritttempo ging es dann mit Volvo, Trailer, Boot und Dachs nach Hid. Für die zehn Kilometer brauchten wir mehr als eine halbe Stunde. »Hoffentlich sieht uns keiner. Sonst halten mich hier alle fortan für verrückt«, murmelte Sjöblom.

»Mach dir nichts draus«, beruhigte ich ihn. »Ein bisschen Verrücktsein kleidet dich eigentlich recht gut.«

»Findest du?« Er errötete leicht.

»Unser Dachs ist der einzige in ganz Schweden, der in einem Ruderboot zu Land verreist«, rief Hauke vom Rücksitz des Wagens aus, und da er glücklich war, war ich es auch.

In Hid stellten wir dem nach der Reise etwas seekranken Dachs eine Schale mit Katzenfutter in seine neue Höhle und schoben mit vereinten Kräften die geöffnete Falle in den Erdkeller. Die Wände des Erdkellers bestanden aus dicken Feldsteinen, sein Dach war mit Moos bewachsen, und im Inneren war es dunkel, feucht und kühl. Hauke und ich hatten uns nie gern lange dort aufgehalten, es war irgendwie gruselig dort drinnen. Und bislang hatte der Erdkeller für uns keine weitere Funktion gehabt. Für den Dachs, der Höhlen gräbt und darin wohnt, schien es eine geradezu perfekte Bleibe. Zufrieden schloss ich die Kellertür und dankte Retter Sjöblom herzlich für seinen Einsatz. Mochte er meine Anerkennung gern ein wenig als Bewunderung seiner männlichen Entschlusskraft missverstehen. Auf diese Weise hatten sich Tag und Auftrag jedenfalls für alle Anwesenden gelohnt.

Am kommenden Morgen war die Katzenfutterschale mit Sand gefüllt und der Dachs verschwunden. Er hatte sich unter der Tür einen Gang gegraben und befand sich wieder in Freiheit. Vermutlich ging es ihm gut in Hid.

Das alles ist inzwischen bald drei Jahrzehnte her. Doch jedes Mal, wenn ich bei einem Spaziergang oder im Auto einen dieser scheuen Gestreiften rasch in irgendeinem Gebüsch verschwinden sehe, denke ich an unsere Dachsreise in Västergötland und freue mich.

Ich habe in einer meiner Momme-Geschichten das Ganze später noch ein bisschen ausgeschmückt. Doch das hier ist die wahre Version der wirklichen Begebenheit.

Mensch, Tier, Pflanze – wie diese Geschichte beweist, macht das Glück des einen zugleich auch alle anderen froh!

Frühling und Frühsommer 1993 waren ungewöhnlich heiß gewesen. Im Schatten der noch nicht belaubten Bäume schwitzte man wie im Hochsommer. Dann begann es zu regnen. Es regnete einen ganzen Sommer lang. Tagaus, tagein. Der schwedische Sommer ist grundsätzlich eine unzuverlässige und wechselhafte Angelegenheit. Und zumindest an Mittsommer sind so gut wie jedes Jahr Schietwetter oder zumindest Regenschauer und Kälte angesagt. Unser erstes Mittsommerfest in Schweden nahte. Unsere neuen Bekannten hatten sich alle bei uns eingeladen, und ich informierte mich ein wenig gestresst, was man von mir als Gastgeberin erwartete.

Mittsommer oder *midsommar* auf Schwedisch ist neben Weihnachten das größte Fest im schwedischen Kalenderjahr. Beide Feiertage finden ja zur jeweiligen Sonnenwende statt: Die hellen Nächte sind das unvergleichbar Schönste am skandinavischen Sommer und die dunklen Tage das am meisten Demoralisierende am schwedischen Winter. Allein aus diesem Grund ist man zu Weihnachten so heiter und ausgelassen. Schlimmer kann es mit der Dunkelheit nun nicht mehr kommen, und die Tage werden allmählich wieder länger. Auch an Mittsommer, dem offiziellen Sommeranfang, herrscht allgemein gute Stimmung. Doch für den, der sich bereits ein bisschen besser auskennt, schwingt stets ein wenig Wehmut mit. Warum sonst betrinken sich so viele Schweden an diesem so besonderen Tag?

Die Statistik der staatlichen Läden (*systembolaget*), in denen Alkohol gekauft werden darf, spricht für sich: Normalerweise werden pro Woche rund neun Millionen Liter Spirituosen verkauft. In der Mittsommerwoche sind es hingegen dreizehn Millionen Liter, davon allein etwa sieben Millionen Liter Bier.

Niemand hat die Sonnenwenden-Wehmut besser beschrieben als die Mutter der Mumins, Tove Jansson, im Refrain ihres schwedisch-finnischen Liedes *höstvisa* – Herbstweise:

Skynda dig, älskade, skynda att älska
Dagarna mörknar minut för minut,
Tänd våra ljus, det är nära till natten,
Snart är den blommande sommarn slut

(Eile, Geliebte(r), beeile dich zu lieben
Die Tage werden dunkler mit jeder Minute
Zünde unsere Kerzen an, die Nacht naht und
Bald ist der blühende Sommer vorbei)

Vergleichbar mit Heiligabend findet das eigentliche Fest am Mittsommerabend statt, stets an einem Freitag zwischen dem 19. und dem 25. Juni.

Bis zum Jahr 1952 hatte das Mittsommerfest ein festes Datum, nämlich den 23. Juni. Doch seither ist der Festtag flexibel und findet, dem Arbeitsleben der Schweden entsprechend, stets an einem Wochenende statt.

Am Mittsommerabend schließen die Geschäfte gegen Mittag. In öffentlichen Gärten und Parks und auf dem Gelände der Heimatverbände werden Mittsommerstangen errichtet. Beim Tanz um die mit Laub und Blumen geschmückte Mittsommerstange singt man dann ungefähr dieselben Lieder wie zu Weihnachten. Der Klassiker unter diesen ist »små grodorna« – die kleinen Frösche. Das ist eine Art von Tanzlied, bei dem die Feiernden immer wieder in die Hocke zu gehen und mit den Ohren oder einem nicht vorhandenen Schwanz zu wackeln haben.

Warum ausgerechnet Frösche, das hat mir bislang noch niemand hier in Schweden erklären können. Deshalb habe ich zum Anlass dieses Buches ein bisschen nachgeforscht und Unerwartetes herausgefunden: Die Melodie ist einem Militärmarsch der Französischen Revolution nachempfunden. Der Text beruft sich auf die

Briten, die ihre damaligen französischen Feinde gern als Frosch-fresser verhöhnten. Wie Text und Melodie dann nach Schweden kamen, bleibt jedoch ungeklärt.

Für viele Schweden gelten die kleinen Frösche dessen unge-achtet als ein Teil ihres nationalen Kulturgutes. So wird überliefert, dass vor etwa zwanzig Jahren in der schwedischen Botschaft die Bekanntschaft mit Text und Tanz ein Teil eines Tests war, der bei Franzosen mit weiter zurückliegenden schwedischen Ahnen über An- oder Aberkennung der schwedischen Staatsbürgerschaft mit-entschied ...

Das typische Mittsommernacht-Menü besteht aus Matjes in Sauer-rahm und gekochten neuen Kartoffeln, gern mit etwas frischem Dill. In aller Einfachheit ein hervorragendes Sommeressen. Selbst ich konnte damit glänzen. Zum Nachtisch dann frische Erdbeeren mit Sahne, und auch das bekam ich hin.

Gefeiert wird meist mit Freunden, Mittsommer ist weniger ein Familienfest als Weihnachten. Getrunken wird Schnaps und Bier; wenn man Gäste erwartet, gilt es, genug davon im Haus zu haben. Bei den schwedischen Preisen für alkoholische Getränke ist das der teure Teil des Festes. Am darauffolgenden Mittsommertag hat dann ungefähr halb Schweden einen Kater.

Ja – und wenn du als Mädchen oder unverheiratete Frau gern wis-sen möchtest, wie dein Zukünftiger so aussieht, dann pflück schwei-gend sieben verschiedene Blumen von sieben verschiedenen Wiesen und leg sie nachts unter dein Kopfkissen. Im Traum begegnet er dir dann.

Meine bislang bewiesene Untauglichkeit bei der Wahl meiner Män-ner ließ mich eine solche Vorausschau des nächsten Fiaskos jedoch tunlichst unterlassen.

Wohl mir, die ich bislang noch immer frei und ungebunden war!

Regen, Regen, Regen. Der Altan über dem Oleandermeer wurde glitschig. Die Gartenmöbel standen dort zumeist verwaist. Die Rosen im Vorgarten ließen ihre Köpfe hängen. Einzig die unzähligen Lupinen auf der Wiese mit dem Erdkeller entfachten ihr lila-rotes Feuerwerk ungeachtet des grauen Wetters. Es goss bis in den frühen Herbst hinein.

Ich dachte hin und wieder an die hässliche und dennoch irgendwie so interessante Insel Öland, auf der angeblich stets die Sonne schien. Nicht umsonst befand sich hier auch Solliden, das Sommerschloss der königlichen Familie.

Öland und Kronprinzessin Victoria, ein ernstes und etwas unsicher wirkendes junges Mädchen, sah man wie jedes Jahr im Juli die erste Seite aller Illustrierten zieren, denn am 14. Juli wurde auf der Insel der Sonne und der Winde der Geburtstag der jungen Thronfolgerin gefeiert, genau einen Tag vor Haukes viertem Ehrentag.

Er lud diesmal alle seine neuen Freunde ein, die er wöchentlich bei Maggan traf. Bei strömendem Regen warf jedes der Kinder von einer Brücke seine Flaschenpost in den wild unter uns strömenden Ätran. Und sie lernten alle mit Fleiß und wilder Begeisterung ein tolles neues, deutsches Spiel: Topfschlagen!

Ich war zudem leichtsinnig genug gewesen zu behaupten, dass in unserem Garten in Hid Süßigkeiten an allen Bäumen wachsen würden, und hatte die ganze Nacht vor Haukes Fest damit zu tun gehabt, Bonbons, Lollis und Marshmallows an sämtliche erreichbaren Äste und Zweige im halbwilden Garten zu binden. Hauke ging daraufhin noch den ganzen Sommer lang auf Nachsuche, und dass die Süßigkeiten aufgrund des Dauerregens inzwischen klebrig und unansehnlich geworden waren, schmälerte seine Freude bei jedem neuen Fund nicht die Spur.

Die Tage wurden wieder kürzer, die Jäger kamen zurück, Rehböcke und Elche mussten ihre Leben lassen, die Kraniche sammelten sich erneut und verschwanden gen Süden, nach Deutschland, Frankreich oder Portugal, und ihr Trompeten zum Abschied ihres Aufenthalts im Norden klang nun weniger feierlich und großartig als eher ziemlich melancholisch.

Der erste Frost stellte sich ein. Wir bemühten uns, das Feuer in unserem mit einer Glastür ausgerüsteten Kamin im Wohnzimmer möglichst nicht mehr ausgehen zu lassen, und genossen die behagliche Wärme im gesamten Haus.

Bei Neuschnee wurde der steile Weg hinauf oder hinab ins Dorf zu einem Wagnis, das wir lieber nicht eingingen. Dann blieben wir zu Hause, machten es uns vor dem knisternden Feuer gemütlich, erzählten einander Geschichten und spielten neue Spiele.

Das neue Buchprojekt, *Momme in Schweden,* hatte ich zunächst mit Begeisterung begonnen. Der Vorschuss des Verlages würde uns über den Winter helfen. Zudem hatte ich zwei Verträge über Sachbücher für Kinder unterschrieben, eines über Hühner, das andere über Schweine.

Ich war froh über diese Aufträge. Doch es fehlte mir an Inspiration. Ich zweifelte auf einmal an meinem eigenen Vermögen und schrieb allzu langsam, ohne jeden Schwung. Zudem in einer Muttersprache, die sich mir irgendwie entfremdete und halb entzog.

Oft musste ich mich regelrecht an den Schreibtisch zwingen und machte mir zugleich bittere Vorwürfe. Wo war die unermüdliche Ministerin für Lebensfreude abgeblieben? Warum war ich nicht glücklicher? Hatte ich nicht alles, wovon ich noch vor einem guten Jahr kaum zu träumen gewagt hatte? Warum war ich derart undankbar? Was, um Himmels willen, war nur mit mir los?

Die Antwort lautete: Heimweh. Damit hatte ich nicht gerechnet, denn es machte keinen Sinn. Meine Vernunft sagte mir, wie misslich die Sehnsucht nach alten Zeiten und Plätzen ist, die sich inzwischen längst verändert haben, und der Wunsch danach, sein Leben rückwärts zu leben.

Zu grübeln und zu brüten, das war eigentlich nicht meine Art und entsprach nicht meinem Selbstbild. Vorwärts ist ein zentraler Begriff aus der Arbeit mit Pferden, und der galt bislang auch für mein Leben. Einem Dressurpferd, das nicht freudig und entschlossen vorwärtsgeht, fehlen jede Leichtigkeit und Anmut, und es ist für einen Ausbilder ein hoffnungsloser Fall.

Doch Heimweh, dieses mächtige und lähmende Gefühl, nimmt von dir Besitz, ehe du dichs versiehst. Dann legt es sich wie ein grauer Schleier aus Weltschmerz über alles, was du siehst und fühlst, verfinstert deine Tage und lässt zugleich die Sonne allzu grell erscheinen. Es verwandelt dich zum Resonanzkörper eines allumfassenden Lamentos. Vor allem aber macht es dich zum Fremdling, stellt dich außen vor und grenzt dich aus.

Hauke war zum Glück nicht davon infiziert, sondern auf dem besten Weg, ein vergnügter kleiner Schwede zu werden.

Man soll sich nicht zum Spielball seiner Emotionen machen. Und nun vorzeitig aufgeben, da wir beide die Sprache leidlich beherrschten und es gleichzeitig im neuen Land noch so viel Neues zu entdecken galt? Niemals. Es wäre eine allzu große Niederlage gewesen.

Ich versuchte also, mich zusammenzureißen. Das ging mal besser und mal schlechter. Hinzu kam, dass auch Sjöbloms Stimmung sich verfinstert hatte. Meine erneuerte Aufenthaltsgenehmigung war eingetroffen, das nächste halbe Jahr war uns hier auch ohne Heirat sicher, und er sah sich allmählich um seine Hoffnungen betrogen.

Glaube, Hoffnung, Liebe, diese drei; aber die Liebe ist die größte unter ihnen. Unter einer Bedingung: Sie muss erwidert sein.

Dann bewirkt sie Wunder, gibt dir Heimat oder doch zumindest ein Zuhause.

Für einseitige Liebe gilt das alles leider nicht. Die entartet leicht und macht dann unzufrieden, kleinlich oder missgestimmt. Als Zerrbild jener viel besungenen Himmelsmacht verleiht sie niemandem Flügel, sondern verkommt leicht zur Belästigung.

Erklär mir einer die Logik menschlicher Gefühle! Dennoch. Ein Zurück war illusorisch. Und im Stillen machte ich zuweilen neue Pläne, ohne recht zu wissen, wie im Falle eines Falles mein neues Vorwärts aussah.

Ein neuer Sommer kam, das Heimweh blieb, doch das wiedergeborene Licht und Farbenmeer von Oleander und Lupinen machten es erträglicher, und manchmal konnte ich es sogar fast vergessen.

Hauke wurde in diesem Sommer fünf. Fünf Jahre, das ist ein Meilenstein. Er war nun kein Kleinkind mehr und befand sich auf dem Weg zum Schulkind. Der lange Abschied nahm seinen Lauf. Ich sah ein, bald würde ich ihn nicht mehr so mir nichts, dir nichts erneut aus seinem sozialen Umfeld reißen können. Wenn ich noch einmal einen Aufbruch plante, dann musste der demnächst geschehen. Das war ich Hauke schuldig.

Doch zunächst feierten wir seinen großen Tag. Er durfte wählen, wie. Und er entschied: in diesem Jahr kein Fest und keine Freunde. Stattdessen wünschte er sich: ein Indianerzelt. Topfschlagen bis zum Abwinken. Und einen Ausflug, eine gute Autostunde.

Wohin? Nach Göteborg, na klar. Genauer gesagt nach Liseberg. In den dortigen Vergnügungspark, von dem alle seine neuen Freunde schwärmten.

Das Indianerzelt stand im Schatten der alten Eichen. Der 15. Juli 1994 war einer der heißesten Tage des Jahres in Hid, und das

Topfschlagen ein schweißtreibendes Abenteuer. Beim zehnten Mal legten wir eine Pause ein. Eiscreme wurde dem Geburtstagskind im Zelt serviert. Irgendwann am Nachmittag war es dann an der Zeit, sich für den Ausflug in die große Stadt umzuziehen.

Wir kannten von Göteborg bislang nicht viel mehr als den Fährhafen. Hin und wieder hatten wir von hier aus für einen kurzen Deutschland-Trip zu meinen Eltern die Nachtfähre nach Kiel genommen.

Hauke war kaum jemals in einer Großstadt gewesen, und die vielen Menschen, Geräusche und Gerüche schüchterten ihn anfangs etwas ein.

»Wir sehen uns erst mal alles in aller Ruhe an«, sagte ich, nahm ihn an die Hand, und wir ließen uns durch den Park treiben.

Die Leute standen Schlange vor den Achterbahnen, der Wildwasserbahn, den Karussellen und dem Drop-Tower. Das war ein sogenannter Freifallturm, wo man über eine Anordnung von Stahlseilen in einer Kabine über hundert Meter hochgehoben wurde, um dann in einem simulierten freien Fall zu Boden zu stürzen. Die Passagiere kreischten vor Entsetzen und Todesangst und schließlich wohl auch vor Erleichterung.

Wir sahen uns lieber die vielen Blumen an, Tausende von blühenden Blumen im ganzen Park, die die meisten Kinder vermutlich gar nicht erst bemerkten.

Dann entdeckten wir einen Seerosenteich, an dessen Rand man sitzen konnte. Hier wurden Lärm und Stimmen zu einer amüsanten Hintergrundmusik und das Schweigen der Lotosblüten zur sanften ersten Stimme.

Mitten im Teich bemerkte Hauke eine kleine Plastikfigur, in einer großen weißen Seerosenblüte sitzend.

»Dieser kleine Mann heißt Buddha«, sagte ich.

»Butter, Mama? Passt ja gut, denn der hat einen ganz schön dicken Bauch!«

Die zahlreichen Restaurants waren alle überfüllt. Wir hatten keine Lust, uns in irgendeines hineinzuquetschen. Stattdessen kauften wir zwei riesige Portionen Zuckerwatte und aßen sie am Rande des Teiches. Als Nachtisch gab es dann zwei Liebesäpfel.

»Mahlzeit, Herr Butter!«, rief Hauke fröhlich unserem neuen Bekannten zu. Und zu mir sagte er: »Liseberg ist wirklich sehr, sehr schön. Noch viel herrlicher, als die anderen Kinder gesagt haben. Nur die Achterbahnen und den Turm, von dem man runterfällt, und die Wildwasserbahn, in der alle Angst haben und schreien, und die Karussells, die mag ich nicht so gern. Aber alles andere ist sehr toll.«

Er hatte recht. Es ging mir ähnlich. Ich war froh darüber, dass wir die Welt noch ähnlich sahen und erlebten. Zumindest eine Weile lang.

Wir spülten unsere klebrigen Zuckerwattefinger im Seerosenteichwasser ab, saßen da, jeder ein bisschen in seine eigene Welt versunken, die die des anderen dennoch freundlich und sehr leicht berührte, und ließen die späte Sonne untergehen und den Festtag langsam ausklingen.

Dachte ich jedenfalls.

Denn als wir schließlich zum Ausgang des Parks schlenderten, zog Hauke mich zu einer halb versteckten, von zahlreichen bunten Lampen erleuchteten Bahn. Aus einem Lautsprecher ertönte schwedische Dansband-Musik. In den Autoscootern, die für Erwachsene zu klein waren, kurvten trotz der späten Stunde immer noch zahlreiche Kinder über die spiegelblanke Fläche.

»Oh«, sagte Hauke verzückt. »Das ist wunderschön. Was ist das?«

»›Zusammenstoßautos‹ sagt man in Deutschland dazu«, klärte ich ihn auf. »Ich weiß wirklich nicht, ob die so schön sind. Man rempelt und fährt sich gegenseitig an, das ist der Witz des Ganzen. Ich glaube, das ist nichts für dich.«

»Doch«, sagte er zu meinem großen Erstaunen. »Glaube ich schon. Ich möchte gern einmal fahren. Darf ich, Mama?«

»Wer fünf wird, der darf alles«, seufzte ich und kaufte einen Plastikchip.

Hauke wählte ein himmelblaues Fahrzeug aus, und ich half ihm, den Chip einzuwerfen, sodass er Gas geben und losfahren konnte. Ein wenig mulmig war mir dabei schon.

Mein Sohn war beileibe kein Draufgänger. In Schweden nennt man jemanden wie ihn einen »vorsichtigen General«. Doch er hatte, wenn es darauf ankam und er etwas wirklich wollte, einen eisernen Willen, und ich konnte ihm diesen Wunsch nicht ausschlagen, nun, wo das Fest ohnehin fast zu Ende war.

Ich stand ein wenig bang am Rand der Scooterbahn und hoffte, dass die anderen Kinder, die alle etwas älter waren, den neugebackenen Fünfjährigen von allzu ruppigen Rempeleien verschonten.

Dann erst sah ich, was Hauke längst begriffen hatte: Die Kinder hatten die Bahn umfunktioniert und aus der ursprünglichen rücksichtslosen Geschäftsidee der Erwachsenen ihre eigene, äußerst rücksichtsvolle gemacht!

Die Scooter drehten sich auf der Metallfläche zur Tanzmusik wie bunte Gondeln auf stillem Wasser. Die Kinder steuerten ihre kleinen Gefährte elegant umeinander herum in Pirouetten, Schleifen und beschaulichen Schwüngen, und dabei redeten und lachten sie und winkten einander zu.

»Hallo. Ich bin Jimmy. Und wie heißt du?«

»Hauke!«

»Wie? Håkan?«

Lautes Lachen. »Nee, Hauke!«

»Åke?«

Hauke bog sich vor Vergnügen. »Nee. Hauke heiß ich. Und heute ist mein Geburtstag. Ich bin nun fünf!«

»*Grattis*, Åke! Habe die Ehre! Hört mal. Hier fährt ein Geburtstagskind!«

Und dann fuhren sie alle um ihn herum, nannten ihre Namen, lachten, plauderten ein, zwei Sätze und machten dann dem nächsten Autoscooter-Tänzer Platz.

Der Mensch, heißt es oft, sei das schlimmste und grausamste aller Raubtiere. Das mag zutreffen. Aber er kann auch das sozialste aller Geschöpfe sein, friedliebend und entwaffnend heiter und großherzig gegenüber neuen Gefährten, die er eigentlich noch gar nicht kennt.

Mir ging es wie den anderen Eltern, die am Rande standen. Ich musste einen Chip nach dem anderen lösen.

Ich tat es wie die anderen gern.

Gegen Mitternacht sagte dann eine Lautsprecherstimme: »Ein letztes Mal für heute, eine letzte Runde, liebe Kinder, und dann *hej då*, gute Nacht für heute und auf Wiedersehen.«

Dann standen alle Gondeln still. Die Kinderstimmen und die Musik verstummten. Ich nahm meinen todmüden Fünfjährigen an die Hand. Der Geburtstag war zu Ende.

Auf dem Weg zum Auto redeten wir nicht mehr viel. Das ist nicht nötig, wenn man glücklich ist.

Der schwedische Friesenpferdeverein hatte sich erneut bei mir gemeldet und angefragt, ob ich nicht auf der Trabrennbahn in Kalmar anlässlich eines Familientages meinen Hengst Piet vorreiten und vorstellen könne. Sozusagen als Reklame für die in Schweden bis dato noch so unbekannte barocke Pferderasse aus Nordholland. Nach der Vorführung sollte mein Hengst für eine Nacht eine Box und ich ein Zimmer auf Öland beziehen.

Ich sagte zu. Ein derart handfester Auftrag schien mir die rechte Therapie gegen mein latentes Heimweh.

Sjöblom erklärte sich sofort bereit, Hauke für die Dauer meines Trips zu beherbergen. Die beiden verstanden sich nach wie vor gut. Und selbst die Regentin des kleinen Fuchshügels war einverstanden. Haukes frohgemute Gegenwart war ja schließlich für jeden ein Gewinn, und außerdem reiste ich an einem Freitag.

Am Freitagabend hingen damals alle mittelalten bis älteren Schweden auf dem Land vor dem Fernseher und spielten Bingo-Lotto. Ich hatte mich für diese öde Lotterie als gänzlich unbegabt disqualifiziert, zu zerstreut und in Gedanken immer anderswo, um den aufgerufenen Ziffern das rechte Interesse entgegenzubringen.

Im Gegensatz zu mir fand jedoch Hauke Bingo-Lotto allererste große Klasse. Eifrig und stolz wie Oskar über seine kürzlich erworbenen Zahlenkenntnisse kreuzte er auf seinem Los so gut wie jede richtig an, ließ sich von den dennoch ausbleibenden Gewinnen keinesfalls entmutigen, und in den Pausen hopste und tanzte er wie besessen zu Lasse Stefans und den Vikingern vor Sjöbloms Fernsehschirm herum. Denn zu *Bingolotto* am Freitagabend gehörte immer auch Dansband.

Der Showmaster namens Leif, der das Ganze moderierte, war ein älterer Mann mit Glatze und Brille, der sich bei seiner betagten Fangemeinde aus mir unbekannten Gründen großer Beliebtheit erfreute.

»Fahr ruhig los, viel Spaß auf Öland«, ermunterte mich Sjöblom mit ungewohnter Großzügigkeit, die vielleicht gar keine war. Denn mein kleiner Nachwuchsminister für Lebensfreude stellte mich inzwischen längst in den Schatten, und wer ihn kurzfristig ausleihen durfte, konnte sich glücklich schätzen.

Öland. Erneut dorthin, wo der Himmel groß und mächtig wie in Holstein war.

Was war das bloß mit dieser Insel? Sie war in der Zwischenzeit nicht schöner geworden, doch als ich nach absolvierter Reitvorführung im Auto und mit Piet auf dem Pferdeanhänger die lange Brücke überquerte, machte mir bereits der Anblick des um mich herum glitzernden Wassers gute Laune, und ich fühlte mich auf eine neue Weise motiviert und »vif«.

Nach den heißen Sommerwochen war die flache Landschaft mager und verbrannt. Zeitweilig wähnte man sich eher am Mittelmeer als in Schweden.

Kurz vor der Einfahrt nach Borgholm, dem kleinen Zentralort der nördlichen Inselkommune, passierte ich die großartige Silhouette einer prächtigen Schlossruine. Das milde Licht schien durch die leeren Fensterbogen. Vom Schloss aus musste man eine wunderbar weite Aussicht über den Sund haben. Eine Kulisse wie aus einem Märchenbuch. Wie konnte ich sie bei meinem ersten Besuch auf der Insel einfach übersehen haben?

Nördlich von Borgholm wurde die Landschaft immer weiter und karger. Das war das Öland, an das ich manchmal gedacht hatte. Nicht einschmeichelnd, aber irgendwie beeindruckend.

Als mein Pferd in der bereitgestellten Box stand und zufrieden seinen wohlverdienten Hafer kaute, machte ich, bevor es dunkel wurde, mit meinem Auto noch eine kurze Spritztour ans Wasser.

Bald hing eine blutrote Abendsonne über dem Kalmarsund und überzog die Steppenlandschaft mit ihrem warmen Schein. Ich rollte langsam wie durch ein impressionistisches Gemälde, und die Farben der Palette hießen Parmesan und Buttermilch, Goldorange, Tabak, Ocker, Kitt, Kiesel und lila Lavendel.

Öland war hier nur wenige Kilometer breit. Der Schotterweg folgte der Küstenlinie, und ich konnte bis ans andere Ufer nach Småland sehen. Ein Steinbruch klaffte wie eine Wunde in der Landschaft. Ein paar rechteckige Steinblöcke, ein Hügel aus Kies, ein alter Bagger und ein paar rostige Maschinen hielten im Halbkreis ein stummes, verschwörerisches Konsilium ab.

In Sandvik lagen vor den Hallen der Steinindustrie zersägte, ungeschliffene Kalksteinplatten wie überdimensionale Toastbrotscheiben übereinandergestapelt. Die Straße endete in einem verlassen wirkenden Hafen. Ein paar Fischkutter dümpelten im schwarzen Wasser. Kein Mensch weit und breit. Die meisten Häuser im Ort schienen unbewohnt. Möwen kreischten. Zwei Schwäne grasten mit ihren Köpfen unter Wasser. Es roch nach Tang und Fischabfällen. Ich wusste nicht, warum, aber irgendwie gefiel es mir hier.

Auf dem Weg zurück zu meiner Unterkunft fuhr ich an einem Straßendorf mit schönen alten Häusern und Steinscheunen vorbei, einige davon mit Reet gedeckt. Etwas abseits des Weges versteckte sich ein gelbes Holzhaus mit rotem Blechdach hinter hohen Bäumen und einer ordentlich zurechtgestutzten Birkenhecke. Ein Maklerschild stand an der Einfahrt. Ich wusste nicht, warum ich mir die Telefonnummer notierte ...

Vor dem Schlafengehen sagte ich Piet im Stall noch einmal gute Nacht.

Er hatte seine Sache gut gemacht und während unseres Rittes zu klassischer Musik die Besucher der Trabrennbahn in seinen Bann gezogen. Piet gehörte zu den edlen Friesen, denen man ihre andalusischen Urahnen aus der Zeit der spanischen Besatzung der Niederlande deutlich ansah. Seine großen, dunklen Augen verrieten Klugheit und Sanftmut. Seine lange Mähne hatte ich am Tag zuvor nach dem Waschen hart geflochten, und sie fiel nun in üppigen Wellen über seinen Hals.

Piet K fan Veldbos lautete sein offizieller Name, und jeder, der Augen im Kopf hatte, sah ihm an, dass er adelig war. Sein Vater hörte auf den Namen Falke. Friesen sind Märchenpferde, umgeben von Geheimnissen und Poesie.

»Piet«, sagte ich leise. »Flaches Weideland, in jeder Himmelsrichtung Wasser. Und ein Himmel voller Farben. Was sagt einer wie du dazu?«

Neue Möglichkeiten. Neue Pläne. Auf der Heimfahrt nach Hid ging mir vieles durch den Kopf. Warum nicht einfach nach Öland ziehen und dort einen Probewinter in einem der leer stehenden Sommerhäuser verbringen? Inseln sind immer kleine, eigene Welten, und Öland war zwar schwedisch, aber zugleich auch anders. Vielleicht war das eine gute Voraussetzung für einen zweiten Neuanfang? Vor allem aber hatte ich während meines kurzen Aufenthalts mein Heimweh zum ersten Mal seit Langem ganz vergessen können.

Mein einziges Bedenken galt Hauke. Hatte ich das Recht, ihm innerhalb so kurzer Zeit einen dritten Umzug zuzumuten? Er hing bereits an Hid, der Schaukel, unseren alten Eichen, der Laube, in der ich so gern saß und schrieb, dem sommerlichen wilden Garten und den winterlichen Abenden vorm brennenden Kamin. Das Haus in Hid war uns freundlich gesonnen.

Und selbst Sjöblom, dessen Hoffnungen und Ansprüche ich nicht erfüllen konnte, war ein Teil seines Lebens, der Kinderbagger mit dem Kindersandhaufen davor, die von uns teilzeitbefreiten Hühner und seine braune Lieblingshenne, die ohne Schwanz. Entwurzeln schmerzt wie Zähne ziehen, ich hatte inzwischen Respekt vor solcherlei Eingriffen.

»Ich muss dir etwas erzählen«, sagte ich, als wir nach meiner Heimkunft am Küchentisch zu Abendbrot aßen, doch Hauke kam mir zuvor. »Ich dir nämlich auch.«

Seine Augen glänzten. Er konnte es kaum erwarten, nun endlich mit seiner allzu lang gehüteten Neuigkeit herauszuplatzen, und sein Gesicht strahlte vor unverstellter Freude.

»Komm. Erzähl schon!«

»Mama«, sagte er. »Halt dich fest. Wir sind jetzt reich!«

Ich verstand nicht sofort.

»Ich habe, als du weg warst, im Bingo-Lotto gewonnen.«

»Du hast gewonnen?«

»Hab ich, Mama. Ziemlich ganz viel Geld!«

Es war gut, dass ich bereits saß. Das Leben hat zum Glück wechselnde Regisseure und überrascht dich deshalb häufig anders, als du es erwartet hast. Und mit plötzlichem Reichtum hatte ich wirklich nicht gerechnet.

Es erwies sich, dass Haukes Gewinn kein Bargeld war, sondern ein Gutschein. Der kam ein paar Tage später mit der Post. Das Kaufhaus, das ihn ausgestellt hatte, lag in Älvsered, einem verschlafenen Ort in Halland ungefähr eine Autostunde von Hid entfernt.

Wir waren bereits einmal in dem ländlichen, ebenerdigen Warenhaus gewesen, wo man alles von Haushaltswaren über Nicht-ganz-die-allerletzte-Mode, Spielzeug, Schuhe und Gartengeräte erstehen konnte. Die Verkäuferinnen waren freundlich und die Cafeteria im Zentrum des ganzen Warenangebots recht einladend.

Hauke ging mir voran und hielt den Gutschein stolz wie einen Ausweis leicht erhoben in der Hand, als wir das Warenhaus betraten. »1.000 Kronen« war darauf in großen Lettern geschrieben.

Er blieb stehen, wandte sich zu mir um und sagte mit einer weit ausladenden, das gesamte Sortiment des Kaufhauses umfassenden Geste: »Mama, bitte schön! Alles, was du haben möchtest, ist nun dein!«

Ich halte Großzügigkeit für eine der sympathischsten menschlichen Tugenden. Sie spricht von innerer Freiheit und einer entspannten Einstellung zu Hab und Gut. Wer sich nicht an Besitz klammert, dem gehört die ganze Welt. Doch durfte ich dieses Geschenk wirklich annehmen?

Als ich viereinhalb war, wollte ich meiner großen Schwester einmal ALLES zum Geburtstag schenken.

Sie wurde acht und war mein großes Idol, meine Mentorin, Kumpanin und Komplizin und kindliche Erzieherin, oft freundlich und geduldig, mir immer überlegen, meistens großmütig und manchmal grausam und ausgesucht gemein. Sie lenkte und verwaltete mein Universum und ließ dessen Sonne je nach Laune und Belieben auf- und untergehen.

Eine gute Woche vor ihrem großen Tag schleppte ich einen gewaltigen Umzugskarton, den ich im Keller gefunden hatte, in mein Zimmer und packte, was ich an Spielzeug besaß, hinein. ALLES, das wurde mir dabei bald klar, war besonders das, woran mein Herz am meisten hing. Denn je weher eine Gabe tat, desto kostbarer ihr Wert. Ich war zwar gutmütig, doch keinesfalls so edel, wie es nun den Anschein haben mag. ALLES, davon war ich überzeugt, würde nicht nur Freude schenken, sondern zugleich auch die Dämonen ihrer unberechenbaren Launen zumindest eine Weile lang beschwichtigen. Auf diese Weise hatte ich das Angenehme mit dem Nützlichen verbunden und für unser beider Glück und Wohl gesorgt.

Doch irgendwer aus der Familie überraschte mich beim Packen und wies mich schroff zurecht. Was waren das für Dummheiten?

Meine Schwester kam hinzu und lachte mich aus: »Sylvie schafft Chaos, wo sie geht und steht. Was tut deine Lieblingspuppe in dem großen Pappkarton? Bring ihn in den Keller zurück. Pack dein Spielzeug wieder ins Regal. Na, mach schon.«

So scheiterte mein Doppelbeschluss für zukünftige Harmonie, und ich gab auf. Mich zu beklagen hätte bedeutet, jemandem davon zu erzählen. Das wäre eine zweite Demütigung gewesen, und so töricht war ich dann auch wieder nicht.

Ich habe es überlebt, doch die Erfahrung schmeckt nach so vielen Jahren immer noch ein bisschen bitter. Sollte Hauke wirklich in dreißig Jahren eine ähnliche Anekdote zum Besten zu geben haben?

Ich nahm ihn in den Arm und sagte: »Vielen Tausend Dank. Wie ungeheuer lieb von dir. Ist das wirklich dein Ernst?«

Und er nickte weltmännisch. »Logisch, Mama. Ist es.«

Es gibt in jedem Leben Zeit und Notwendigkeit für alle möglichen Vorsätze und Handlungen, gute wie schlechte. Großmut und Kleinmut, Altruismus und Eigennutz, alles will wohl irgendwann und irgendwie ausprobiert, genossen, erfahren oder auch erlitten werden und gehört zum Menschsein und -werden mit dazu.

Inzwischen weiß ich, dass wir damals, bevor wir nach Öland zogen, auf einer anderen Art von Insel lebten, von der sich all die mächtigen Verlocker und Verführer noch weitgehend fernhielten: Reklame im Fernsehen und später dann im Internet, vor allem aber auch der Einfluss anderer Kinder oder Kameraden, die besaßen, was man haben musste, und sich wünschten, was ein jedes Kind begehren soll. Nicht im Sinne des schwedischen Sozialstaates mit angestrebter Sozialisation vom Kleinkindalter an. Doch auch das Inselleben auf dem Festland hat so seine Vorteile ...!

Ich suchte mir also gut gelaunt ein herrlich oversized brandrotes Sweatshirt aus, denn Rot ist in Sachen Kleidung meine Lieblingsfarbe, und ein enges schwarzes T-Shirt zum Unterziehen – und bat Hauke, auch etwas zu finden, denn sonst sei alles allzu ungerecht.

Er fügte sich und wählte rasch und fast ein wenig verschämt ein kleines Plastikauto, 25 Kronen wert.

»Und nun lade ich zur Fika ein«, verkündete er strahlend. Einmal ist keinmal, zweimal bereits eine Gewohnheit. Das gilt für große wie für kleine Leute.

Und wieder diese neue Handbewegung, die hatte er nun gelernt, sie war sozusagen sein eigentlicher Bingo-Lotto-Hauptgewinn: mit geöffneter Handfläche und einem weltläufigen Schwung beim Ausstrecken des ganzen Armes: Mama, bitte schön. Alles, was dein Herz begehrt!

Wir saßen bald hinter einem Berg von Zimtschnecken, Schokoladenkuchen und Schaumbananen an einem Zweiertisch in der Ecke der Kaufhaus-Cafeteria, ich trank Kaffee und Cappuccino und Hauke Coca-Cola und Orangensaft. Ich versicherte ihm, mein neues Sweatshirt sei das brandroteste und schönste, das ich je besessen hätte, und ich freute mich sehr. Mein kleiner, steinreicher Sohn lächelte mit verschmiertem Schokoladenmund und sagte schlicht und einfach:»Schön!«

Meine bange Neuigkeit von unserem Winteraufenthalt auf Öland, den ich ausdrücklich nicht Umzug nannte, ging dann irgendwie in all der guten Laune unter. Wo wir wohnten, war auf einmal gar nicht so entscheidend.»Wir bleiben dort, solange es uns gefällt«, sagte ich wie damals, als wir Deutschland verließen, und mein kleiner Sohn, der an diesem Tag beträchtlich gewachsen war, nahm auch diese Sache sehr gelassen und sagte nur:»Okay.«

»Öland ist in Wirklichkeit viel schöner, als wir zuerst dachten«, bemühte ich mich zu erklären.»Du wirst schon selbst sehen ...«

»Hhmm.«

»Weißt du, bei näherer Betrachtung erweist sich vieles irgendwie als schöner und nur einiges weniges als hässlicher und grässlicher. Oder zumindest ist das meiste sehr viel merkwürdiger und sonderbarer, als es auf den ersten Blick den Anschein hat. Guck nur mal lange genug hin, und du erlebst dein blaues Wunder!«

»Wirklich?«, sagte Hauke.»Hast du das denn schon mal ausprobiert?«

Hatte ich. Zum Beispiel Bingo-Lotto. Wie hatte ich oder zumindest der dünkelhafte Teil meines Ichs das jemals für eine banale Lotterie für etwas einfältige Leute und Schlagerfreunde halten können, wo es doch ein Glücksspiel im wahrsten Sinne des Wortes ist mit Hauptgewinnen, die aus guten bessere und aus ziemlich kleinen ziemlich große Menschen machen. Nein, das hatte ich zunächst einmal übersehen und war nun eines Besseren belehrt worden ...

KALKSTEPPE MIT NACHTIGALL

Der Winter ist auch auf Öland meistens dunkel, kalt und trist. Mir kommt diese Jahreszeit immer so wie eine Warteschleife auf das wirkliche Leben vor: Dein Anruf wurde entgegengenommen, wird jedoch noch nicht bearbeitet. Die monotone Musik im Hörer, eine Mischung aus Stille, Kälte und Mangel an Sonnenlicht, lullt dich, solange du wartest, ein. Keine Sorge. Das Leben wird sich wieder melden. Irgendwann wird es wieder von sich hören lassen und dann in alter oder neuer Ordnung weitergehen.

Auf Öland sind die Winter dank des maritimen Klimas etwas milder als im übrigen Land, und es fällt auch selten sehr viel Schnee. Wenn es allerdings schneit, dann schneit es oft auch richtig. Der sogenannte Ölands-*fåk* ist eine Art von inseltypischem Schneesturm, der die Unterschiede von Himmel und Erde aufhebt und alles zu einer flirrend weißen Einöde macht.

Im Handumdrehen gibt es auf dem flachen Land dann keine Wegbegrenzungen und Weidezäune und gar nichts mehr, woran man sich orientieren könnte. Selbst die Schneestangen, die ab dem Spätherbst die Wegränder markieren, verschwinden im Fåk. Besser, du bleibst zu Hause. Denn wer erst einmal richtig im Schneegestöber festsitzt, für den gibt es weder vor noch zurück. Da gilt es zu warten, bis der Sturm sich legt und die Sicht dann wieder freigibt.

Maritimes Klima bedeutet, dass das Meer die Temperatur nur langsamer verändert als die Luft und daher im Herbst und Winter Wärme abgibt und im Frühjahr Kälte speichert. Das Mikroklima Ölands sorgt in der Regel für ein raues Frühjahr. Und selbst zwei winterliche Minusgrade können sich bei entsprechender Brise kälter anfühlen als zwanzig Grad minus im weitgehend windstillen Norrland.

Wir wohnten während unseres ersten Winters in einem Sommerhaus, das *paradiset* hieß, und die hölzernen Außenwände unserer vorübergehenden Unterkunft waren erneut schlecht isoliert. Doch Paradiese sind auf die Dauer unbewohnbar, das weiß ja jeder, und dieses hier war dennoch irgendwie gemütlich. Auch einen Stall gab es, in dem die beiden Hengste untergebracht waren, nicht perfekt, doch als Übergangslösung ganz in Ordnung.

Auf der Hausweide wuchsen niedrige Wacholderbüsche wie in der Savannenlandschaft, die für Öland typisch ist und Alvar genannt wird. Eine baumlose Kalksteppe mit nur dünner Erdschicht und entsprechend angepasster Spezialfauna.

Erneut froren wir nun, doch darin hatten wir ja bereits Übung und Erfahrung, und es tat unserer Zuversicht und Erwartung eines neuen Lebens auf der merkwürdigen Insel keinen Abbruch. Wir schliefen auf den beiden geräumigen Sofas im an die Küche grenzenden Wohnzimmer. Abends heizte ich den gusseisernen Küchenherd ein, und eine behagliche Wärme breitete sich aus, die sich allerdings nie lange hielt.

An Silvester feierten wir zu zweit eine äußerst stille Party.

Ich habe den Witz, diesen letzten Tag des Jahres mit aufgesetzter Munterkeit zu begehen, noch nie so richtig verstanden. Wir beschlossen, lieber das neue Jahr gebührend zu begrüßen, als das alte mit Lärm und Nonsens in den Wind zu jagen. Das hatte es nicht verdient, denn wir verdankten ihm ja auch viel Gutes.

Ich befeuerte den Küchenherd mit so vielen Scheiten, wie sich in die enge Luke pressen ließen, und wir krochen bereits am frühen Abend unter unsere Federbetten, zogen sie bis unters Kinn, machten Pläne und erzählten uns schläfrige Geschichten.

Während das Feuer im Herd allmählich erlosch, glitten wir gemeinsam mit dem alten, müden Jahr in einen friedlichen und tiefen Schlaf, aus dem einzig wir im neuen Jahr erfrischt erwachten.

1995. Das hörte sich futuristisch an. In den Zeitungen warnten apokalyptische Stimmen bereits vor dem nahenden Ende der Welt um die stundende Jahrtausendwende. In fünf Jahren würden die Computersysteme die Ziffernfolge Null Null nicht verkraften.

Das Geheimnis der Null hatte ich mit Hauke bereits erörtert. Nichts kann eigentlich keine Anzahl sein. Nichts kann sich niemand vorstellen. Und dennoch ist die Null eine der Grundlagen unseres Zahlensystems. Wenn du von zwei Äpfeln zwei aufisst, erklärte ich Hauke, dann bleiben null Äpfel übrig.

Das leuchtete ihm ein. Wenn es nie so etwas wie einen Apfel gegeben hat, gibt es immer noch null Äpfel auf der Welt, obwohl niemand weiß, was ein Apfel sein soll.

»Hör auf, Mama«, sagte Hauke, »das wird mir unheimlich.«

»Mir auch«, sagte ich ...

Wie dem auch sei, dieses neue Jahr würde ein gutes Jahr werden. Das zeichnete sich bereits ab. Denn mein Heimweh war irgendwo in den dunklen Wäldern von Hid oder auch im lieblichen Ätrantal zurückgeblieben.

Ein geschlagenes Jahr lang hatte es mich immer wieder heimgesucht und nie mehr richtig losgelassen, war die Hintergrundmusik selbst meiner guten Stunden gewesen. Doch das war nun Vergangenheit. Null Heimweh. Unter dem großen, achtungsgebietenden Himmel Ölands, diesem allgegenwärtigen Meer aus Wolken, Licht und wechselnden Farben, fühlte sich die Sehnsucht nach alten Zeiten nicht mehr wohl. Und auch Hauke redete kaum noch von Hid und fragte nie, wann wir wieder nach Hause fahren würden.

Nach einem Monat hatte er Öland vollständig als neue Heimat adoptiert, und ohne weiter darüber zu diskutieren, stand fest: Wir bleiben hier. Wo, wenn nicht auf Öland, sollte man denn sonst schon wohnen?

Dass Hauke sich hier so wohl und heimisch fühlte, lag nicht zuletzt an seinem neuen Spielkameraden, den er in Löttorps

Konditorei kennengelernt hatte. Er hieß Christer, lebte mehr oder weniger von Schokolade und Coca-Cola und wohnte ganz in unserer Nachbarschaft.

Löttorp ist mit seinen gut vierhundert Einwohnern die drittgrößte geschlossene Ortschaft Nordölands. Dort gab es damals noch zwei Supermärkte und zwei Banken, eine Maklerfirma, Schule, Kindergarten, Zahnarzt, Post und Apotheke. Und die kleine Bäckerei und Konditorei mit fünf Tischen, wo sich am Vormittag die örtlichen Handwerker zum zweiten Frühstück trafen. Und wo man Zitronenpaj essen und Christer oder Mona treffen konnte. Beide waren für unseren Start auf Öland entscheidende Figuren.

Öländer, *ölänning* auf Schwedisch, kannst du nicht werden. Du bist es oder bist es nicht. So darf sich nämlich nur nennen, wer mindestens drei Generationen von auf der Insel geborenen Vorfahren nachweisen kann. Bei einem einzigen Festlandsbewohner im Stammbaum wird die Ehrenbezeichnung aberkannt – und du bist ein *utböling*, ein Zugereister, Ausländer, ein Fremder. Als solcher aber dennoch durchaus willkommen und es allemal wert, näher in Augenschein genommen zu werden – solange du nicht aus Kalmar stammst oder dich für etwas Besseres hältst ...

Christer war Fischer. Doch die Fischerei kriselte in letzter Zeit. Um den einst reichlichen Dorschbestand in der schwedischen Ostsee war es Jahr für Jahr schlechter bestellt. Als kleiner Küstenfischer fühlte er sich zudem von Regeln und Restriktionen der Fischereibehörde auf ungerechte Weise schikaniert. Er, der die gefangenen Fische noch per Hand aus seinen Netzen befreite, warf die kleineren stets lebend ins Wasser zurück, während von den modernen Booten mit ihren enormen Schleppnetzen alles ohne Unterschied an Deck gezogen und notfalls dann zu Fischmehl verarbeitet wurde. Doch die Zugeständnisse der Behörden galten eben diesen größeren Akteuren mit ihren bereits staatlich bezuschussten hohen Darlehen. Die wollte man schonen und keinesfalls in den Ruin treiben.

Diese Einsicht hatte Christer zum Erzfeind aller Bürokraten und auch zu einem Anarchisten in Sachen persönliche Finanzen gemacht: Er war notorisch pleite, ballte die Faust in der Tasche und zuckte doch zugleich auch mit den Achseln. Ein Dach überm Kopf und etwas zu essen für den heutigen Tag. Was wollte man mehr vom Leben, alles andere war ja doch nur Luxus.

Und nun stürmte es ohnehin, sein kleiner Kutter lag vertäut im Hafen. Er verbrachte seine arbeitslosen Tage damit, Freunden und Bekannten im Haus und auf dem Hof mit diversen Reparationsaufträgen auszuhelfen – in der Regel unbezahlt – und mit anschließenden Konditoreibesuchen, die er sich dann folgerichtig eigentlich nicht leisten konnte.

Hauke, der, seit er fließend schwedisch sprach, gern mit jedem ein Gespräch anfing, hatte sich an Christers Tisch gesetzt und ihn gefragt, ob sie Karten spielen wollten.

Warum nicht? Bald saßen beide in eine lebhafte Partie vertieft, deren Regeln keinem Außenstehenden begreiflich waren. Ein fünfjähriges und ein gut dreißig Jahre älteres Kind, jedes seine imaginären Karten aufgefächert in der linken Hand, spielten mit großer Geste lautstark ihre Trümpfe aus.

»18!«, rief Hauke und feuerte eine unsichtbare Karte auf den Tisch.

»36!«, konterte Christer.

»13!«, hielt Hauke triumphierend dagegen ...

Zahlen sind faszinierend. Damit hatte Hauke durchaus recht. Ich bin in der Schule nie gut in Mathematik gewesen und habe das erst in späteren Jahren begriffen. Worte können leer sein. Zahlen nicht. Sie sind, was sie von Natur aus sind. Weder gut noch böse, sondern schlicht und einfach wahr, und ihre Gesetze kannst du nicht erfinden, sondern allenfalls entdecken und versuchen zu verstehen.

Zählen und beziffern bedeutet, dem Leben auf die Spur zu kommen, denn alles, was lebt, tickt in einem spezifischen Takt und schwingt in bestimmten Zyklen. Nicht zuletzt sind auch alle Pferde musikalisch, und die meisten von ihnen lieben klassische Musik. Symmetrie, Harmonie, Rhythmus und Takt spielen im Dressurreiten eine wesentliche Rolle. Mit anderen Worten: Ich konnte Haukes neues Faible gut verstehen.

25076 wählte er fortan fast jeden Abend auf unserem geliehenen Telefon. Dank seines guten Zahlengedächtnisses hatte er sich die Telefonnummer, die ihm Christer achtlos angegeben hatte, sofort gemerkt.

»Hallo. Hier spricht Hauke. Wollen wir spielen?«

»Hhmm.«

»Wenn du zu uns rüberkommst, kannst du auch bei uns essen. Mama kocht.«

»Okay, bin schon unterwegs.«

Auf diese Weise wurde ich eine Zeit lang zum abendlichen Kochen verurteilt. Was tut man nicht alles für sein einziges Kind!

In Ermangelung von Besserem ließ sich auch unser neuer Stammgast schmecken, was bei meinem begrenzten Talent als Hausfrau auf den Tisch kam. Manchmal brachte er frischen Fisch mit. Stets hundertprozentig grätenfrei, denn er war ein Meister im Filetieren, und eine Festmahlzeit war dann für diesen Abend garantiert.

»Ich bin der rote Legomann«, lautete Haukes Standardbegrüßung.

»Dann bin ich der blaue«, erwiderte sein neuer Freund und ließ sich augenblicklich neben Hauke auf dem Fußboden nieder, während ich notgedrungen in der Küche mit Töpfen und Pfannen hantierte.

Mit fünfeinhalb Jahren braucht jeder Junge allmählich einen Mann in seinem Leben, an dem er sich orientieren kann. Ich sah ein, die exklusive Mutter-Sohn-Epoche war damit vorbei. Alles hat im Leben seine Zeit, und mein Dasein als Single ging notgedrungen seinem Ende entgegen. Ich hatte nichts dagegen, obwohl ich die Ungebundenheit alles in allem sehr genossen hatte.

»Wunderbar ist kurz«, so lautet in Schweden ein geflügeltes Wort. Es stammt aus einer Ballade des inzwischen verstorbenen Sängers, Kabarettisten, Komponisten oder ganz einfach Multitalents Povel Ramel. Jeder hier in Schweden kann diese drei wahren Worte zitieren, meist ohne zu wissen, wer ihr Urheber ist.

Die ganze Strophe lautet so:

Bara en enda ros på ett evigt klänge
Så är livet; trist varar länge
Men underbart är kort
Alldeless för kort ...

(Nur eine einzige Rose an einer endlosen Ranke
So ist das Leben. Trist währt lange
Doch wunderbar ist kurz
Viel zu kurz ...)

Drälla **war eine weitere Vokabel,** die fortan meinen schwedischen Wortschatz bereicherte. Haukes neuer Freund lehrte mich ihre tiefere Bedeutung: herumtreiben, den lieben Gott einen guten Mann sein lassen, in den Tag hineinleben.

Auf Schwedisch sagt man dazu übrigens: *leva för dagen* – für den Tag leben. Das trifft den Kern der Sache eigentlich viel besser. Du lebst für exakt diesen und nicht für irgendeinen anderen Tag, den du möglicherweise dann gar nicht erst erleben wirst. Denn so was weiß man ja nie.

»Carpe diem.« Dazu hat der römische Dichter Horaz uns vor gut zweitausend Jahren aufgefordert: Pflücke den Tag so wie eine süße Frucht oder eine reife Beere!

Wir Deutschen haben in all unserem nationalen Pflichtbewusstsein »Nutze den Tag« daraus gemacht. Zuweilen auch ein etwas sinnlicheres »Genieße den Tag«.

Im Schwedischen lautet die Übersetzung: *Fånga dagen!* Fange den Tag!

Was für ein schönes Bild von ungewöhnlicher Leichtigkeit – vor allem in Anbetracht der skandinavischen Schwermut! Der neue Tag, ein leuchtend bunter Schmetterling in deinem hochgehaltenen Kescher, so stelle ich mir das vor. Du betrachtest deinen bezaubernden Fang mit Neugier und kindlicher Freude. Berühr ihn nicht, sonst ruinieren deine ungeduldigen Finger noch seinen Flügelstaub, und er kann nicht mehr weiterfliegen. Wenn du dich sattgesehen hast, entlasse ihn leichten Herzens und mit einer elegant wedelnden Bewegung des Keschers erneut in seine Heimat Himmel, dieses alles nivellierende Meer aus Zeit und Ewigkeit.

Jemand, der seine Tage bevorzugt auf diese Art verbringt, wird im Schwedischen ein *drällpelle* genannt.

Im Deutschen gibt es kein entsprechendes Wort, denn *drällpelle* kann man vorwurfs- oder liebevoll aussprechen. Letzteres ist eher meine Art. Eine Neigung dazu war erblich, zumindest, wenn man Christers Ausführungen Glauben schenkte. Das Drällpelle-Gen tauchte jedenfalls in seinem Stammbaum bei vielen Ahnen und Urahnen latent immer wieder auf. Ein paar Flundern in der Nachbarschaft auszuliefern nahm schließlich auch für seinen Vater einen halben Tag in Anspruch, denn es implizierte jede Menge Stopps bei diversen Nachbarn und Bekannten auf dem Weg zur Zielperson, also ungezählte

Tassen Kaffee, Zimtgebäck, belegte Brote, eben Fika überall und jederzeit und dazu allerhand Geplauder über dieses und jenes.

Als echter Drällpelle besteht der Sinn deines Daseins nicht im Vorführen eines präsentablen Ichs, sondern im Leben selbst, und das will langsam zugebracht werden. Dein Selbstwertgefühl mag wie das der meisten Menschen je nach Tagesform ein wenig schwanken, doch dein Selbstvertrauen als Drällpelle ficht das nicht an. Es beruht kaum auf der Wertschätzung der anderen oder – in unserem Zeitalter von Social Media – ihren »Likes«.

Das macht auch Prestigeobjekte überflüssig. Christers kleiner russischer Kombi hatte bessere Tage gesehen, und es war fraglich, ob er die angestrebten dreißig Jahre je erreichen würde. In Schweden sind nämlich Kraftfahrzeuge ab dreißig Jahren von der Steuer befreit, sonderbarerweise, denn gerade die stellen ja die größten Umweltsünder dar. Doch von Seiten der Behörden nimmt man an, dass ein solcher Oldtimer so etwas wie ein Zweitwagen ist und nur ausnahmsweise einmal an einem schönen Sommertag aus der Garage geholt wird. Mit nur 23 oder 24 Jahren war Christers rostiges Auto bereits eine richtige Klapperkiste, die er dennoch sehr zu schätzen wusste.

Loppis heißt auf Schwedisch »Flohmarkt«, und ausschließlich dort kaufte Christer seine Kleidung. Manchmal auch auf einem der Wohltätigkeitsbasare des Roten Kreuzes. Da er weder groß noch klein war, fand er immer irgendetwas, das ihm passte. Ungefähr seine Größe, das reichte ihm vollkommen aus. Denn Ärmel und Hosenbeine ließen sich umkrempeln, und einen zu weiten Hosenbund konnte man mit einem Gürtel aus zweiter oder dritter Hand zusammenhalten, das war schließlich auch kein weiteres Problem.

Ich glaube, viele hielten Christer für wesentlich naiver, als er wirklich war. Er war ein guter Schüler gewesen mit besten Noten in Mathematik und Geschichte und einem heimlichen Traum, einmal Professor zu werden, was auch immer er sich darunter vorstellte. Lediglich aus alter Familientradition und wirtschaftlicher Notwendigkeit hatte er nach der neunten Klasse nicht die weiterführende Schule besucht, sondern als Leichtmatrose auf einem Frachtkahn angeheuert und war auf diese Weise mit Steinen, Bauholz und Sand bis nach Lübeck und Berlin geschippert.

Später, als Wehrpflichtiger, hatte er sich bei der Marine um einen Platz auf dem legendären Minensucher Älvsnabben beworben und zu den auserwählten Zeitsoldaten gehört, denen die Ehre zukam, vier Monate lang die schwedische Seestreitmacht auf den Weltmeeren zu repräsentieren. »Viel Welt zum Preis von wenig Schweiß«, so lautete seine Zusammenfassung dieser weiten Reise, denn sein militärischer Eifer hielt sich seiner Natur nach in Grenzen.

In der Vitrine im Wohnzimmer seiner Eltern stand ein verblichenes Farbfoto aus dieser Zeit in einem unscheinbaren Rahmen, und Hauke und ich betrachteten es eingehend: Der damals noch weißblonde junge Mann war derart schmächtig, dass er in seiner dunkelblauen Uniform förmlich versank. Die reichlich bemessene Baskenmütze war ihm über die Augen gerutscht.

Er sei, wie er uns erklärte, der einzige der jungen Wehrpflichtigen gewesen, dessen Eltern beim Auslaufen des Schiffes nicht stolz in Karlskrona am Kai gestanden hätten, um ihm nachzuwinken. Warum nicht? Sein Vater hatte die Autofahrt über die erst wenige Jahre alte Ölandbrücke nicht gewagt, damals nicht und später auch nicht. Seinem alten Volvo Duett, der schließlich weit über vierzig Jahre alt wurde, wollte er diese riskante Fahrt nicht zumuten. Und sich selbst vermutlich auch nicht. In Färjestaden, auf der öländischen Seite der Brücke, ist für viele ältere Öländer noch heute stets die Autofahrt zu Ende. Kalmar und das Festland betrat Christers Vater während seines ganzen Lebens nur ein paarmal. Seine Mutter sah es nie.

Mit dem Frühjahr wurde auch Ölands berühmtes Licht wieder neu geboren, das seit jeher viele Künstler auf die Insel lockt. Selbst ich sah endlich ein, wie eigenwillig schön sie sein kann.

»Was hat euch eigentlich hierher verschlagen?«, fragte Christer. Gute Frage. War es wirklich Heimweh? Ich erinnerte mich kaum noch daran.

»Landet langsam«, sagte Christer. »Lasst euch Zeit mit dem Ankommen. Hast und Hektik sind nur ungesund.« Und zu unserer Unterhaltung erzählte er uns Geschichten von seiner großen öländischen Familie, in der es zwar auch Bauern gab, doch noch mehr Männer, die zur See gefahren waren. Fischer, Schiffer und Bootsbauer. Einer, der einzig wegen seiner Neigung zur Seekrankheit sein Leben lang an Land blieb, wurde Küster. Er war für das Läuten der Kirchenglocken in Persnäs zuständig, verschlief es aber mehrfach oder ließ sie zur falschen Zeit ertönen und landete folgerichtig irgendwann bei Wasser und Brot in Kalmar hinter Gittern. Das war in einer Kirchspielchronik nachzulesen.

Ernste Arbeiter waren sie zur See. Nun auf einmal forsch, effektiv und in unerhörte Arbeitswut verbissen. Sie trotzten stoisch dem Schaukeln und Rollen an Bord, der feuchten, schneidenden Kälte, den Tücken der Strömungen und unergründlichen Launen der Winde. Verachteten das tyrannische Bedürfnis nach Schlaf, das einen mehr als Hunger oder Durst zermürben kann.

An Land und mit festem Boden unter den Füßen dann: Herumtreiber. Die-Zeit-Vertrödler. Kaffeetrinker. Kuchenesser. Schwätzer. Netzeflicker. Müßiggänger. Flohmarktbesucher. Trödelfantasten. Mäßig im Umgang mit Alkohol, leichter verführbar mit Süßem, was bei einer genetischen Disposition zu Altersdiabetes einst einen hohen Preis einfordern würde. Finanziell stets angeschlagen, dennoch wählerisch bei Leckereien. (*Kräsen,* dazu sagen wir in Holstein »krüsch«.) Schüchtern vor dem anderen Geschlecht.

»Vier Jahre lang währt im Leben die Bedenkzeit«, erklärte Christer. »Vier Jahre braucht dein Herz, um Wurzeln zu schlagen. Vier Jahre lang bist du noch frei. Danach ist die Frist dann abgelaufen, und du kommst nicht mehr ungeschoren davon. Dann kostet jede Trennung Wurzelwerk. Ganz egal, worum es sich handelt. Um Mann oder Maus, Boot oder Haus.«

Er lachte über den unbeabsichtigten Reim und fuhr gedankenverloren fort: »Oder um Ritha …«

Der Hafen von Sandvik sah auch um diese Jahreszeit verlassen aus. Eine Familie aus Stockholm hatte kürzlich eines der Häuser erworben und war dabei, ein Hafencafé einzurichten. Doch auch das würde vermutlich nur während der Sommermonate geöffnet haben.

Die Tür zum Kühlhaus, einem fensterlosen Betongebäude neben den hölzernen, rot angestrichenen Fischerhütten, stand halb offen. Ein dicker Mann in Gummistiefeln trug ein paar weiße Plastikkisten voller Fisch heraus und stapelte sie im Gepäckraum seines Kombis.

Die beiden Männer nickten einander zu.

»Lindström, willst du etwa jetzt noch raus?«

Mir war bereits aufgefallen, dass viele Fischer sich untereinander mit Nachnamen ansprachen. Auch Christer tat das, redete von Brundin, Holgersson, Gunnarsson und Mattiesson.

»Nee. Nicht bei diesem Schietwetter!«

»Lohnt sich sowieso kaum«, murmelte der dicke Mann. »Drei Kisten. Kaum die Reise nach Kårehamn wert. Und Benzin wird auch immer teurer.«

In Kårehamn an der Ostküste lag die Filéfabrik, an die auch Christer meistens seine Fische lieferte. Und von den hohen Preisen für Benzin sang auch er ein Lied. Er hatte die Angewohnheit, nur für hundert Kronen zu tanken. Damit kam man nicht sehr weit, und folgerichtig blieb er regelmäßig irgendwo auf der Landstraße liegen. Er zuckte dann im Wesentlichen nur mit den Achseln, klopfte irgendwo an und lieh sich notfalls ein paar Liter aus dem Kanister mit Benzin für den Rasenmäher. Auch diese neue Vokabel hatte er uns beigebracht: *bensinstopp*. Recht praktisch: Ein einziges Wort ersetzt im Schwedischen den umständlichen deutschen Satz: »Ich habe kein Benzin mehr.«

»Besuch an Bord?« Der dicke Mann starrte Hauke und mich mit unverhohlener Neugier an.

»Kann man so sagen.«

»Na dann.« Der andere schlug die Heckklappe des rostigen Volvos zu und fuhr davon.

Christer verscheuchte ein paar Möwen von der Reling seines Bootes, sprang in seinen ausgetretenen Holzschuhen erstaunlich geschickt an Bord und streckte eine Hand nach Hauke und die andere nach mir aus.

»Das ist sie: Ritha. Kommt an Bord!«

Der kleine Kutter war eher etwas unscheinbar. Doch Christers liebevoller Besitzerstolz machte ihn bald auch in unseren Augen zu etwas ganz Besonderem.

»Seht mal her. Ein Boot muss Haltung haben. Und schöne Formen, gute Proportionen.«

Er öffnete die Kajütentür, deren Schlüssel er stets in der Hosentasche bei sich trug, erklärte Hauke und mir Echolot und Kompass, drehte das Radio an, suchte umständlich einen Kanal mit Dansband-Musik und wies hinunter in den Maschinenraum. »Auf die Gefahr hin, dass das für euch böhmische Dörfer sind: Zweizylinder-Petter-Diesel. Luftgekühlter Motor aus Norwegen. Zuverlässig, groß und stark.«

Wir kauerten dann in der engen Kajüte.

Christer hatte die Pumpe in Gang gesetzt, die den Maschinenraum vom ständig erneut eindringenden Wasser befreite. Der Wind rüttelte von draußen an der Kajütentür, am Kai hörten wir die Flaggenleinen gegen die leeren Masten klirren, und Hauke und ich stellten dem Bootsbesitzer jede Menge Fragen.

»Das Meer? Es gilt, davor Respekt zu haben. Respekt ist aber etwas anderes als Angst.«

Das war mir von der Arbeit mit jungen Pferden sehr vertraut.

»Das Wetter? Zum Fischen ist ein milder Vormittag im Herbst am besten. Wenn die Sonne im Sommer zu hoch am Himmel steht, fängt der Stress im Hafen an, weil dir der Fisch bereits beim Ausnehmen halb verdirbt.«

»Ein gutes Boot? Ist eins, auf das du dich verlassen kannst. Egal, wie schick es aussieht.«

»Gefahr? Das ist die Gier. Denn die ist unsere wahre Geißel. Wer das meiste an sich reißt, verliert am Ende alles ...«

Jordhamn ist einer der schönsten Plätze Ölands. Für mich offenbart sich hier so etwas wie die Seele der Insel.

Die als Windmühle konstruierte alte Steinscheuermühle liegt in einer sanften Senke direkt am Wasser und beherrscht mit ihrer markanten Silhouette den gesamten Ort. Wie ein langgliedriges graues Insekt mit von Menschen festgezurrten Flügeln hält sie strenge Aufsicht über den steinigen Strand. Ihr Körper ist ein luftiges Balkenwerk aus ungehobelten Fichtenstämmen und einer hölzernen Haube, die wie ein spitzer Hut ohne Krempe das Räderwerk vor Wind und Wetter schützt.

In direkter Nachbarschaft zur Scheuermühle und dem zur Anschauung bewahrten alten Ochsengöpel liegt die Fischerhütte von Christers Vater. Er war Aalfischer und legte im Spätsommer seine küstennahen Grundnetze aus, überdimensionierte Reusen, bei denen die Aale und sonstigen Fische durch ein Gangsystem schließlich in einer letzten Kammer landeten, aus der es dann kein Zurück mehr gab.

Der Beifang waren Lachse, Dorsche, manch ein Hering und hin und wieder auch ein Hecht. Vor allem aber viele Flundern, die Christer, der stets beim Heben der großen Reusen half, kräftig verfluchte. Oft waren sie für den Verzehr zu mager, und er warf sie in der Hoffnung, dass sie aus der Sache etwas gelernt hätten, wieder ins Wasser zurück.

Kaum drei Monate im Jahr fischte Lennart. Dann war die Aalsaison vorbei. Den Rest des Jahres verbrachte er mit dem Flicken seiner Netze, einem zeitraubenden und Geduld erfordernden Handwerk, das außer ihm nicht mehr viele beherrschten. Oder er las in seiner Fischerhütte die Zeitung und wartete auf vorbeikommende Besucher, mit denen er dann eine Pause von der Pause machen und in aller Ruhe erst mal plaudern und einen Kaffee trinken konnte.

Von den benachbarten Fischerhütten in Jordhamn war Lennarts die einzige, die sich noch im Besitz eines Berufsfischers befand. Man betrat sie von der Seeseite her und kam zunächst in einen halbdunklen, mit vom Dachgebälk herabhängenden Netzen, Öljacken, Stapeln von Fischkisten, diversem Arbeitsgerät und einer Galerie von Gummistiefeln vollgestopften Teil. Hinter einer zweiten Tür befand sich dann der wohnliche Teil, in dem man, wenn man wollte, durchaus übernachten konnte.

Ein Bettsofa, ein Herd mit Spüle, ein Tisch mit ein paar Küchenstühlen, ein Wandschrank für Geschirr und Besteck, ein altes Radio und ein gusseiserner Kamin machten die Einrichtung komplett. Auf dem Tisch lag das *Ölandsbladet*, und der Wasserkessel pfiff bereits auf dem Herd. Die Zeit stand in Lennart Lindströms Fischerhütte gern ein wenig still.

Das Kirchspiel von Persnäs, zu dem auch Jordhamn gehört, wird von seinen Bewohnern *stenriket*, das Steinreich, genannt. Dieses Steinreich umfasst Steinbruch, Steinindustrie, Rauken und auch die unzähligen Klappersteine am Strand. Die zahlreichen Fossilien machen jedes Kind, ob jung oder alt, zum Sammler, der seinen Blick fortan nicht mehr vom Boden lösen kann, ständig einen neuen Schatz entdeckt und doch Hosentaschen und Hände bereits voll davon hat.

Zum zweiten Mal in seinem kurzen Leben war Hauke nun steinreich, und folgerichtig war sein neues Lieblingstier der Trilobit.

Ein Trilobit ist ein Schalentier und besteht aus drei Segmenten: einem kleinen Kopf, einem riesigen Rumpf und einem winzigen Hinterteil. Einige Trilobiten konnten einst schwimmen, andere krochen lieber auf dem Meeresgrund herum oder gruben sich dort ein. Dass seine neuen Kameraden bereits seit dreihundert Millionen Jahren ausgestorben waren, störte meinen Sohn nicht im Geringsten, und in unserem gemieteten Paradies machten sie sich bald überall breit.

Auf dem Küchentisch und allen Fensterbrettern lagen trilobitverdächtige Steine, und einige wohnten sogar unter dem Kopfkissen in Haukes Bett.

»Aussterben ist große Klasse!«, fand er. »Es bedeutet: aus mit Sterben. Dann wirst du eine Kostbarkeit und machst denen, die dich finden, eine ziemlich riesengroße Freude.«

Bei guter Sicht sieht man von Jordhamn aus die Küste Smålands und kann die Umrisse des zuweilen entsetzlich stinkenden Reinigungswerks in Mönsterås erkennen. Die unbewohnte Felseninsel Blå Jungfrun liegt mitten im Kalmarsund. Den Fischern hat sie seit jeher als Wetterzeichen gedient. Täglich ändert sie Umriss und Größe. Mal ragt sie wie ein steinerner Busen aus dem Sund, mal verwandelt sie sich in ein Ufo, das über den Wassern schwebt. Manchmal taucht sie im Brackwasser unter, oder sie löst sich im dunstigen Himmel auf. An gewissen Tagen glaubst du, mit Leichtigkeit an ihr Ufer schwimmen zu können. Was allerdings ein großer Irrtum ist.

Es war kein Wunder, dass Lennart in seiner Fischerhütte oft Besuch bekam. Unter anderem kam auch Mona gern mal vorbei. Als ehemalige Filialleiterin der Bank half sie ihm bei seiner Steuererklärung. Nun war sie Maklerin mit einem eigenen Kontor in Löttorp. Ich fragte nach dem gelben Holzhaus mit dem roten Dach. Es war noch immer nicht verkauft. Die potenziellen Immobilienkäufer hielten sich ganz allgemein zurück, denn die schwedische Finanzkrise steckte den Leuten noch immer in den Knochen.

Der Besitzer des gelben Hauses hatte einst im Steinbruch gearbeitet und war nun in den Achtzigern. Ein ewiger Junggeselle, der sein Leben lang gespart und sich nie etwas gegönnt hatte, was ihm, wie ich später lernte, im Dorf den wenig schmeichelhaften Spitznamen »Geiz-Lars« eintrug. Das Geld war seine große Liebe.

»Wohnt er nun in einem Altersheim?«, fragte ich.

Nein. Tat er nicht. Ironie des Schicksals: Er war zu einer Frau gezogen. Er hatte sie auf einem Rentnertreff kennengelernt. Sie war Anfang siebzig und hatte den Ruf, diese Treffs immer dann zu besuchen, wenn sie erneut auf Partnersuche war. Der Steckbrief ihres Traummannes: so alt und hinfällig wie möglich, dafür aber mit einem gesunden Bankkonto und ohne nahe Freunde oder Angehörige. Auf Öland gab es ziemlich viele alte Junggesellen. Geiz-Lars war bereits ihr vierter *sambo*. Was ist ein Sambo? Dieses neue Wort, das sich nicht richtig übersetzen lässt, musste mir erst mal jemand erklären.

In Schweden geht in puncto Familienstand der Trend mehr als anderswo eindeutig in Richtung Single, ungefähr sechzig Prozent der Bevölkerung lebt bereits allein. Wer unverheiratet ist und einen Partner hat, ist entweder *sambo* oder *särbo*. Mit einem *sambo* wohnst du unter demselben Dach, ein *särbo* verfügt über eigene vier Wände.

Und einen weiteren neuen Ausdruck lernte ich bei dieser Gelegenheit: *sol och vår*, Sonne und Frühling. Im Schwedischen kann man aus diesen beiden Subjektiven Verben machen. Wer das tut, umgarnt jemanden nur oder meist seines Geldes und Besitzes wegen ...

Die schwedische Sprache kann sehr anschaulich sein. Ein *drällpelle* bezahlt seine bequeme Lebensform damit, ein Leben lang ein *fattiglapp* zu bleiben. Das war ursprünglich die Bezeichnung für einen Samen (in Lappland), der keine Rene besaß und deshalb mittellos umherzog. Im modernen schwedischen Sprachgebrauch ist es aber jemand, der hauptsächlich von Luft und hoffentlich auch dann und wann von etwas Liebe lebt. Die Sonne und den Frühling feilzuhalten ist der krasse Gegenentwurf dazu. Sonne und Frühling sind nicht zu unterschätzende Akteure. Sich zu ihrem Unterhändler auszurufen ist in mancher Hinsicht gewagt.

Ich hoffe, ein bisschen gefälschter Frühling ist dem Vorbesitzer des gelben Hauses dann dennoch gut bekommen.

Vorbesitzer? Ja, denn das Haus gehörte bald schon mir. Ein dänisches Paar gab völlig unerwartet ein gutes Gebot für unser Haus in Hid ab, ich nahm es an, und so bezogen wir kurz darauf Lars' wunderschön gelegenes, doch recht spartanisch ausgestattetes Heim mit Stall und angrenzendem Weideland für meine beiden Pferde.

Der technische Standard des Hauses entsprach ungefähr dem der Fünfzigerjahre. Doch ich bin in Sachen Interieur meiner Behausung nicht sonderlich anspruchsvoll. In Haukes Gesellschaft hatte man ohnehin stets gute Laune, da brauchte ich zu meinem Glück weder eine moderne Einbauküche mit Geschirrspülmaschine noch ein flottes, gekacheltes Bad. Und eines musste jeder zugeben: Die Einrichtung des gelben Hauses passte perfekt zu jemandem, der Geiz-Lars hieß, denn Komfort kostet!

Er starb übrigens kurz nach dem Verkauf des Hauses. Aus Liebe zum Geld hatte er die Notarkosten sparen wollen und kein Testament gemacht. Natürliche Erben gab es nicht. Sein Vermögen fiel damit zur Enttäuschung seines Sambos dem schwedischen Staat zu. Doch auf diese Weise hatte zumindest ihn der letzte oder vielleicht auch der erste Frühling seines Lebens kein Geld gekostet.

Maklerin Mona war die Tochter eines Bauern aus Föra. Für mich verkörpert sie so etwas wie das Sinnbild aller guten Eigenschaften einer Öländerin oder auch ganz allgemein einer Schwedin ihrer Generation: energisch, fleißig, strebsam, rechtschaffen und gewissenhaft.

Auf Nordöland kannte sie so gut wie jeder. Oft hörte ich in der Folgezeit jemanden sagen: »Mein Traktor oder mein Kuhstall hier gehört eigentlich Mona.« Denn es war Mona, die die entsprechenden Darlehen bewilligt hatte.

Damals, zu ihrer Zeit als Bankchefin, waren für die Kreditwürdigkeit eines Kunden noch in der Hauptsache sein guter Ruf, seine ehrlichen Absichten und seine solide Lebensführung entscheidend. Mona, die über gute Menschenkenntnis verfügte, entschied im Zweifelsfalle lieber für als gegen einen Antragsteller und hat so etliche Träume, Pläne und Existenzgründungen im Norden Ölands möglich gemacht.

Sie liebte ihre Heimatinsel. Doch als Jugendliche und nach absolvierter Grundschule (in Schweden neun Jahre) hatte auch sie wie viele Gleichaltrige einst von der weiten Welt geträumt. Stockholm oder Göteborg oder warum nicht noch viel, viel weiter fort? Eine Ausbildung als Krankenschwester hatte ihr vorgeschwebt, denn mit diesem Beruf konnte man überall Arbeit bekommen.

Doch ihr Leben verlief dann anders. Mit knapp 18 ungewollt schwanger von einem älteren Mann, der sich nicht zu ihr bekannte.

Monas Sohn ist so alt wie ich, und selbst wenn Schweden bereits in den Sechzigerjahren in der Frage »Elternschaft ohne Ehe« wesentlich toleranter war als Deutschland, so war ihre Situation als alleinstehende Mutter mitten auf dem platten Land sicher nicht beneidenswert. Eine einsame Schwangerschaft und die Liebe zu ihrem vaterlosen Sohn, der auch ihr einziges Kind bleiben sollte. Wir gehörten zwar verschiedenen Generationen an. Doch ähnliche, wenn auch nicht ganz vergleichbare Erfahrungen schufen von Anfang an zwischen Mona und mir ein Band unausgesprochener Solidarität. Das Leben als alleinerziehende Mutter. Davon konnten wir beide ein Lied singen, sie auf Schwedisch, ich auf Deutsch!

Den Hauskauf in Hörlösa begingen wir zu dritt in Löttorps Konditorei: Mona, Hauke und ich. Wir feierten die glücklichen Zufälle im Leben, unsere neue und Monas alte Heimat, und Hauke war fortan der festen Überzeugung, dass eine Fahrt nach Löttorp stets auch Fika mit Mona mit einschloss. Während ich im Supermarkt einkaufte, sprang er bereits fröhlich die Treppen zu ihrem Maklerbüro hinauf und rief noch im Flur: »Komm schon, Mona! Fika mit Zitronenpaj!«

Obwohl die Schweden sich mit dem Kauf von Immobilien noch zurückhielten, war die Zahl der deutschen Käufer stetig angestiegen. Im Vergleich zum deutschen Immobilienmarkt waren Häuser in Schweden immer noch äußerst billig.

Doch als ausländischer Hauskäufer musste man zunächst seine Verbundenheit mit dem Land nachweisen. Das bedeutete, dass ein ausführlicher Bericht über jahrelange Schwedenferien und gern auch eine Liste mit Namen von schwedischen Bekannten dem Kaufvertrag hinzuzufügen waren, bevor dieser dann von Amtes wegen bewilligt wurde. *Förvärvstillstånd* hieß das magische Wort: Erwerbsgenehmigung. Für viele Deutsche stellte diese Bedingung für eine Einschreibung ins Grundbuch eine besondere Hürde dar und erschwerte nicht selten den Kauf. Der Makler in Svenljunga hatte damals meinen Bericht nach eigenem Gutdünken und ohne mein

Wissen selbst verfasst. Er war, wie ich erst jetzt begriff, nicht besonders seriös gewesen. Mona wollte, dass alles legal war und seine Richtigkeit hatte. Und genau deshalb wandte sie sich bald an mich. Sie brauchte für die Verhandlungen mit deutschen Interessenten eine Dolmetscherin. Viele Deutsche glauben, sich das Schwedische einigermaßen zusammenreimen zu können, verstehen aber regelmäßig etliches falsch. Das ging gegen Monas Pflichtauffassung. Die Käufer sollten über alle juristischen Rechte und Pflichten in ihrer Muttersprache informiert werden und auch das Kleingedruckte verstehen können, ehe sie dann den Vertrag unterschrieben.

Auf diese Weise kam ich dank Monas Redlichkeit zu meinem ersten schwedischen Job – nur stundenweise und je nach Bedarf, versteht sich, doch ich sagte sofort Ja und freute mich auf die Zusammenarbeit. Durch diese Aufträge habe ich viele Häuser im Norden Ölands von innen gesehen und eine Menge über Land und Leute und das Leben hier gelernt.

Die Verkäufer waren oft ältere Leute, denen die Pflichten eines Hausbesitzers über den Kopf wuchsen. Die Käufer entweder Familien oder jüngere Rentner, die ein Sommerhaus suchten. Für Öland war das gut und schlecht zugleich. Denn allzu viele Häuser standen bereits während der meisten Monate des Jahres leer und ließen die Dörfer zusehends verwaisen.

Christer jedenfalls hatte nicht viel für Sommerhausbesitzer übrig. Rein theoretisch fand er sie recht überflüssig. Im praktischen Leben aber war er eine freundliche Seele und in der Regel entgegenkommend, wenn jemand seine Hilfe brauchte, ob nun Öländer oder auch nur Sommergast ...

Ein neuer Job, das galt auch für Christer. Zur Abwechslung einmal eine feste Arbeit an Land. Er fuhr nun jeden Morgen nach Böda. Dort, im Norden der Insel, erstreckt sich der einzige größere

Nadelholzbestand fast von Küste zu Küste, zwanzig Kilometer lang und etwa fünf Kilometer breit.

Das alte Sägewerk direkt an der Landstraße war seit Jahrzehnten nicht mehr in Betrieb gewesen, das Inventar jedoch vollständig erhalten und weitgehend intakt. Ein etwas windiger Investor aus Kalmar hatte das Werk samt Sägen und Maschinen für einen Apfel und ein Ei erstanden. Nicht etwa, weil er sich persönlich dort in Böda engagieren wollte, sondern vielmehr, weil großzügig bemessene EU-Gelder demjenigen winkten, der es wieder in Betrieb und somit ein paar dem Leben als Drällpelle zugeneigte Männer im Norden der Insel in geregelte Arbeit setzte. Bargeld lacht, das ist ja allgemein bekannt!

Glesbygd. Auch das ist so ein schwedisches Wort, für das es im Deutschen lediglich eine Umschreibung gibt. Es bedeutet dünn besiedeltes Gebiet, und die gibt es, Öland inbegriffen, in ganz Schweden mehr als zahlreich. Als nagelneues EU-Mitglied (seit dem 1. Januar 1995) konnte man nun auch hierzulande europäische Fördermittel beantragen, und entsprechende mehr oder weniger seriöse Unternehmen und Projekte begannen wie Pilze aus dem Boden zu schießen. Auf Nordöland waren es unter anderem: ein Zentrum für Produkte aus Schafwolle, ein Eisenzeitalter-Museum, eine Kunsthandwerkervereinigung und eben das alte Sägewerk in Böda.

Auf dem Papier sah das alles hoffnungsvoll aus. Zugleich war aber die Bürokratie sehr umständlich. Um überhaupt in Brüssel eine Chance zu haben, mussten die Anträge von speziell geschulten Beratern ausgefüllt werden, und die ließen sich ihre administrativen Kenntnisse mehr als gut bezahlen. Ein neuer Beruf war auf diese Weise in Schweden entstanden: EU-Mittel-Berater.

Nach Bewilligung durch Brüssel flossen dann Summen, von denen zuvor niemand zu träumen gewagt hatte. Zumindest ein paar Jahre lang, in der sogenannten Aufbauphase. Dass die allermeisten dieser

Projekte das Ende der künstlichen Beatmung nicht überlebten, stand auf einem anderen Blatt. Wie gewonnen, so zerronnen – so ist das ja im Leben oft. Doch solange die Gelder noch eintrafen, war so manches Unmögliche selbst im Norden Ölands plötzlich möglich.

Voller Stolz lud Christer mich erneut zu einer Führung ein. Sein neuer Arbeitsplatz machte ihm sichtlich Spaß. Er erklärte mir, wie an Gatter- und Bandsäge zu arbeiten war. Dank der altmodischen Technik war es ziemlich harte Arbeit und zudem nicht ungefährlich. Er zeigte mir die Trockenkammer und die überdachten Lager für Rund- und fertiges Schnittholz.

Holz ist ein faszinierendes Material, aus dem sich vieles bauen lässt. Es atmet, lebt und altert oft in Würde. Zudem hat jede Holzart ihr eigenes Aroma, würzig oder manchmal auch süß. Der letzte Sturm hatte eine Riesenthuja aus dem hundertjährigen Bestand bei Skäftekärr gefällt. Der immergrüne Lebensbaum duftet wirklich belebend – nach einer Mischung aus Gewürznelken und Ananas. Thujaholz ist wunderschön gemasert, hart wie Stahl und gleichzeitig doch federleicht. Christers Augen glänzten, während er mir das erklärte. Holz war etwas, für das er sich wirklich begeistern konnte.

Die Männer, die im Sägewerk arbeiteten, kannten einander fast alle von der Schulzeit an. Und irgendwie wurden sie in diesem Sägewerk wieder ein bisschen zu Kindern, die ihr neues Spielzeug liebten, mit Enthusiasmus daran herumbastelten und dabei die Gesichter von Erwachsenen nachäfften, die sich längst dem Ernst des Lebens verschrieben hatten.

Christers Klassenkamerad Tomas hatte gefischt, getischlert und Möbel gebaut. Ein anderer war Landarbeiter und hatte zuletzt die Kühe seines Bruders gemolken. Er war gutmütig und lustig, stark wie ein Bär und ziemlich arbeitsam. Allerdings nur, wenn er nüchtern zur Arbeit kam. Ein dritter war zunächst zur See gefahren und hatte dann drittklassige Traber trainiert, eine zumindest wechselhafte berufliche Karriere. Vom Fach war jedenfalls keiner.

Als Arbeitsleiter hatte der Investor seinen jüngeren Bruder eingesetzt. Der knapp 25-Jährige hatte bislang etwas weiter südlich an Ölands einziger Landstraße einen kleinen Kiosk mit Süßigkeiten, Zigaretten und Zeitungen betrieben. Die Arbeiter, die er anleiten und beaufsichtigen sollte, waren teilweise etwa doppelt so alt wie ihr Chef und ließen sich entsprechend wenig von ihm sagen.

Dennoch wurde eine Weile in Böda wieder jede Menge Holz gesägt. Die ungelernten Männer freundeten sich bald mit den überalterten Maschinen an und lernten, mit ihnen und ihren Launen umzugehen. Der feste Lohn am Monatsende auf dem Konto war zumindest anfangs eine neue und willkommene Bequemlichkeit.

Doch wer allzu lange ohne sogenannte materielle Sicherheiten auszukommen gelernt hat, ist als Arbeitnehmer nur noch bedingt zu gebrauchen oder gar in Schach zu halten. Und auch Christers anfängliche Begeisterung schlug nach und nach in Missvergnügen um. Seine Unlust galt weniger der zuweilen harten Arbeit als vielmehr der Tatsache, dass ihm die Metamorphose vom Drällpelle zum Lohnsklaven nicht recht gelingen wollte.

Niemand sollte ihm einen geregelten Tageslauf aufzwingen, denn er wollte frei über seine Zeit verfügen. Das konnte ich gut verstehen.

Nach nur wenigen Monaten kündigte Christer seinen festen Arbeitsplatz, allerdings ohne einen konkreten pekuniären Überlebensplan.

Auch ich hatte, was das Finanzielle betraf, bereits bessere Tage gesehen. Meine Buchhonorare waren weitgehend verbraucht und neue Vorschüsse vorerst nicht in Aussicht. Mein Kontostand sank täglich ein bisschen weiter gegen null. In Sachen private Finanzkrise saßen Christer und ich auf diese Weise im selben Boot. Mit dem

Unterschied, dass Christer eben ein Mann war mit entsprechend reduzierter Lebenskraft.

In diesem Punkt machte ich mir längst keine Illusionen mehr. Dass die Natur der männlichen Psyche labil und eher kippelig ist, gehörte zu den Binsenweisheiten, die das Leben mich inzwischen gelehrt hatte. Fast alle Männer brauchen im Grunde einen privaten weiblichen Lebenslustminister, um nicht über kurz oder lang im Sumpfe ihrer Hypochondrie zu versinken. Als Frau und Realistin hast du dich damit abzufinden und Männer so zu mögen, wie sie nun mal sind. Sinnlos, sich darüber zu beklagen, denn es ist, wie es ist.»Nützt leider alles nix«, wie man in Holstein so schön sagt.

»Welche Holzart eignet sich zum Schnitzen?«, fragte ich.

»Linde.«

»Sägt man die in Böda?«

»Eher kaum.«

»Dann nenn mir ein anderes Holz.«

»Weymouthskiefer«, sagte Christer.»Ursprünglich aus Amerika, doch wächst seit Oberförster Bomans Zeit nun auch auf Öland – im Wald von Böda. Weymouth ist weich genug zum Schnitzen. Und viel schöner in der Maserung als das weiße leblose Holz der Linde.«

Seine Begeisterung für Holz hatte unter der Kündigung im Sägewerk ganz offenbar nicht gelitten.

»Gut«, sagte ich.»Dann beschaff etwas Weymouth. Ich nehme mir Piet als Modell und zeichne seine Silhouette. Die übertragen wir dann auf die Weymouthplanke, und du schnitzt unser erstes Pferd.«

»Ich habe aber Angst vor Pferden. Hast du das vergessen?«

Nein, das hatte ich nicht. Von Piet und Español hielt er stets gehörigen Abstand. Alle Tiere, die man hinter Zäunen hielt und an Stricken oder Leinen führte, waren, wenn man Christer glaubte, nur mit Vorsicht zu genießen.

»Katzen mag ich hingegen sehr«, sagte er.

»Dummheiten«, erwiderte ich. »Denk nur an diese roten Holzpferde, die überall als Schwedensouvenir verkauft werden. Davon muss es unendlich viele geben. Und wie viele Menschen haben die nicht bereits ernährt?«

»Diese Holzpferde heißen *dalahästar*«, belehrte er mich. »Sie werden, wie ihr Name sagt, in Dalarna geschnitzt und bemalt. Öland ist nicht Dalarna.«

»Dann gibt es auf Öland eben von nun an Ölandspferde. Aus echter öländischer amerikanischer Weymouthskiefer.«

»Ich kann aber absolut nicht schnitzen«, sagte er.

»Hast du es denn schon mal probiert?«

»Nein. Noch nie.«

»Du kannst Fische filetieren wie kein Zweiter hier. Das beweist, dass du mit einem scharfen Messer umgehen kannst.«

»Vielleicht«, sagte er nun. »Aber kannst du denn zeichnen oder malen?«

»Nicht die Spur«, sagte ich. »Und du, der von uns beiden das Mathegenie ist, solltest wissen: Minus mal minus ergibt plus. Du kannst nicht schnitzen, ich kann nicht malen. Aber dumm sind wir beide nicht. Als Team in Sachen Holzpferde werden wir bald unschlagbar sein.«

»Hhmm«, sagte Christer.

Das war sie! Die Geburtsstunde von *Lindströms hästar* – Lindströms Pferden. Auf den Namen unserer Firma kamen wir allerdings erst später. Es gibt unsere Holzpferde inzwischen aus Weymouth, Linde und einige wenige auch aus öländischer Thuja. Als Idee aus notorischem Mangel an Liquidität geboren, um eine triste Angelegenheit einmal vornehm auszudrücken.

Heute, gut 25 Jahre später, haben mehr als viertausend dieser in der Regel braven Vierbeiner, vor denen selbst ein Mann wie Christer sich bald nicht mehr zu fürchten brauchte, das Licht der Welt erblickt. Es gibt sie in diversen Formen, Größen und Farben. Das hätte selbst eine Berufsoptimistin wie ich damals kaum für möglich gehalten!

Christer sägte, schnitzte, schmirgelte und fluchte bis in die späte Nacht hinein. Dann endlich hatte das erste Pferd Gestalt angenommen. Es war zwar nicht perfekt, ein wenig eckig und leicht krummbeinig, doch wir waren beide mächtig stolz, und unsere Zukunft als Holzpferdehändler sah auf einmal rosig aus.

Farbgebung und Bemalung waren meine Aufgabe, und ich hatte keine Ahnung, wie ich die am besten lösen sollte. Während Christer allmählich Gefallen am Schnitzen fand und mit jedem neuen Holzpferd besser wurde, zerbrach ich mir den Kopf. Welche Farben? Welche Muster? Unsere Pferde hatten eine andere Form als das traditionelle Dalapferd. Ihre Kruppen waren runder, ihre Hälse üppiger. Sie durften auch in der Bemalung nicht wie ein nachgemachtes Dalapferd aussehen.

Doch was machte unsere Pferde unverkennbar? Ich sah ein, ich brauchte dringend den Rat eines Experten.

Auf Öland wohnen viele Künstler, und in einem der Nachbardörfer hatte ein recht bekannter Landschaftsmaler in einem alten, sorgfältig renovierten Ölandshof sein Atelier mit anschließenden Ausstellungsräumen. Die stimmungsvollen Gemälde hingen in dem ehemaligen Stallgebäude an den geweißten Wänden. Die Sprossenfenster nach Süden zum Alvar und den Windmühlen hin waren wie die Rahmen dreier lebendiger Gemälde, die sich je nach Lichteinfall, Tageszeit und An- oder Abwesenheit der dort frei lebenden Hochlandrinder ständig änderten.

Es war Mai, die Touristen hielten sich noch von der Insel fern, und ich war die einzige Besucherin. Während ich langsam von Bild zu Bild ging und dabei die Dielen des Holzfußbodens unter meinen Füßen knarren hörte, beobachtete der Maler mich von seinem Klappstuhl aus. Er saß dort jeden Nachmittag, trank Tee und wartete auf Leute, mit denen er ein bisschen reden konnte. Das sollte mir recht sein. Denn auch ich wollte ihn ja etwas fragen.

Ich wählte ein paar Kunstpostkarten mit Motiven aus der Gegend um Jordhamn aus und legte sie vor ihm auf den Tisch.

»Nächstes Mal kaufe ich vielleicht ein Aquarell«, sagte ich. »Wenn ich etwas besser bei Kasse bin.«

»Steck die Karten einfach ein, und setz dich ein bisschen zu mir. Trinkst du Tee?«

»Gern«, sagte ich. »Und vielen Dank. Das ist sehr nett von Ihnen.«

»Von dir«, verbesserte er mich ein wenig beleidigt. »Sehe ich etwa so uralt aus, dass du mich siezen musst?«

»Absolut nicht«, log ich. »Ich wollte nur höflich sein.« Ich hatte mich immer noch nicht daran gewöhnen können, Menschen seines Alters einfach so mir nichts, dir nichts zu duzen.

»Ich bilde mir ein, wir haben uns bereits ein paarmal zugewinkt, wenn du mal auf einem schwarzen und ein andermal auf einem weißen Pferd vorbeireitest.«

»Stimmt«, sagte ich.

»Wie im Märchen! Hier in Schweden reitest einzig du nicht mit so einem grässlichen Stahlhelm auf dem Kopf. Den zu tragen mag vernünftig sein, ist aber furchtbar unästhetisch.«

»Deutscher Dickschädel«, sagte ich.

»Dito, wenn auch ursprünglich aus Småland.« Und nach einer kurzen Pause und einem leisen Seufzer setzte er hinzu. »Es ist ein Jammer, dass ich nur Landschaften und Gebäude male.«

»Keine Menschen?«

»Nein. Niemals.«

»Und Tiere?«

»Wenn, dann höchstens als vage Silhouette irgendwo im fernen Hintergrund.«

Er erzählte mir dann, er habe den alten Hof Anfang der Sechzigerjahre fast geschenkt bekommen. Alle hätten ihn damals für verrückt erklärt, dass er ausgerechnet hier wohnen wollte. In dieser Ruine? Keines der Dächer war intakt. Wasser holte man aus der Pumpe auf dem Hof, und es gab keinen Strom.

Er hatte das gesamte Anwesen in jahrelanger und mühseliger Arbeit eigenhändig renoviert, lediglich für die Reetdächer und die elektrischen Leitungen Fachleute um Hilfe gefragt. Mehr als 25 Jahre seines Lebens hatte dieses gewaltige Projekt in Anspruch genommen.

Die Öländer hatten irgendwann eingesehen, dass er stark und eigensinnig war und bei Weitem nicht so inkompetent, wie sie zunächst vermutet hatten. Sie zollten ihm Respekt und akzeptierten ihn. Es gebe allerdings mehr Leute, die ihn kennen, als solche, die ihn mögen würden, erklärte er mir.

»Das geht wohl allen so, die anderswo geboren und zudem etwas anders als das Gros gestrickt sind. Ein echter Öländer ist missgünstig, du wirst als Zugereister immer gern ausgegrenzt. Hast du das bereits gemerkt?«

»Nein. Habe ich nicht.«

»Immerhin kaufen sie meine Bilder, selbst im Rathaus von Borgholm hängen ein paar. Es geht mir gut, ich habe alles, was man braucht. Und etwas mehr. Und selbst? Malst du? Und was, wenn man fragen darf?«

»Leider gar nichts«, sagte ich.

»Sicher? Wirklich keine Künstlerin?« Er schien mir nicht recht zu glauben. »Dann erklär mir: Welcher anderen Sorte fremder Vögel bist du zuzurechnen?«

Der Maler schloss das Atelier ab und zeigte mir das ganze Anwesen mit seinen zahlreichen dunkel gebeizten Gebäuden. Sie waren im Winkel angelegt und schlossen einen grasbewachsenen Hofplatz ein. Alles sehr streng und männlich mit klaren, geraden Linien. Es gab auf dem gesamten Gehöft keinen einzigen Baum, kaum einen Strauch und keine Blumen. Wenn man in der Mitte des mit spärlichem gelben Gras bewachsenen Innenhofs stand, starrten die Gebäude einen mit ihren dunklen, leeren Augen an, und alles wirkte kultiviert, solide, schlicht und strahlte zugleich auch etwas Wehmut und Askese aus.

Der Maler war nicht nur ein geschickter Handwerker, er war zudem ganz offensichtlich auch Pedant. Alle Räume, die er für mich aufschloss, waren akribisch aufgeräumt, in der Tischlerwerkstatt lagen kein bisschen Hobel- oder Sägespäne auf dem Boden, im Atelier, in dem er malte, war im Umfeld der Staffeleien kein Farbspritzer zu sehen, und auf den beiden großen Zeichentischen waren die Stifte nach Marke und Härtegrad sortiert.

Nirgendwo Staub, nirgendwo ein kleinster Krümel Schmutz unter den taubenblauen, graugrünen und ockergelben Flickenteppichen, die eine geschickte Weberin aus der Gegend in seinem Auftrag angefertigt hatte. Kein Krimskrams und kein Firlefanz. Nichts, das man auch nur eine Spur von geschmacklos nennen konnte.

Die drei Wohnhäuser waren alle gut ausgestattet und das ganze Jahr über bewohnbar. Die Möbel schlicht, gediegen und apart. Die Farben der Einrichtung gedämpft und Ton in Ton wie auf den Landschaftsbildern, die er malte.

Öland war hier überall: draußen vor den Fenstern und drinnen in den Räumen. Es war beeindruckend und zugleich auch beklemmend. Drei komplett möblierte Wohnhäuser, fast siebenhundert Quadratmeter Wohnfläche, und ein einziger, alter, einsamer Mensch.

Bevor er mit der Renovierung dieses Lebenswerkes begann, hatte er jahrelang auf einem alten Segelboot gelebt und dort auch sein Atelier gehabt. Er war mit dem nostalgischen Zweimaster an Schwedens Ostküste entlang mehrfach bis nach Åland gesegelt, das bereits zu Finnland gehört und von den schönsten aller Schäreninseln umgeben ist.

Er war ein geschickter Segler. Von denen gab es nicht mehr viele. Denn ein solches Boot bei Wind und Wetter um die vielen bewohnten und unbewohnten Felseninseln herumzumanövrieren, das erforderte seinen Mann.

Die meisten Sommer aber hatte er im Hafen von Byxelkrok gelegen, an Bord gemalt und seine Bilder ausgestellt.

Sein häufigstes Motiv war Öland. Ich betrachtete die Bilder und sah meine neue Heimat durch seine Augen, erkannte sie wieder, und sah dennoch nicht dieselbe Insel, auf der ich mit Hauke und Christer lebte. Auf meiner Insel herrschte bei Weitem nicht dieselbe strikte Ordnung. Sie war bunter und fröhlicher. Ich liebe starke Farben, die man im Schwedischen *klatschig* nennt, ein schönes und lautmalerisches Wort! Werde schwach bei Ultramarin, Türkis, Sonnengelb und Weinrot.

Wenn Lindströms Pferde etwas mit mir zu tun haben sollten, dann brauchten sie diese klatschigen Farben. Das wurde mir auf einmal klar.

Der Maler hatte mein Holzpferd an sich genommen und mir versprochen, sich etwas zu überlegen. Er schlug ein Tauschgeschäft vor. Auch ich sollte ihm helfen, denn er war dabei, ein Buch zu schreiben. Das handelte von seinem Leben zur See und an Land, von Öland, dem alten Zweimaster und den schwedischen Küsten. Da auch ich Bücher schrieb, wollte er meine Meinung zu seinem in Arbeit befindlichen Text erfahren. Samt Verbesserungsvorschlägen und Kritik.

Ich sagte zu. Für Tauschgeschäfte bin ich grundsätzlich zu haben. In meinem Holsteiner Leben hatten wir einst ein Freizeitpferd gegen ein Paar Nymphensittiche mit zwei befruchteten Eiern, ein Fahrgeschirr, einen Sulky, einen Zentner Futterwurzeln und obendrein noch etwas Geld (ich erinnere mich nicht mehr, wie viel) getauscht. Auch Christer, der ohnehin nie Geld in der Tasche hatte, fand den Austausch von Diensten eine gute Sache.

»Außerdem ist der Maler einsam«, sagte er. »Deine Gesellschaft wird ihm guttun.«

Waren die Öländer wirklich so missgünstig?

Texte kritisieren. Darin hatte ich Erfahrung. So hatte mein Leben als junge Erwachsene begonnen.

Mit zwanzig hatte ich S. bei einer Lesung kennengelernt. Ein etablierter Schriftsteller, der sich in einer Schreibkrise befand und dringend eine neue Muse brauchte. Wir verbrachten ein halbes Jahr in Italien (ein Land, das ich seitdem ebenso ungerechterweise wie herzlich verabscheue). Er las mir abends vor, was er tagsüber geschrieben hatte, und erwartete meine Textkritik. Alte Männer, junge Musen. Das hat schließlich Tradition und sicher Vorteile für beide. Dennoch zweifle ich inzwischen an diesem Modell.

Als jüngere Frau einen älteren Mann in dem, was er beruflich tut, zu kritisieren, erfordert Diplomatie. Kritik hört eigentlich niemand gern. Und vor allem kein älterer Mann von einer jungen, attraktiven Frau. Von der will er in erster Linie bewundert und bestätigt werden.

Das Ganze auf einen Nenner gebracht: Ich hörte auch dem Maler zu und kritisierte höflich und behutsam.

Sein Leben war unkonventionell und abenteuerlich gewesen. Doch die Kunst des Schreibens besteht im Streichen und im Kürzen. In einem guten Text passiert so gut wie gar nichts, und er ist dennoch so spannend, dass du einfach weiterlesen musst.

Er verstand das. Bei seinen Holzschnitten ging es ihm ja ähnlich. Die wurden auch immer karger mit den Jahren. Keine Linie, die nicht nötig war. Doch beim Schreiben musste man ja schließlich Worte machen. Und es sei ja auch so viel passiert.

»Klar«, sagte ich. »Verstehe ich. Stimmt schon«, und lobte von nun an lieber seine Schilderungen.

Wir tranken Tee, er lud zum Abendbrot ein in der perfekten Küche mit Blick aufs Wasser.

Viele schwedische Männer, selbst aus der älteren Generation, sind erstaunlich gute Hausmänner, jemand wie ich wird ihnen in diesem Punkte nie das Wasser reichen können.

Doch seine Tipps in Sachen Holzpferde und Farben fielen äußerst spärlich aus.

»Holzpferde. Lindström, wer ist Lindström? Kunsthandwerk? Du solltest lieber schreiben. Das ist richtige Kunst. Schreib Gedichte. Schreib in deiner Muttersprache. Ich kann mit Farben und mit Linien, du mit Worten malen, so was kann ich spüren. Ich kaufe dir einen Computer. Wenn du Geld brauchst, leihe ich es dir. Wenn du es nicht zurückzahlst, sei's drum. Alle Schriftsteller schreiben inzwischen auf Computern. Wir stellen ihn auf den zweiten Zeichentisch, ich kann ja ohnehin nur jeweils an einem sitzen. Wir arbeiten hier in meinem Atelier in Zukunft beide. Ich werde dich nicht stören, und du störst sowieso niemanden. Du kommst, wenn dir danach zumute ist, und gehst nach Hause, wenn du willst. Und ich warte auf dich. Denn wenn du hier bist, geht für mich die Sonne auf.«

Doch ich schrieb lieber auf meiner elektrischen Reiseschreibmaschine im gelben Holzhaus mit den geschmacklosen Tapeten im Wohnzimmer und Christers Krimskrams in den Regalen.

»So ist das«, resümierte der Maler. »Alles, was dir etwas wert erscheint, wird dir wieder weggenommen. Und das war's dann. Das Leben ist eben nichts als ein einziger großer, mieser Betrug.«

Ich bedauerte ihn. Er tat mir aufrichtig leid. Doch ich konnte nichts mehr für ihn tun. Ich bedankte mich für Tee und Gespräche, verabschiedete mich und habe ihn nie wieder besucht.

Kürzlich hat Hauke mir einen Gedichtband geschenkt. Der schwedische Performance-Künstler und Poet aller Poeten heißt Bruno K. Öijer. In dem Band fand ich ein paar Zeilen, die alles zu dem obigen Thema messerscharf zusammenfassen. Mehr gibt es dazu nicht zu sagen:

Du gav mig något
Jag ljuger inte om sånt
Jag säjer även sorgen har armar
Som omfamnar dej
Du kan inte läkas
I en värld du aldrig krossat

(Du gabst mir etwas
Ich lüge nicht in solchen Dingen
Ich sage auch die Trauer hat Arme
Die dich umfangen
Du kannst nicht geheilt werden
In einer Welt die du nie zerschlagen hast)

Farben und Poesie gehören zusammen, so wie Mathematik und Wahrheit. Das wurde mir bald klar. Je eingehender du dich mit etwas befasst, je länger und genauer du hinzusehen wagst, desto mehr Wundersames entdeckst du. Das war schließlich eine der Maximen, die ich auch Hauke mit auf seinen Lebensweg zu geben versuchte.

Die Welt der Farben bezauberte mich. Leider konnte ich dieses Kapitel nun nur oberflächlich streifen. Die Zeit drängte,

Strom- und Telefonrechnungen wollten bezahlt werden, wir mussten dringend Geld verdienen. Doch eines Tages, das nahm ich mir fest vor, würde ich die faszinierende Lehre der Farben eingehender studieren. Vorerst hatte ich mich nur mit Basiswissen zu begnügen.

Wir kauften Beize für die braunen Pferde, unter der die natürliche Maserung des Holzes sichtbar blieb. Kastanienbraun gefiel mir am besten, denn die Nuance war satt und warm. Die braunen Pferde bekamen – wie im wirklichen Leben! – schwarz lasierte Beine, und manchen gab ich vier weiße Socken. Auch Pferde aus Fleisch und Blut mit reichlichen weißen Abzeichen werden schließlich »bunt« genannt. Die Holzpferde aus dem eher ausdruckslosen Lindenholz malten wir schwarz an. Ich machte die Entdeckung, dass Schwarz auf eine neue Art zum Leben erwachte, wenn ich es mit einer Lasur aus Ultramarin überzog.

Die blauen Pferde wurden die, die mir am liebsten waren und die sich später auch am besten verkauften.

Unterdessen erweiterten wir die Palette unserer Modelle. Bald gab es unser Standardpferd in klein, mittel und groß. Christer verlängerte seine Beine, und schon hatten wir ein Fohlen. Das Barockpferd mit den etwas üppigeren Formen schnitzte er in zwei unterschiedlichen Varianten, die eine etwas kompakter und gedrungener, die andere edler und schlanker.

Jeden Abend betrachteten wir unsere kleine wachsende Holzpferdeherde und wunderten uns. Waren tatsächlich wir die Schöpfer und Gestalter dieser trutzigen Vierbeiner? Doch vor lauter Freude darüber galt es, das Wesentliche nicht zu vergessen, den ursprünglichen Beweggrund für all unsere Anstrengung und Mühe.

»Glaubst du wirklich, dass sich unsere Pferde auch verkaufen lassen?«, fragte Christer.

»Logisch. Warum denn nicht?«

Ich war zuversichtlich. Denn ein Holzpferd ist in Schweden etwas anderes als anderswo. Handgeschnitzt und von Hand bemalt, so etwas schätzt man hierzulande. Ein schwedisches Holzpferd ist Volkskunst und ein Seelentier, das auch Erwachsene schätzen und lieb haben lernen. Das ist mit Abstand seine beste Eigenschaft.

Ein Fischer hatte im Nachbardorf eine Räucherei eröffnet und suchte nach öländischem Kunsthandwerk zur Dekoration der kahlen Wände und bei entsprechender Nachfrage auch zum Verkauf gegen eine geringe Provision. Wir zeigten ihm unsere Pferde, und er sagte spontan: »Toll! Die nehme ich alle!«

Und dort, über dem Kühltresen mit Ostseelachs, Flundern, Aal und Heringsfilets thronten bald 15 farbenfrohe stolze Holzpferde – direkt im Blickfeld desjenigen, der gerade den Laden betrat.

Die erste Kundin war Mirjam, die für Öland zuständige Reporterin von Smålands größter Tageszeitung *Barometern*. Sie verfasste einen kurzen Artikel über Jannes Räucherei in Källa, doch sie interessierte sich mehr für unsere Pferde als für seinen Fisch.

»Die schnitzt Lindström. Kollege von mir.«

Janne gab der Journalistin unsere Adresse. Auf diese Weise kamen wir zu unserem ersten Zeitungsinterview.

»Mach du das«, sagte Christer leicht nervös. »Mit Reportern reden, ich glaube, das ist nix für mich. Ich sage bestimmt nur dummes Zeug.«

»Quatsch. Du bist genauso Teil der Firma wie ich und außerdem der Öländer von uns beiden.«

»Okay. Aber ich halte mich diskret im Hintergrund ...«

»Tiefstapeln ist denkbar schlechtes Marketing«, sagte ich. »Also überwind dich.«

»Wenn es unbedingt sein muss.«

»Muss es!«

Mirjams Artikel erschien im Mittelteil der Zeitung, doppelseitig mit Farbfotos von unseren Holzpferden und uns. Christer erwies sich in seiner zerrissenen blauen Segeltuchjacke und der ausgeblichenen Basecap als unerwartet fotogen. Und ich war mit extra glitzernden Ohrringen und einer Kette aus Holzperlen in allen Regenbogenfarben ungefähr ebenso klatschig wie die Pferde und jedenfalls nicht zu übersehen. Der Artikel war eine einmalige Reklame.

Auf einmal »gab es« uns und unsere Holzpferde im Bewusstsein der Leute, und die Anfragen von Läden und Messeveranstaltern blieben nicht aus.

In Borgholms kleiner Fußgängerpassage wurde ich von nun an ständig auf unsere Holzpferde angesprochen. Es gab dort einen alteingesessenen Laden, der *Hantverk* hieß und ausgewähltes Kunsthandwerk zum Verkauf anbot. Und selbstverständlich, ließ man uns wissen, dürften unsere bunten Pferde fortan im Sortiment nicht fehlen. So viele Bestellungen! Wir konnten es kaum fassen, und unser einziges Problem war: Wie kämen wir bei dieser unerwarteten Nachfrage mit der Produktion hinterher?

»Ganz einfach: mehr Arbeitsstunden, weniger Schlaf«, bestimmte ich.

»Okay. Ich mache meine Arbeit und schnitze Pferde. Aber für den ganzen Rest bist du verantwortlich«, sagte Christer leicht gestresst. Auf diese Weise wurde ich zur Direktorin unseres kleinen Unternehmens. Ganz nach schwedisch feministischem Modell.

Mir sollte es recht sein. Ich bin in der Regel recht energisch, doch eigentlich nicht dominant. Will zwar frei sein, habe aber kein besonderes Interesse daran, über andere zu bestimmen. Doch einer oder vielmehr eine musste ja schließlich das Sagen haben!

Verkaufsförderung oder moderner ausgedrückt: Marketing für unsere Pferde war die neue Herausforderung, und sie begann mir richtig Spaß zu machen. Denn schließlich hatte ich als Verkaufschefin noch ein Ass im Ärmel, einen Repräsentanten für unsere hölzernen Vierbeiner, der an Überzeugungskraft kaum zu überbieten war: Piet persönlich! Ein königliches Pferd aus Fleisch und Blut.

Español, mein spanischer Schimmelhengst, war als das ältere meiner beiden Pferde bereits pensioniert, und solche Aufträge waren seiner nicht mehr richtig würdig. Doch Piet war jung und voller Temperament und Arbeitslust, zudem wie viele Hengste ziemlich eitel, und er liebte es, vor Publikum aufzutreten und alle Blicke auf sich zu ziehen.

Im Sommer fanden viele Kunsthandwerksmärkte im Freien und oft in schöner Umgebung statt, auf Gütern oder Schlössern. Da bot es sich geradezu an, Piet für eine Dressurkür, geritten zu klassischer Musik, mitzunehmen. Ein schönes Pferd berührt das Herz der meisten Menschen. Niemand wusste das besser als ich.

Pferde machen in meinem Leben eine Art von rotem Faden aus. Noch vor meiner ersten wirklichen Begegnung habe ich von ihnen geträumt: Ich galoppierte auf dem Rücken eines schwarzen Vollblüters in rasantem Tempo über unendliche Stoppelfelder. Da stand ich in meinen kurzgeschnallten Jockey-Steigbügeln, schlang meine Arme voller Zärtlichkeit um den Hals des namenlosen Pferdes, ließ mir den Fahrtwind um die Ohren wehen und war glücklich.

Trotz meiner ursprünglichen Angst vor diesen großen, explosiven Tieren ahnte ich, was der Traum für meine Zukunft zu bedeuten hatte. Meine Pferdeliebe war zum Leben erwacht. Liebe ist Liebe, egal, wem sie gilt. Sie bedeutet ein bedingungsloses Ja zu einem Gegenüber und ist schlicht und einfach das Gegenteil von Gleichgültigkeit.

Piet wurde zu meinem Arbeitskameraden. Wir vertrauten, respektierten und verstanden einander in so gut wie jeder Beziehung. Fortan tanzte er bei unseren Vorführungen zu diversen Walzern oder Märschen, und er wurde bald auf Öland zu einer richtigen Berühmtheit. Noch heute, 15 Jahre nach seinem Tod, werde ich hin und wieder von Menschen, die ich gar nicht kenne, auf ihn angesprochen. Er hat keine sportlichen Leistungen vollbracht, dafür aber die Menschen zum Träumen inspiriert. Wer ihn einmal gesehen hatte, der vergaß ihn nie.

Christer stand während meiner Ritte nur äußerst ungern hinter dem Verkaufsstand mit den Holzpferden. Also sprang Hauke ein.

Mit seinen inzwischen fast sieben Jahren bewies auch er eine bislang ungeahnte Begabung: Von uns dreien war er mit Abstand der beste Verkäufer, stets aufmerksam und höflich, und wenn deutsche Touristen Interesse an unseren Holzpferden zeigten, schaltete er ohne Schwierigkeiten gleich auf deren Sprache um. Jeder wurde von ihm zuvorkommend behandelt, egal, ob er ein Holzpferd kaufte oder es dann doch lieber bleiben ließ.

Unsere anfangs leere Kasse begann sich zu füllen. Na ja, man wird mit Kunsthandwerk zwar nicht reich, dafür ist der Stundenlohn zu niedrig. Doch wir waren auch ohne geregelte Arbeitszeiten, Anspruch auf Urlaub oder Wochenenden Enthusiasten, hatten bei der Arbeit Spaß – und überlebten.

Ein unvorhergesehenes Honorar von einer Zeitschrift, die Teile eines meiner Kinderbücher abdrucken wollte, investierte ich bei einer Schneiderin in ein rubinrotes Reitkleid mit goldenen Emblemen. Der lange rote Rock war über Rücken und Kruppe des Pferdes auszubreiten. Im Damensattel zu reiten lehnte ich ab. Diese Bevormundung der Frau zugunsten sogenannter Sittlichkeit durfte von mir aus gern Geschichte bleiben. Ich trug das lange rote Kleid auch oft an unserem Verkaufsstand und war so endgültig von niemandem mehr zu übersehen.

Wer auf Öland selbstständig ist und überleben will, der darf sich für keinen Job zu schade sein. Das galt fortan auch für Piet und für mich.

Einen Sommer lang war ich berittene Märchenerzählerin für Kinder in der Bödabucht, sozusagen als Kontrastprogramm zu Sonne und Strand. Es fiel mir nicht besonders schwer, aus dem Stegreif zu fabulieren. Wenn mir manchmal nichts Besseres in Sachen Pferde einfiel, erinnerte ich mich an Helden- und Göttergeschichten der alten Griechen. Schließlich war Poseidon nicht nur mächtig-schrecklicher Herrscher über die Meere, sondern zugleich auch Gott der Pferde. Er zeugte unter anderem Pegasus, das beflügelte Wappenpferd der Poeten. Und war auch Areions Vater. Dieses allerschnellste aller Pferde konnte sprechen wie ein Mensch und war unsterblich wie ein Gott.

»Ist das alles wirklich wahr?«, fragten die Kinder, die eine berittene Märchenerzählerin weitaus exotischer als Videofilme und Computerspiele fanden, und staunten mit offenem Mund.

»Klar«, sagte ich. »Meint ihr etwa, ich bin hier angeheuert worden, um euch alle zu belügen?«

Auch in Borgholms eindrucksvoller Schlossruine sind Piet und ich gleich mehrfach aufgetreten. Einmal, in einer lauen Augustnacht zum Ausklang des Sommers, tanzte Piet bei Fackelschein Walzer zum Spiel eines öländischen Pianisten.

Danach saß ich ab, überließ meinen Hengst jemandem vom Schlosspersonal und erzählte den Besuchern unterm Sternenhimmel im Innenhof des Barockschlosses ein Märchen von der Stille im Thujawald, den hier auf Öland jeder kennt. Der legendäre Oberförster Johan Emil Boman hat ihn vor über hundert Jahren gepflanzt.

Aus den jungen Thujas sind inzwischen imposante Baumriesen mit kräftigen, kerzengeraden und so gut wie kahlen Stämmen geworden. Die immergrünen Kronen in gut dreißig Metern Höhe bilden das Dach einer naturgewachsenen Kathedrale mit einmaliger Akustik. Für Musik und auch für Stille.

Fazit: Das Leben, und das nicht allein auf Öland, ist eine regelrechte Fundgrube für wahre Märchen, die nur darauf warten, von jemandem erzählt und notfalls etwas ausgeschmückt zu werden – ob nun zu Fuß oder zu Pferd.

Unsere Holzpferde waren ein Saisongeschäft. An finanzielle Unsicherheit war ich ja bereits gewöhnt. Dass der Preis meiner Freiheit zeitweilige Existenzangst war, damit war ich einverstanden. Not macht bekanntlich erfinderisch, und bislang hatte ich aus finanziellen Notlagen noch immer einen Ausweg gefunden.

Zu Weihnachten und im Sommer, wenn die Touristen nach Öland kamen, verkauften sich unsere Holzpferde gut. Doch nun, im beginnenden Herbst, herrschte finanziell eher Saure-Gurken-Zeit.

Christer fischte Flundern und plante, vor Jordhamn seine Lachsnetze auszulegen. Auf dem Grundstück seines Bruders hatte er aus einfachem Material ein paar Räucheröfen gebaut. Im Räuchern von Aal und im Beizen von Lachs hatte er jahrelange Erfahrung und eine Anzahl von Geheimrezepten, da machte ihm niemand so leicht etwas vor. Räucherfisch ließ sich immer irgendwie verkaufen.

Täglich saß er nun vor dem Radio und hörte den Seewetterbericht. Ein Hoch in Nordschweden und ein Tiefdruckgebiet über dem Südosten des Landes verhieß Hochwasser an Ölands Westküste.

»Wir müssen dringend die Tür zur Fischerhütte mit Sandsäcken sichern. Und die Boote weiter an Land ziehen. Kommst du mit? So wie heute hast du Jordhamn garantiert noch nie erlebt!«

Als wir das Dorf verließen, sagte ein Blick auf Blå Jungfrun in der Ferne bereits alles. Die Felseninsel schien an beiden Enden abzuheben.

»Das bedeutet Nord-Ost«, sagte Christer und machte ein ernstes Gesicht.

»Und?«

»Sturmflut.«

Ich wollte ihm kaum glauben, denn hier, im Gillberga Alvar und nur ein paar Hundert Meter von der Küstenlinie entfernt, regte sich kein Lüftchen.

»Wart es ab!«, sagte Christer.

In Jordhamn erwartete uns ein dramatisches Schauspiel. Die Brandung dort übertraf selbst Christers Erwartungen. Große Fetzen weißen Schaumes flogen uns auf dem Weg zur Fischerhütte entgegen. Im Sund türmten sich meterhohe Wogen auf und brachen sich kurz vor der Uferlinie. An einigen Stellen hatte das Wasser den befestigten Küstenweg bereits erreicht. Erste Rinnsale bildeten sich in der Fahrspur. Am Ufersaum rollten die Kieselsteine geräuschvoll übereinander, verschwanden im knisternden Schaum, folgten dem gurgelnden Wasser hinaus und wurden mit voller Wucht zurück an Land geschleudert.

Die Tür der Fischerhütte war von davor aufgetürmten Bergen von Steinen versperrt. Das Wasser drang durch die Türritze ständig weiter ein. Wir konnten nichts dagegen unternehmen. Durch eines der Fenster sahen wir die weißen Plastikfischkisten im Innern der Hütte schwimmen. Der Sturm brüllte uns in die Ohren, und der Wasserspiegel kroch immer höher.

»Wir sind winzig klein«, sagte Christer unerwartet gelassen und mit beinahe heiterer Andacht. »Und alle unsere Sorgen letztendlich ganz schön nichtig.«

Er hatte recht. Wir sind klein. Und haben dennoch in der Regel große Ansprüche. Ans Leben und an das persönliche Glück, das sich dann dennoch nie so richtig planen oder lenken lässt. An den denkbaren

Partner, der für uns eventuell infrage kommt. Und an alles andere, von dem wir glauben, dass es uns zusteht. Unser Ansehen und Aussehen und alle unsere Fähigkeiten und Meriten. Erfolg, Prestige, Besitz.

Christer entsprach kaum dem Mann meiner Träume. Er war weder redegewandt noch besonders belesen, weder reich noch schön und nicht einmal uneingeschränkt verständnisvoll. Mit manchem, was ich dachte oder fühlte, war er keineswegs vertraut. Er lebte von einem Tag zum anderen, hatte wenig persönlichen Ehrgeiz und war eben ein unverbesserlicher öländischer Drällpelle, vermutlich morgen schon bankrott, wenn ich nicht erneut das Kommando übernahm. Und dennoch meistens unbekümmert, ein überjähriges Kind, vergnügt über Dinge, die anderen nicht der Rede wert schienen, und zuweilen missmutig und mutlos angesichts von Kleinigkeiten, die mir eher banal vorkamen.

Im sogenannten Gesellschaftsleben fühlte er sich unsicher und unbequem, und es mangelte ihm oft an Selbstbewusstsein. Zum Ausgleich dafür verfügte er über eine gute Portion unaufgeregten Selbstvertrauens. Denn er wusste, wer er war, und plusterte sich niemals auf. Er war gänzlich uninteressiert an Klatsch, redete nie schlecht über andere und hatte auf der ganzen Insel keinen einzigen Feind. Dem, der es besser brauchte, würde er stets sein letztes Hemd geben, das wahrscheinlich dann vom Flohmarkt oder aus dem Nachlass eines seiner zahlreichen Onkel stammte und bereits ein paar Löcher oder Flecken hatte. Sei's drum!

Er hatte einen aufrechten Gang und ein gutes Herz. Vor allem aber war er Hauke zugetan, und Hauke liebte ihn und sah zumindest jetzt, in dieser Lebensphase, zu ihm auf.

Kürzlich hatte Christer im Plattenweg vor dem gelben Haus zwei Tore aufgebaut und Hauke einen seiner alten Landhockey-Schläger geschenkt. Nun trainierten sie täglich verbissen.

Christer dachte nicht daran, kinderfreundlich zu spielen oder Hauke gar freiwillig gewinnen zu lassen. »*Tio mål!* Zehn Tore«, riefen sie einander zu. Und dann begann das Match. Wer zuerst sein zehntes Tor geschossen hatte, wurde zum Sieger ausgerufen. Hauke hatte so gut wie immer das Nachsehen, doch er trug seine Niederlagen mit Fassung. Christer hingegen versuchte, seine Selbstzufriedenheit angesichts des erneuten Sieges nie herunterzuspielen. »Ändert sich alles irgendwann«, tröstete er seinen kleinen Lehrjungen. »Gewinnen, das kann schließlich jeder. Aber verlieren, Hauke, zumindest auf eine würdige und kluge Art, das beherrschen nur die allerwenigsten. Und genau das kannst du von mir lernen ...«

»**Hör mal**«, **sagte ich,** als wir wieder im Auto saßen, doch noch nicht nach Hause fahren wollten. »Noch eine Frage. Fällt mir gerade so ein ...«

»Okay?«

»Was hieltest du vom Heiraten?«

»Wie?«

»Hauke würde sich sicher unheimlich freuen.«

»Ja, das ist allerdings möglich«, gab Christer zu.

»*Lilla gubben!*«, sagte ich leise. *Gubbe,* das ist eigentlich ein alter Mann, doch im Schwedischen zugleich auch eine zärtliche Koseform für einen kleinen Jungen. So drückt sich aus, wem das Herz überläuft – vor Liebe für sein einziges Kind.

Christer schwieg. »Ist das denn dein voller Ernst?«, fragte er endlich, ohne seinen Blick von der aufgewühlten See abzuwenden. »Ich meine, eine wie du, die könnte schließlich jeden kriegen. Oder jedenfalls so gut wie jeden ...«

Doch sein Tonfall verriet mir, dass er nun lächelte.

»Quatsch«, sagte ich. »Also, was ist?«

Er ließ den Motor an. Bald kämpfte sich der alte Kombi keuchend den Hügel von Jordhamn hinauf, die Werkzeuge, leeren Dosen, Pappschachteln mit Nägeln und Krampen und neuesten Fundsachen vom Sperrmüll klapperten und schepperten in seinem Laderaum.

Der Motor hörte sich wirklich nicht sonderlich gesund an. Er würde es vermutlich nicht mehr lange machen.

Nur wenige Hundert Meter vom Wasser entfernt herrschte erneut vollkommene Windstille. Was für ein Kontrast zur Sturmflut an der Küste. Es schien fast wie Hexerei.

Es wurde dunkel. Als die strenge Silhouette des herrschaftlichen Reetdachhofes vor uns auftauchte, in dessen geweißten, freundlichen Räumen der alte Künstler wohnte, seine schönen Landschaftsaquarelle malte und sich in Ermangelung einer Lebenslustministerin einsam und vom Leben betrogen fühlte, gab Christer unerwartet Gas.

Den Blick nach vorn auf die von seinen halb blinden Scheinwerfern nur vage erleuchtete Dorfstraße gerichtet, rief er unverkennbar aufgekratzt: »Heiraten? Hör mal, Sylvia. An mir soll's jedenfalls nicht liegen. Also wenn du mich fragst: Ich bin dabei!«

DER GEGENWERT VON LIEBESBRIEFEN

Nach Norden! Das stand für uns fest. Das Ziel unserer einwöchigen Hochzeitsreise war Lappland. Wir waren, obschon beide in Sachen Religion eher Skeptiker, in Persnäs' schöner Dorfkirche getraut worden. Wenn schon, denn schon. Zu unserer Hochzeit waren Christers zahlreiche Verwandte (seine Mutter hatte zwölf Geschwister), meine Mutter aus Deutschland und meine Schwester mit ihren beiden Söhnen aus England angereist, und Hauke blieb bei ihnen auf Öland.

Die Cousins verständigten sich auf Deutsch. Meine Neffen hatten einen englischen, Hauke inzwischen einen leicht schwedischen Akzent. Da Christer kein Deutsch verstand, sprachen auch Hauke und ich nun meistens schwedisch, in Hinblick auf seinen deutschen Wortschatz im Nachhinein keine besonders kluge Entscheidung.

Gute tausend Kilometer würden wir mit dem geliehenen Wohnmobil bis zu unserem Reiseziel zurückzulegen haben. Was für ein Abenteuer!

Es war Anfang Mai, auf Öland hatte sich zögernd ein neues Frühjahr eingestellt, doch in Norrland lag laut aktuellem Wetterbericht teilweise noch immer Schnee. Die winterliche Dunkelheit war jedoch vorbei, zurzeit dauerte in ganz Schweden die Tageshelligkeit ungefähr gleich lang.

Draußen hinter den Fenstern des Wagens zog Schweden wie in einem schön kolorierten Bilderbogen an uns vorbei. Von den 21 Provinzen, im Schwedischen *län* genannt, würden wir auf unserer spannenden und vergnüglichen Reise mindestens acht passieren.

Auch Christer hatte bislang außer Öland und Gotland nicht besonders viel von Schweden gesehen. Und dabei war sein Land so schön! Je höher wir nach Norden kamen, desto leerer wurden die Straßen. Sobald wir uns einer Ortschaft näherten, hielt Christer nach dem dortigen Flohmarkt Ausschau, und das Wohnmobil füllte sich mit seinen Anschaffungen zum Spottpreis, die ihm zwar nicht jetzt sofort, aber möglicherweise in der Zukunft irgendwann einmal von Nutzen sein könnten.

Ich steuerte derweil jeden noch so kleinen Kunstgewerbeladen an. Die Verkäuferinnen waren in der Regel ungeheuer freundlich. Ich zeigte ihnen unsere Holzpferde, die ich vorsorglich mitgenommen hatte, und selbst in Dalarna, dem schwedischen Mekka der Holzpferdeschnitzer, fand man erstaunlicherweise Lindströms Pferde schön und glaubte fest daran, dass sie sich auch hier verkaufen ließen.

Es war mir zunächst ein bisschen frech vorgekommen, sie gerade in den dortigen Läden anzubieten. Doch ob Dala- oder Ölandspferd – ein handgeschnitztes Holzpferd weckt im ganzen Land fast immer und überall freudige und liebevolle Reaktionen, und mein Auftragsbuch füllte sich laufend mit neuen Bestellungen.

In den kommenden Jahren wurden wir von nun an stets nach Rättvik zum Holzpferdemarkt eingeladen. Das war eine besondere Ehre. Die anderen Holzpferdeschnitzer des Marktes kamen ausschließlich aus Dalarna, oft ältere Männer in ausgeleierten Pullovern und Holzschuhen (*gubbar* im Schwedischen), die unsere Pferde zunächst kritisch, doch dann, zu unserer großen Freude, durchaus wohlwollend in Augenschein nahmen: »Sieh mal einer an. Ölandspferde? Ausländer? Na, durchaus gediegene Arbeit, das muss man euch lassen, Kollegen!«

In Lappland schmolz der Schnee, die Sonne schien, es war ein paar Grad über null. Die ersten Städte, die wir erreichten, hießen Dorotea und Vilhelmina, beide nach derselben Königin (Fredrika Dorotea Vilhelmina) benannt und im 18. Jahrhundert gegründet worden, gut hundert Jahre, nachdem die ersten Neusiedler aus dem Süden Schwedens in den hohen Norden vorgestoßen waren.

Wir tranken Kaffee in einer kahlen Konditorei und lauschten neugierig den Alltagsstimmen um uns herum. Der nordschwedische Dialekt klang kräftig und markant mit seinen pointierten hohen und tiefen Tönen. Die Endungen der meisten Wörter wurden wie auch im Öländischen – doch auf eine andere, dramatischere Art – abgeschliffen oder aber ganz verschluckt. Die Frauen redeten viel, die Männer schienen lieber zu schweigen.

Die Geschichte der Besiedlung Nordschwedens ist ebenso von Unrecht, Grausamkeiten und Selbstgerechtigkeit der Eindringlinge geprägt wie die der Entdeckung und Eroberung Amerikas. In Lappland fängt auf diese Weise Schwedens wilder Norden an. Heute sind die 20.000 schwedischen Samen eine Minorität mit eigener Sprache und Kultur und seit 1993 endlich auch eigenem Parlament. Rentierzucht und Haltung sind im Land den Samen vorbehalten. Man soll sie übrigens nicht Lappen nennen, was leider viele Nordschweden dennoch tun. Es klingt absichtlich provokativ und drückt Geringschätzung aus. Wer Lappe sagt, findet, die Ursprungsbevölkerung bekomme zu viel in Form von Zuschüssen und subventionierten Beiträgen geschenkt, was natürlich in Anbetracht der schwedischen Geschichte Unsinn ist. Doch der alte, hässliche Konflikt schwelt noch immer unter der Oberfläche von Toleranz und Vielfalt. Ein Lappe ist etymologisch jener, der weit entfernt wohnt oder auch: der andere. Same hingegen bedeutet in der eigenen Sprache der Urbevölkerung schlicht und einfach »Mensch«.

Leicht euphorisch und recht unbesonnen verließen wir dann das Straßennetz der gut ausgebauten Nationalstraßen. Diese mit Ziffern zwischen 1 und 99 nummerierten, oftmals landschaftlich sehr schönen Straßen führen durch ganz Schweden und sind selbst im hohen Norden in der Regel auch bei starkem Frost oder Schneeschmelze risikolos befahrbar. Doch nun wollten wir dem unbekannten, öden Land auf Seitenwegen näher kommen.

Das Gras, das unter der schmelzenden Schneedecke hoffnungs-voll zum Vorschein kam, sah noch grau und ziemlich leblos aus. Ein paar wiederkäuende Rene machten an einem Wegrand Siesta. »Vorsicht!«, rief ich, und Christer riss das Steuer gerade noch rechtzeitig herum, als sich ein riesiges, tiefes Frostloch am rechten Fahrbahnrand vor uns auftat. Langsam fahren und die Augen auf-halten, das war hier wirklich angesagt. Wir sahen beide unseren Fehler ein, den sicheren Fahrweg verschmäht zu haben, hörten auf zu reden und starrten verbissen geradeaus.

Die anfangs noch leidlich befestigte Straße ging bald in einen schmalen Kiesweg über. Wir passierten ein paar verlassen wirkende Gehöfte. Aus dem Schornstein eines vierkantigen, dunkel gebeizten Holzgebäudes quoll blauschwarzer Rauch. Ein Hund heulte in der Ferne. Ein Misthaufen vor einer Scheune mit rostigem Blechdach war halb von Schnee bedeckt. Kein Mensch ließ sich blicken, kein anderes Auto weit und breit, nicht mal ein Traktor. Der Weg wurde einspurig. Hier durfte uns kein Fahrzeug mehr entgegenkommen, denn Ausweichstellen gab es nicht, und ein Wenden des Wohn-mobils war unmöglich.

Der zunehmende Schneematsch machte das Fahren zu einer rei-nen Rutschpartie. Immer wieder klafften mitten auf dem Weg erneute Frostlöcher, die Straßenschäden nahmen zu, und in den Schränken unseres schwankenden Wohnmobils klirrten unheilschwanger Tel-ler, Tassen und Besteck. Wenn wir hier stecken blieben oder eine Reifenpanne hatten, würde es lange dauern, bis uns jemand zu Hilfe kam. Im Wettlauf gegen das schwindende Tageslicht würden wir etliche Kilometer zu Fuß zurücklegen müssen und uns womöglich dabei verlaufen, um hoffentlich dann irgendwann und irgendwo ein bewohntes Haus zu finden.

Auch gut. Zumindest diesen Teil der Hochzeitsreise würden wir wohl ein Leben lang erinnern.

Pauträsk hieß das einladende Dorf an einem lang gestreckten See mit schilfbewachsenen Ufern (*träsk* heißt »Moor«!), in dem unsere Irrfahrt schließlich ein Ende fand.

Zwei Schotterwege vereinigten sich an Ein- und Ausfahrt des lauschigen Ortes, und fast alle Häuser hatten Seeblick. Es gab im Dorf ein Sägewerk, eine Tischlerei, eine freikirchliche Kapelle, ein Busunternehmen und, zu unserer großen Freude, sogar einen Tante-Emma-Laden in kleinstmöglichem Format, aus dessen geöffneter Tür es nach frischem Backwerk duftete.

Wir streckten unsere von der Anspannung völlig verkrampften, schmerzenden Glieder aus und beantworteten bereitwillig die Fragen der freundlichen Frau an der Kasse.

»Von Öland kommt ihr? Ist das wirklich wahr? Hierher zu uns verirrt sich normalerweise niemand.«

Sie beäugte uns mit ebenso gutmütiger wie unverhohlener Neugier.

»Wie sieht's aus? Ein paar selbst gebackene Zimtschnecken gefällig?«

»Unbedingt«, erwiderten wir wie aus einem Mund.

Und während wir das noch ofenwarme Gebäck sofort im Stehen und mit großem Appetit verzehrten, erfuhren wir, dass das Eis auf dem See nun höchstwahrscheinlich nicht mehr trage und ein Spaziergang ans andere Ufer nicht zu empfehlen sei.

Das war ungewöhnlich früh. Oft verschwand das Eis erst ganz an Mittsommer. Im Winter war es hier tagsüber nur etwa drei Stunden lang hell, im Hochsommer wurde es dafür nie dunkel. Dann erwachte selbst die letzte Dorfschlafmütze zu neuem Leben.

Mittsommer wurde rund um die Uhr auf dem großen Festplatz von Jung und Alt gemeinsam gefeiert.

»Und der Schnee? Wie hoch liegt der?« Christer hatte glänzende Augen bekommen. Das war etwas, das ich bislang von ihm noch nicht wusste: sein Faible für Schnee. Auf Öland gab es davon ja normalerweise eher wenig.

»Einen guten Meter mindestens.« Doch nicht selten noch viel mehr«, sagte die freundliche Kassiererin, und Christer begann sofort zu träumen. »Hier müsste man im Winter wohnen. Schlittschuhe und Langlaufski satt. Denk nur, wie sehr das Hauke wohl gefallen würde.«

»Möglich«, sagte ich, vielleicht nicht ganz so überzeugt wie er, doch noch immer dankbar über das unverhofft glückliche Ende unserer Odyssee. Und ja, dieser entlegene, auf Schwedens Landkarte so heimliche Platz schien auf seine Art ein richtiges kleines Paradies zu sein.

Die altmodische Türglocke schrillte, ein älteres Paar betrat den Laden, und wir wurden beide sofort als die weit gereisten holzpferdeschnitzenden Öländer vorgestellt.

Karl-Johann war der Dorfälteste in Pauträsk, dieses Wort existierte hier tatsächlich noch und bedeutete in etwa Bürgermeister. Er war ebenso schweigsam, wie seine Frau Gunilla sich als lebhaft und gesprächig erwies. Doch ein wichtiges, vielleicht sogar das wichtigste nordschwedische Wort, jedenfalls im Vokabular der Männer, lehrte er uns. Es lautet: *schschschp,* wird mit halb geöffneten Lippen sozusagen eingeatmet und ersetzt diverse Worte, die der Maulfaule sich gern erspart, wie zum Beispiel: »Mag sein«, »Mal sehen«, »In Ordnung«, »Ach ja«, »So ist das Leben«, »Weiß nicht recht« und »Wird schon wieder« ...

»Das Dorf braucht neue Einwohner«, stellte Gunilla fest, nachdem sie unsere kleine Holzpferdeherde im Wohnmobil gebührend bewundert hatte. »Leute mit neuen Ideen und frischem Mumm. Ein paar Häuser weiter steht übrigens die beste Tischlerwerkstatt weit und breit seit ein paar Jahren bereits leer. Der alte Mann, der dort wohnte, hat sie von Grund auf renoviert und ist, als alles fertig war, gestorben. Ganze 65 Quadratmeter. Hell und reichlich isoliert. Wollt ihr euch die nicht wenigstens mal ansehen? Ein Wohnhaus gehört auch dazu. Alles ganz billig zu mieten. Und die EU ist großzügig mit Geldern für Firmen, die sich hier im hohen Norden etablieren wollen. Kommt mit, ich weiß, wo die Schlüssel liegen. Gucken kostet schließlich nichts!«

Jedenfalls kein Geld. Das stimmte. Wir blieben einen Tag und eine Nacht in Pauträsk, parkten das Wohnmobil vor der leer stehenden Werkstatt mit ihrem weiten Blick über eine leicht abschüssige Wiese und den stillen See und aßen unser Picknick auf der Holztreppe des dazugehörenden *häbres. Häbre* – was ist das? Auch so ein neues Wort, das in Südschweden niemand kennt und versteht.

»Schöner *häbre*«, murmelte Christer fast zärtlich, um den im Wortschatz eines Öländers exotischen Ausdruck mit Lippen und Zunge zu befühlen. Er bezeichnet einen für die Gegend typischen, aus massiven Planken gezimmerten Kornspeicher, den heute kaum noch jemand für diesen ursprünglichen Zweck benutzt.

»Pauträsk«, sagte er leise und lächelte entzückt. »*Schschschp!*«

Öland empfing uns bei unserer Heimkehr mit dem alljährlichen vielstimmigen Nachtigallenkonzert.

Zu meinem Geburtstag lag ein offizieller Brief im Kasten, der erste, der meinen neuen Namen Sylvia B. Lindström in der Adresse führte. *Skattemyndigheten* stand als Absender auf dem Umschlag. Die Steuerbehörde.

»Nix Gutes«, unkte Christer, der dem Finanzamt längst Freundschaft und Bekanntschaft gekündigt hatte, Letztere jedoch leider vergeblich. Aus diesem Anlass hatte Mona uns vor der Hochzeit dringend zu Gütertrennung geraten. Denn in Schweden teilt man sonst in einer Ehe alles, Eigentum und Schulden.

Das schwedische Wort *skönstaxering* klingt irreführend, denn es bedeutet Steuerveranlagung durch Schätzung und hat alles andere als schöne Folgen. Ich verstand die Welt nicht mehr. Doch ich hatte bei meiner Steuererklärung ganz einfach nicht bedacht, wie wenig Geld uns nach Abzug der Steuern von unseren Einnahmen übrig bleiben würde. Wir lebten sparsam und hatten für unsere Produktion außer ein bisschen Farbe, Messern, Schleifpapier und Sägeblättern kaum Materialkosten. Unser Kapital waren Fleiß, Geduld, gute Laune, Ideenreichtum und unzählige Arbeitsstunden, wenn es sein musste Tag und Nacht. Das hatte ich bislang für einen unschlagbaren Vorteil gehalten. Doch es erwies sich als ein großes Manko. Jedenfalls im schwedischen Steuersystem.

Ein einfaches Rechenexempel: Vom Verkauf eines Holzpferds für beispielsweise hundert Kronen (Bruttopreis inklusive Mehrwertsteuer) waren zunächst die 25 Prozent Mehrwertsteuer abzuführen. Von den übrigen 80 Kronen forderte der Staat rund 65 Prozent für soziale Abgaben und Einkommensteuer. 28 Kronen waren damit von dem Hundertkronenschein in der Ladenkasse übrig. Für eine ungefähre Arbeitszeit von vier Stunden per Holzpferd ergab das bei einem durchschnittlichen Pferdepreis von 350 Kronen einen Stundenlohn von rund 24,50 Kronen (gut zwei Euro), und davon kann natürlich niemand leben.

Ich hatte treu und brav jedes verkaufte Holzpferd beim Finanzamt angegeben. Doch gerade daraus drehte man mir nun einen Strick. Derart genügsam konnte einfach niemand sein. Und da für die meisten Behörden dieser Welt der Grundsatz gilt, dass nicht sein darf, was nicht sein kann, wurde ich zur unmittelbaren Nachzahlung einer fünfstelligen Summe aufgefordert. Das juristische Unschuldsprinzip gilt leider nicht in Steuerbelangen. Sieht das schwedische Finanzamt dich als schuldig an, so musst du ihm deine Unschuld erst einmal beweisen.

Kaum zu glauben, aber leider wahr: Ein zweites Mal hatte mich mein naiver Glaube an Rechtschaffenheit in fundamentale Schwierigkeiten gebracht. Beim ersten Mal war der Preis beinahe meine Ausweisung gewesen. Nun kostete er mich womöglich meine Existenz.

Mein Glück: Haukes Landhockey-Trainer war Steuerberater, und ich wandte mich an ihn.

»Ich pauke dich da so gut wie möglich raus.« Aber für die Zukunft empfehle ich dir dringend neben dem Holzpferdeverkauf noch einen anderen Job.« Kleinstbetriebe wie *Lindströms hästar* kämen leicht in Schwierigkeiten, erklärte er mir.

Schweden ist ein Land für Arbeiter und Angestellte. Oder auch für Großkonzerne, die für Arbeitsplätze sorgen. Doch Freigeister wie Christer und ich waren vom Staat nur schwer zu kontrollieren, deshalb mochte er sie nicht.

»Such dir zumindest einen Teilzeitjob, dann hast du feste Einnahmen, und das Finanzamt kann dir nichts mehr anhaben.«

»Und wo findet man den?«

Er zuckte mit den Achseln und machte ein bekümmertes Gesicht. »Ein Job auf Öland? Tja, leicht wird das wohl leider nicht.«

Doch das hatte ich ohnehin nicht erwartet.

Jemanden wie mich nennt man auf Schwedisch *mångsysslare*. Das bedeutet ungefähr »Allrounder«, »Lebenskünstler« oder »Hansdampf in allen Gassen«, allerdings ist der schwedische Begriff geschlechtsneutral. Ein Wort, für das es keine richtig treffende deutsche Übersetzung gibt. Ein Mångsysslare ist in allen möglichen Bereichen und Berufen tätig, was eine gewisse Chuzpe, gesundes Selbstvertrauen und gelegentlich auch den Mut zum Improvisieren oder zum »So tun als ob« voraussetzt. Dass in meiner jungen Ehe mit einem Drållpelle die finanzielle Versorgung der Familie im Wesentlichen mir oblag, war für mich keine Überraschung, sondern kam meiner Disposition eher entgegen.

Während der Hauptsaison wurden Aushilfen auf Öland so gut wie überall gesucht. Doch im Hochsommer hatte ich mit meinen Holz- und lebenden Pferden bereits mehr als genug zu tun.

Ich brauchte den Job jetzt, sofort! Ob schlechte Arbeitsbedingungen, unbequeme Arbeitszeiten, zweifelhafte Aufgabenbereiche oder von mir aus auch ein mieser Lohn, ich war nicht wählerisch und zu allem, oder sagen wir dem meisten, bereit. Denn mit dem Finanzamt wollte ich in Zukunft nie wieder in Konflikt geraten. Im Nachhinein sollte ich der Steuerbehörde eigentlich für diesen Schreckschuss dankbar sein. Denn durch all die mannigfachen Arbeiten und Aufträge im Laufe der kommenden Jahre habe ich meine neue Heimat erst richtig kennengelernt. Meine Wahlheimat wuchs auf diese Art zu einem Kaleidoskop aus Landschaftsbildern und ineinander verschachtelten Lebensläufen der zahlreichen Menschen, die ich auf die eine oder andere Weise ein Stück in ihrem Alltag habe begleiten dürfen. Deren Geschichten, Hoffnungen und Träume sind die Fasern, aus denen der Stoff meiner Liebe zu Öland nun gewebt ist.

Beim ersten meiner Jobs arbeitete ich allerdings allein. Im ICA-Supermarkt in Löttorp war eine der Putzfrauen krank geworden, und man suchte dringend eine Aushilfe.

Ich bewarb mich und fing gleich am nächsten frühen Morgen an. Dreieinhalb Stunden waren anberaumt, bis man ausstempeln und den Laden spätestens um sieben Uhr dreißig blitzblank zu verlassen hatte. Was für ein Luxus, mich auf kein Geplauder mit Kollegen einstellen zu müssen, sondern im Alleingang meinen Gedanken nachhängen zu können.

Ich schlüpfte in einen der grauen Kittel im Umkleideraum, drehte das Radio auf höchste Lautstärke und tanzte mit dem Besen durch alle Gänge und Winkel des Ladens. Am Vortag hatte ich in meinem roten brokatbesetzten Reitkleid in Kalmars Schloss eine Vorführung zu Barockmusik geritten und war von den Umstehenden wie eine Majestät behandelt worden. Kleider machen Leute, heißt es ja. Dabei hatte mein rotes Kleid mich ebenso gut verborgen wie der graue Kittel der Putzfrau es nun tat, und ich fühlte mich in beiden Uniformen recht beschwingt und frei.

Nach dem Kampf mit der unbändigen Scheuermaschine näherte sich das Ende meiner Schicht. Nur noch der Gabentisch mit den abgelaufenen Waren am Hinterausgang des Ladens wartete auf mich. Von diesen Schätzen durfte ich mitnehmen, was ich haben wollte. Eine reelle Aufstockung meines eher bescheidenen Stundenlohns.

Unglaublich, was in unserer Wohlstandsgesellschaft so alles weggeworfen wird! Zu Hause packte ich dann voller Freude und Erstaunen alles aus: Käse, Aufschnitt, Obst mit lediglich ein paar braunen Stellen, nicht mehr ganz frisches Brot, Waschmittel in leicht eingedrücktem Karton. Kekse, Nüsse, Kerzen. Shampoo. Auf diese Weise fühlte ich mich während meiner Putzfrauen-Ära unerwartet wohlhabend.

Dann kam die reguläre Reinemachefrau zurück, und ich avancierte zur Zeitungsbotin. Obwohl – ich bin mir nicht so sicher, ob das wirklich ein Aufstieg war. Täglich um drei Uhr fand ich mich nun fröstelnd an der Tankstelle in Löttorp ein, wo die Kollegen bereits halb verschlafen an ihren Autos lehnten. Man nickte einander zu. Niemand hatte Lust zu reden.

Wenn die Zeitungen zu spät geliefert wurden, gab es Stress. Für den sorgten vor allem die ungeduldigen Rentner oder Sommerhausbesitzer, die ohne ihre Morgenzeitung nicht frühstücken konnten oder wollten und den abgehetzten Zeitungsboten gereizt mit Zeige- und Ringfinger gegen den Briefkasten trommelnd am Gartenzaun empfingen: »Sieh einer an. Die Abendpost ist endlich da!«

Nichts antworten! Nur lächeln!

Ein Gutes hatte diese Arbeit dennoch: Hinter dem Steuer des Zustellerfahrzeugs, einem Rechtslenker, der bessere Tage gesehen hatte, machte ich nun die Bekanntschaft mit den klassischen Troubadouren, die ein jeder halbwegs gebildete Schwede kennt: Bellman, Taube und Vreeswijk. Die krankgeschriebene Kollegin hatte mir ihre gesamte CD-Sammlung im Auto überlassen. Ich befand mich übrigens in bester Gesellschaft. Auch der 1740 geborene Nationaldichter Carl Michael Bellman war ein Bankrotteur und improvisierte, um zu überleben. Deshalb sind von seinen genialen Texten und Melodien lange nicht alle niedergeschrieben und erhalten. Diejenigen, die überliefert sind, gehören inzwischen zum schwedischen Kulturgut.

Taube und Vreeswijk kannten sie vermutlich alle. Sie gelten als Bellmans Nachfolger, und nach vier Wochen als Zeitungsbotin konnte ich etliche ihrer Balladen laut mitsingen und hielt mich so erfolgreich während der gesamten Tour hinterm Steuer wach.

Viele Texte sind frech und recht robust, manche feinsinnig und poetisch. So gut wie alles von Belang wird in ihnen abgehandelt: Leben und Sterben, Suff und Konkurs, die Seefahrt mit entsprechenden Sehnsüchten, die Schönheit der Natur, Glanz und Elend und hin und wieder auch eine Prise Gesellschaftskritik. Die schönsten Balladen aber handeln – wie könnte es anders sein – von der Liebe.

Und oft von einem romantisch verklärten Phänomen, das man in Schweden als *gubbsjukan,* die Greisenkrankheit, bezeichnet. Gemeint ist damit das erotische Interesse eines (allzu) alten Mannes an einer (allzu) jungen Frau. Ein Thema, bei dem ich ja durchaus mitreden konnte. Wenn auch aus einer anderen Perspektive als Taube und Vreeswijk. Ich hatte mit deren Melancholie entsprechend Nachsicht. »Mann sein« ist wahrscheinlich nicht so leicht. Dass nichts ist und nichts bleibt, wie es war, kann eine bodenständige Frau vermutlich besser als ein kleinmütig alternder Mann verknusen ...

Wenn die letzte Zeitung in Byxelkrok in den entsprechenden Kasten geworfen war, hatte ich Feierabend oder vielmehr Feiermorgen. Zu meiner eigenen Belohnung wählte ich den Küstenweg nach Hause. Er muss eine der schönsten Uferstraßen in ganz Schweden sein. Niemand außer mir war zu dieser Stunde unterwegs. Dort, im blanken Kalmarsund, stieg soeben die legendenumwobene blaue Jungfrau aus dem Morgennebel, hier im Innern meines Fahrzeugs schwang ihre ewig junge, errötende menschliche Version unermüdlich das Tanzbein mit dem alten Zausel Fredrik Åkare ...

... Er führt, und sie folgt ihm so leicht wie der Wind.
Doch weshalb errötet Cecilia Lind?
Ist es deshalb, weil Fredrik ihr ins Ohr flüstert ein:
»Du duftest so gut und bewegst dich so fein.
Dein Mieder ist schmal, deine Brust weich und rund,
wie lieblich du bist, Cecilia Lind.«

Der Tanz war zu Ende, der Mond nieder sah,
sie gingen, denn sie wohnten beieinander so nah,
aufs Gatter schien der Mond mit lächelndem Mund.
»Küss mich«, sagte Cecilia Lind.

Pfui, schäm dich, Fredrik, du alter Mann.
Und rühre Cecilias Unschuld nicht an,
sie ist rein wie eine Blume und ist noch ein Kind.
»Ich werde bald siebzehn«, sprach Cecilia Lind.

Die Sterne, sie wandern über Wald, über Gäu,
und Fredrik ist alt, und der Mond ist wie neu.
Ja, Fredrik ist alt, doch die Liebe ist blind.
»Oh küss mich noch einmal«, sagt Cecilia Lind.

Dann kam ein neuer Sommer, und mit ihm kehrten die Touristen auf die Insel zurück. Ich verkaufte Holzpferde, ritt Vorführungen mit Piet, und wenn ich ein paar Stunden übrighatte, arbeitete ich als Fremdenführerin. Mein neuer Arbeitsplatz war zugleich einer der ältesten auf der Insel und bei Weitem nicht der schlechteste: nämlich Borgholms Schloss.

Niemand, der auf Öland wohnt, nennt es Schlossruine. Borgholms Schloss gehört übrigens dem schwedischen Staat und nicht dem amtierenden König, dessen verhältnismäßig bescheidenes Sommerschloss Solliden heißt.

Geschichte studieren und Geschichten erzählen, das passt ja zueinander. Ich wurde eine eifrige Studentin und verschlang die einschlägigen Lehrbücher. Das anschaulichste und spannendste stammt von Herman Lindqvist, der immerhin auch die schwedische Kronprinzessin einst unterrichtet hat. Das vielbändige Werk heißt:»Historien om Sverige«, und in ihm spielen Schwedens Könige die zentrale Rolle, während das allgemeine Volk vielleicht ein wenig zu kurz kommt. Für mich und meine neue Arbeit war es gerade die richtige Lektüre.

Borgholms Schloss mit seinen Grundmauern aus dem Mittelalter ist jahrhundertelang eine Baustelle wechselnder schwedischer Könige gewesen, von denen die meisten aber nicht besonders oft und lange auf Öland verweilt haben. Nach einem verheerenden Brand Anfang des 19. Jahrhunderts wurde das Schloss nie wieder richtig aufgebaut. Die einstige Brandruine ist heute dennoch erneut bewohnt und belebt.

Die Vögel haben sie zu ihrem Reich gemacht. Stockenten, Käuze, Tauben und Kolonien von geschwätzigen und lärmenden Dohlen sind die neuen Bewohner des alten Palastes. Im Herbst kann man an milden Abenden dem sonderbaren Reviergesang der Fledermäuse lauschen. Von den königlichen Sälen im ersten Stock des

Westflügels, deren hohes Dach inzwischen den Himmel bildet, hat man durch die kolossalen Fensteröffnungen einen überwältigenden Blick über Schlosswald, Borgholms Hafen und das Fahrwasser des Sundes.

Ich habe mich damals ein bisschen in das Schloss mit seinen unzähligen Geschichten und Legenden verliebt. Das war eigentlich kein Wunder, denn für eine Märchenerzählerin war dieser Job ein reines Fest! Ich führte deutsche, manchmal auch amerikanische oder schwedische Gruppen durch das eindrucksvolle Gemäuer. Etlichen Besuchern müssen meine teils wahren, teils, ich gebe es zu, etwas reichlich ausgeschmückten Geschichten gefallen haben, denn ich bekam fast immer großzügige Trinkgelder. In Schweden sind die eher unüblich. Doch auf diese Weise waren am Ende einer Führung Gäste und Guide gleichermaßen zufrieden.

Wenn ich nach Hause kam, warteten in der Holzpferdewerkstatt Dutzende von unbemalten Vierbeinern auf mich und meine leuchtenden Farben, und die nächste Arbeitsschicht des Tages konnte beginnen. Keine Zeit für Rast und Ruh. Denn bereits gegen Ende des Sommers galt es in Sachen Holzpferde ans kommende Weihnachtsgeschäft zu denken.

Kunsthandwerksmessen haben nicht allein in Schweden zur Weihnachtszeit Hochsaison. Ich hatte von deutschen Freunden den Tipp bekommen, mit unseren Holzpferden doch an dem großen traditionellen Weihnachtsmarkt im Lübecker Heiligen-Geist-Hospital teilzunehmen. Als Kunsthandwerker kann man sich dort nicht einfach anmelden, sondern muss sich schriftlich mit einer Probe seiner Arbeiten bewerben, die dann von einer Jury kritisch unter die Lupe genommen wird.

Ich hatte mir keine besonderen Chancen ausgerechnet, doch gegen Ende des Sommers traf dann tatsächlich die offizielle schriftliche

Einladung nach Lübeck ein. Das bedeutete, dass den ganzen Herbst über in unserem Holzpferdeatelier auf Hochtouren gearbeitet werden musste, und wir machten uns leicht gestresst, doch voller Enthusiasmus ans Werk.

Der traditionelle Lübecker Markt beginnt immer am Freitag vor dem ersten Advent und dauert zehn Tage.

Christer und Hauke halfen mir beim Packen. Der alte Volvo Kombi war bald mit Holzpferden, Regalen und Dekoration für den Ausstellungsstand bis in den letzten Winkel vollgeladen. Zudem mit mehreren Kisten Fisch. Eine Lübecker Freundin hatte für Christers geräucherten und gebeizten Ostseelachs Reklame gemacht und bereits zahlreiche Bestellungen aufgenommen. Holzpferde und Räucherfisch. Als Verkaufschefin von *Lindströms hästar* war ich zuversichtlich, in der Hansestadt beides erfolgreich an die Frau und an den Mann zu bringen!

Lübeck war mir aus Kindertagen gut bekannt. Im Hause meiner Großmutter in Niendorf/Ostsee hatten wir die beste Zeit verbracht. Damals träumte ich bereits von Astrid Lindgrens fernem, idyllischem Land und sah in Travemünde, das inzwischen zu Lübeck gehört, den großen Fährschiffen nach Trelleborg nach. Und nun repräsentierte ausgerechnet ich auf Lübecks berühmtem Weihnachtsmarkt als einzige Ausstellerin Schweden!

Da wir dann auch in den kommenden Jahren stets nach Lübeck eingeladen wurden, sah ich viele alte und neue Bekannte und Sammler unserer Pferde jeden Advent in der Stadt wieder.

Als der erste Lübecker Weihnachtsmarkt vorüber war, hatte ich allen Grund zur Freude und baute müde und zufrieden Dekoration und Regale ab: Unser finanzielles Überleben war bis ins kommende Frühjahr gesichert. Ein beruhigendes Gefühl.

Christer hatte allerdings bereits konkrete Zukunftspläne. Er eröffnete sie mir beim Frühstück in Hörlösa am kommenden Tag: Pauträsk! Das verwunschene Idyll im Norden lockte, und die Sirene hieß Gunilla. Die umtriebige Frau des Dorfältesten hatte in der Zwischenzeit sowohl mit dem Erben von Haus und Werkstatt als auch mit der zuständigen Verwaltungsbeamtin in Storuman gesprochen.

»Ein Goldregen aus Brüssel erwartet euch bei uns im Norden.« So lautete ihre Botschaft: EU-Fördermittel, die bislang niemand beantragt hatte und die nun dringend noch vor Quartalsende ausgegeben werden mussten. Denn sonst forderte Europa sie wieder zurück. Konnten wir das mit unserem Gewissen vereinbaren?

»Ganze 66.000 Kronen«, sagte Christer. »Davon können wir Haus und Werkstatt mieten, eine neue Bandsäge und eine reelle Hobelbank anschaffen, und du kannst dir die allerschönsten Farben leisten. Du musst nur unseren Firmensitz in Pauträsk anmelden. Das ist alles!«

Hatte er bereits vergessen, was aus den fragwürdigen EU-Projekten auf Nordöland geworden war? Sollten nun auch wir unsere Seelen an Brüssel verkaufen?

»Wenn wir das Geld nicht nehmen, kommt es niemandem zugute. Geld muss unter die Leute, und wir haben jedenfalls richtige Pläne und Ideen«, sagte Christer.

»Aber wir müssten nach Norrland ziehen, und Hauke müsste dort zur Schule gehen.«

»Zumindest für einen Winter«, gab Christer zu. »Wenn es sein muss und ihr in Zukunft dann lieber auf Öland bleiben wollt, fahre ich in den kommenden Wintern eben allein nach Norden, schnitze wie verrückt und kehre im Frühjahr mit jeder Menge Holzpferde zurück. Denk nur, wie viele reiche Stockholmer ein Sommerhaus auf Öland haben. Warum sollte sich ein mittelloser Öländer da kein Winterhaus im Norden leisten können?«

»In Zukunft führen wir dann also eine Seemannsehe,« stellte ich fest.

»Allerdings an Land.«

»Und deine See, die ist der Schnee?«, reimte ich.

Christer lachte. »Wäre doch wenigstens mal was Neues.«

»Fragen wir Hauke«, sagte ich.

In Skarvsjöby, einem Dorf gut dreißig Kilometer von Pauträsk entfernt, gab es eine einklassige Grundschule. Das hatte Christer bereits herausgefunden. 13 Kinder von der ersten bis zur sechsten Klasse teilten sich dort Lehrerin und Klassenraum. In den Pausen wurde gerodelt, Schneebob, Schlittschuh und Ski gefahren.

Ein Schulbus brachte die Kinder morgens dorthin und am frühen Nachmittag wieder nach Hause. Im Dorf wohnten fünf oder sechs andere schulpflichtige Kinder, die einander im Bus Gesellschaft leisteten. Hauke hätte also von Anfang an jede Menge Spielkameraden.

Er hing an seinen öländischen Freunden und Klassenkameraden. Die würde er nicht so unbesehen gegen neue austauschen, so gut kannte ich ihn. Doch Christers Brandrede für Eis und Schnee, Langlaufski und Schlittschuhe überzeugte dann schließlich selbst Hauke.

»Was sagst *du* denn, Mama?«

Auch ich gab zu, langsam Gefallen an unserem Winterabenteuer zu finden, allerdings aus anderen Gründen. Ich dachte an die Zeit, die ja bekanntlich mit den Jahren immer hastiger verfliegt. Jammerschade für jemanden, der das Leben so liebt wie ich. War es möglich, dass die Uhren in der dunklen und ereignislosen Abgeschiedenheit vielleicht ein bisschen langsamer tickten als hier? Wenn wir Haukes Kindheit und unsere besten Jahre auf diese Weise dort ein wenig verlängern konnten, war das Ganze womöglich einen Versuch wert.

Der zwanzigjährige Sohn unseres Nachbarn erklärte sich bereit, in unser Haus in Hörlösa zu ziehen und meine Pferde zu versorgen. Magnus arbeitete in der Landwirtschaft seines Onkels, liebte Pferde und konnte mit ihnen umgehen.

»Wenn Hauke Ja sagt, bin auch ich mit dabei«, sagte ich, und damit war die Sache entschieden.

In Pauträsk lag weit über ein Meter Schnee, und das Thermometer zeigte minus 25 Grad Celsius, als wir am 27. Dezember gegen Abend nach gut zwanzig Stunden Autofahrt endlich unser Ziel erreichten.

Unter den tief verschneiten Dächern der Häuser leuchteten in allen Fenstern Weihnachtslichter, und selbst der Himmel über uns hing voller Sterne. So finster wie befürchtet war die Dunkelheit im Norden gar nicht. Die Kulisse sah eher aus wie Weihnachten in einem Disney-Film.

Im Haus war es behaglich warm. Gunilla hatte die Heizung am Vortag bereits angestellt, und im Kaminofen in der großen Wohnküche brannte ein Feuer.

»Morgen fahren wir zum Flohmarkt nach Vilhelmina und kaufen gebrauchte Schlittschuhe und Langlaufski. Europa bezahlt«, entschied Christer mit für ihn ungewohntem Tatendrang. »Außerdem kostet so was hier so gut wie gar nichts. Und dann brauchen wir auch noch dringend einen Spark, den hat hier nämlich jeder.«

Was um Himmels willen war ein Spark?

Am nächsten Vormittag erfuhr ich es. Es handelt sich dabei um einen Tretschlitten mit zwei langen Kufen. Auf diese ist ein hölzerner Sitz montiert mit einer hohen Lehne und zwei Griffen zum Lenken. Der Faule sitzt vorn, der Fleißige steht auf den Kufen und gibt wie bei einem Roller Schwung.

Im südlichen Teil von Lappland war es zwischen zehn und halb zwei immerhin für ein paar Stunden hell. Diese nutzten wir für unsere ersten Versuche im Skilaufen. Christer brachte es uns bei, und Hauke stellte sich geschickter dabei an als ich. Bald fuhren wir zu dritt durchs Dorf und wurden überall freundlich gegrüßt.

Alle Dorfbewohner wussten über uns Bescheid. Dass wir aus dem Süden kamen, sprach nicht unbedingt zu unseren Gunsten. Doch unsere Holzpferde wogen dieses Manko wieder auf. Holzpferde sind in ganz Schweden Sympathieträger und stehen für Tradition im besten Sinne. Wer sie herstellt, kann kein schlechter Mensch sein.

Christer zog, seinen Drällpelle-Genen Genüge tuend, bald von Haus zu Haus, trank den pechschwarzen, auf dem Herd gekochten typischen Kaffee des Nordens und störte sich nicht daran, dass die Gespräche sich im Wesentlichen um drei Themen drehten, zu denen er nicht viel beizutragen hatte: den aktuellen Dorfklatsch, die Jagd und Scooter. Von diesen motorisierten Schlitten, die entsetzlich lärmten und Wolken stinkender Abgase ausstießen, schwärmten hier fast alle. Skifahren galt jedenfalls als ziemlich altmodisch und out. Zu anstrengend, zu langsam.

Doch auch für mich hielt der Reiz des Neuen nicht sehr lange an. Eine begeisterte Skifahrerin wurde ich nicht. Eher das Gegenteil, denn der Schnee machte mich bald schon ziemlich matt. Ich konnte, wenn man so will, mit ihm nie so richtig warm werden. Vielleicht musste man hier geboren sein oder aber Christer Lindström heißen, um Dunkelheit und Kälte auf die Dauer etwas abzugewinnen? Draußen war, so weit das Auge reichte, alles leblos, weiß und totenstill. Ich sehnte mich nach Ölands lebendigen Farben.

Nach jeder neuen Skitour durchs Dorf oder über den See sank ich in der Küche auf den Schaukelstuhl vorm Kamin und starrte immer apathischer in die Flammen.

»Ist Pauträsk nicht ein herrlicher Platz?«, schwärmte Christer ahnungslos. »Und der See war heute wieder magisch.«

»Eher ganz schön eisig«, sagte ich.

Er lachte. »Stimmt beides. Schön und eisig.«

Ich schwieg.

»Diesen Winter hier in Pauträsk werden wir garantiert nie vergessen!«, sagte Christer, und das sollte sich als wahr erweisen.

Im raschen Takt eines Siebenjährigen hatte Hauke Ski- und Schlittschuhlaufen gelernt. In den Schulpausen fuhr er nun Bob und Skrana, auch so ein Wort, das im Süden Schwedens niemand kennt. Es handelt sich dabei um ein kleines Plastikteil, das man sich unter den Hintern schiebt, um auch ohne Schlitten steile Abhänge hinabzurodeln.

Ich hatte aber den Verdacht, dass auch Hauke öfter an Öland dachte, als er es zugab. Doch ein waschechtes Optimisten-Kind macht stets das Beste aus jeder Lage, und er äußerte sich nicht dazu.

Die neuen Kameraden holten ihn täglich nach der Schule ab, und zu fünft oder sechst glitten sie auf ihren Sparks durch das vom Schnee erleuchtete Dorf. Autoverkehr gab es nicht in Pauträsk, die Kinder konnten sich unbehindert überall bewegen. Auch den hiesigen Dresscode hatte er sich sehr schnell angeeignet: lange Unterhosen, Wärmeoverall, Mütze, dicke Handschuhe, warme Stiefel! Er trainierte emsig Langlauf, um am kleinen Vasalauf der Kinder auf dem Pauträsk-See teilzunehmen und ihn dann als Zweiter zu beenden. Stolzer als mit seiner silbernen Medaille um den Hals und einer Mütze, die ihm, wie so oft, tief über die Augen gerutscht war, hatte ich ihn kaum jemals gesehen.

Wenn meine Arbeit in der Holzpferdewerkstatt getan war, zog ich mich in meine Kopfwelten zurück. Die waren bislang stets farbenfroh und heiter gewesen. Ich machte Pläne für ein neues Kinderbuch. Endlich hatte ich wieder Zeit zum Schreiben.

Ja. Die Sache mit der Zeit. Es war, wie ich vermutet hatte. Mein unbescheidener Wunsch hatte sich erfüllt und wurde nun wie in so vielen Märchen zu einem Fluch. Die Zeiger der Uhren bewegten sich tatsächlich wie im Schneckentempo. Ein Tag in Pauträsk dauerte eine halbe Ewigkeit. Wie lange noch? Wie viele Wochen, Tage, Stunden und Minuten? Es schneite, oder es schneite nicht. Die Sonne ging kurz auf und bald schon wieder unter. Das war alles, was im Dorf geschah. Ich tippte mühsam ein paar Sätze, nahm das Blatt aus der Walze, las, zerknüllte es und fing noch mal von vorn an.

»Du schreibst tatsächlich noch auf einer Schreibmaschine?«, fragte Gunilla und lachte mich aus. »Wie altmodisch! Hast du wirklich noch keinen Computer?«

Und sie machte uns mit einer bemerkenswerten Neuigkeit bekannt, die hier im Dorf in vielen Häusern bereits gang und gäbe war. Die Sensation hieß Internet. Gunilla führte uns vor, wie das ging: Sich einwählen, das lang gezogene, misstönende Signal abwarten, und dann befand man sich im Netz der weiten Welt. Es war faszinierend. Aber zum Leben wirklich notwendig?

Eher nicht, befanden Christer und ich. Wahrscheinlich war Internet so eine technische Mode, die dann irgendwann vorüberging. Öland würde sie vermutlich nie erreichen.

In der Holzpferdewerkstatt glühte der Ofen von den Holzresten, mit denen wir sein Feuer fütterten. Drinnen war es um die dreißig Grad plus, draußen hinter den Fenstern dreißig Grad minus. Der Schweiß rann mir beim Malen von der Stirn. Ich hasse es zu frieren und fand die Hitze angenehm.

Dennoch war meine Stimmung ungewöhnlich düster. Die Ministerin für Lebensfreude hatte abgedankt, oder vielmehr war sie krankgeschrieben. Die Diagnose lautete: *lappsjuka.* Ein Krankheitszustand, den das Wörterbuch der Schwedischen Akademie folgendermaßen definiert: »Ein depressiver Zustand, der sich oftmals bei kulturell interessierten Personen einstellt, wenn sie sich gezwungen sehen, in Nordschwedens verlassenen Gegenden zu leben.« Die Krankheit war zwar ernsthaft, aber durchaus heilbar. Allerdings nicht hier. Auf Öland würde ich sofort genesen. Nur lag Öland ganze 1.200 Kilometer entfernt. Und in der Werkstatt wartete noch Holz für über 150 Pferde, die vor unserer Heimreise zu schnitzen und zu bemalen waren. Europa verlangte das von uns und hatte dafür 66.000 Gründe. Da hatten wir die Bescherung: Wir hatten uns verführen lassen und waren folgerichtig nicht mehr frei.

Arbeit lenkt ab, und unsere Holzpferdeherde wuchs rasch. Christer schnitzte, hörte Dansband-Musik im Radio und pfiff mit. Ich malte, blickte elegisch auf den See und wünschte mich fort.

»In ein paar Wochen kommt unsere allerbeste Jahreszeit«, versprach Gunilla, um mir Mut zu machen. »Im Lenzwinter kehrt das Licht zurück, und die Sonne beginnt zu wärmen. Selbst wenn der Schnee noch lange liegen bleibt. Dann leben hier alle auf. Der Lenzwinter ist unser Ersatz für euren Frühling, den es hier bei uns nicht gibt. Wenn der Schnee erst mal geschmolzen ist, ist es bereits Sommer.«

Schöne Aussichten! Doch die Sonne schien, die Tage wurden länger. Der Schnee reflektierte das Licht blendend und grell. Ohne den Schutz einer Sonnenbrille bekam man brüllende Kopfschmerzen. Ich wollte nach Hause!

»Nimm dir einfach einen Tag frei, und tu nur, was dir Spaß bringt!«, riet mir Christer in Unwissenheit der wahren Tatsachen. Denn Spaß war für jemanden in meinem Zustand längst ein Fremdwort.

»Und morgen Abend gehen wir dann aus.«

»Ausgehen?«, fragte ich verdutzt.

»Hast du das bereits vergessen? Erster Mittwoch im Monat. Da spielt ganz Pauträsk Bingo.«

Holken, so hieß das Dorfgemeinschaftshaus. Es lag auf einer kleinen Anhöhe am Waldrand. *Holk* bedeutet »Nistkasten«, und genauso sah der dunkel getäfelte Festsaal auch von innen aus. Fast das gesamte Dorf war versammelt. Nur die Kinder fehlten. Und Bingo unter Erwachsenen war leider nach wie vor das ödeste Glücksspiel der Welt.

Der weißhaarige Conférencier, der andachtsvoll die Kugeln mit den aufgedruckten Zahlen aus der bauchigen Urne zog, kam aus einem der Nachbardörfer. Der Hauptgewinn war eine tote Gans, als Trostpreise lockten Kochkaffee, Stricknadeln, Teelichter und Pralinen.

Während das Dorf unisono die Filzstifte zückte, um die aufgerufenen Ziffern anzukreuzen, lehnte ich mich zurück und widmete mich meinem der Krankheit geschuldeten neuen, fatalen Laster, dem Grübeln.

»17«, rief der Moderator. »Eine Eins und eine Sieben!«

»Bedingungslose Liebe«, dachte ich. »Davon träumen alle, dabei kann es sie kaum geben. Als Erwachsener hast du immer irgendwelche Bedingungen zu erfüllen. Wo kämen wir denn sonst auch hin?«

»38 – eine Drei und eine Acht.«

»Liebe gibt es in allerhand Versionen. Menschenliebe, Tierliebe, Hundeliebe, Pferdepassion, Geschwisterliebe, Mutterliebe, Kinderliebe, erotische und platonische Liebe ...«

»43. Eine Vier und eine Drei.«

»Dennoch sind sie alle Liebe. Dasselbe, aber anders. Zwillinge, aber zweieiige, da bei Weitem nicht identisch.«

»Neun. Eine Neun.«

»Jede passt in einen anderen Rahmen. Falsches Bild im falschen Rahmen ... das ist nie so richtig toll ...«

»49. Eine Vier und eine Neun.«

»Ständig die Balance finden. Zu viel ist zu viel, zu wenig zu wenig. Passion, Ebenbürtigkeit und Freiheit. Kameradschaft, allerdings im rechten Maß ...«

»66. Eine Sechs und eine Sechs.«

»Wie einfach ist die Liebe zu einem Kind. Nichts kann diese Liebe erschüttern oder je infrage stellen. Das Kind kommt auf die Welt, und die Liebe wird mit ihm geboren. Du kannst und darfst sie niemals aufgeben, ohne selbst daran zugrunde zu gehen.«

»Null. Eine Null.«

»Die Ehe ist eine heikle Angelegenheit. In den meisten Fällen geht sie sowieso schief.«

»Bingo«, rief jemand aus dem hinteren Teil des Saales. *Schschschp,* machte der alte Mann am Nachbartisch.

Das Spiel war zu Ende.

1,25 Meter Schnee, 25 Grad minus. So war die Wetterlage, als wir, den Kombi bis unters Dach mit Holzpferden bepackt, Ende April Pauträsk den Rücken kehrten.

Jedenfalls für dieses Mal. Nach fast 24 Stunden abwechselnd hinterm Steuer glitzerte dann endlich das Wasser des Kalmarsunds unter uns und der Ölandbrücke. Der Himmel war erneut ein Meer aus Licht und Farben, und über Ölands kargen Weideflächen breitete sich ein zwar noch vager, aber dafür umso hoffnungsvollerer grüner Schimmer aus. Ich war glücklich.

Auch Hauke freute sich auf seine alten Freunde, denen er mit meiner Hilfe Briefe geschrieben hatte. Einzig Christer seufzte elegisch. Er würde den Schnee und auch die schöne, große Werkstatt vermissen.

Ich hingegen hatte Öland vermisst. In unserer Abwesenheit war meine Liebe zu meiner neuen und Christers alter Heimat nur gewachsen! Öland war der beste Teil Schwedens! Das stand ein für alle Mal für mich fest, und für diese Erkenntnis hatte ich Pauträsk dankbar zu sein.

Während Christer noch dem Schnee nachtrauerte, dachte ich bereits erneut ans Geldverdienen. Denn unsere Haushaltskasse war wieder mal so gut wie leer.

In der kommunalen Altenpflege wurde im Außendienst eine Aushilfe gesucht. Ich war die einzige Bewerberin und hatte umgehend einen neuen Job.

Hemtjänst bedeutet Pflegedienst im eigenen Heim. Die Altenpflege, zumindest auf dem Land, ist in Schweden sehr viel besser als ihr Ruf. Besonders auf Öland. Ein alter Mensch soll in Schweden so lange wie irgend möglich in seinen eigenen vier Wänden wohnen. Altersheime gibt es ohnehin nicht mehr. Und für ein Pflegeheim muss man sich erst durch besondere Hinfälligkeit qualifizieren.

Jeden Morgen lagen beim Windmühlenpark in Böda in einem kleinen Büroraum die Listen mit den jeweiligen Aufgaben für jeden Mitarbeiter aus. Für diesen Job musste man ein eigenes Auto haben. Ansonsten wurden von einer Aushilfe so gut wie keine weiteren Qualifikationen verlangt, und ich hoffte, den Erwartungen der Senioren Genüge tun zu können.

Viele alte Leute leben auf Nordöland von der Mindestrente, *garantipension* genannt. Zurzeit sind das nach Abzug der Steuern gut siebentausend Kronen, umgerechnet um die siebenhundert Euro. Der Betrag mag gering sein, doch so gut wie niemand klagte.

Elmer, ein an Krebs erkrankter, achtzigjähriger Landwirt, erklärte es mir so: »Hör mal. Nix tun und dafür siebentausend Kronen kriegen, Monat für Monat, Jahr für Jahr. Ich bin dankbar. Auch dafür, dass ihr täglich zu mir kommt und lieb und hilfsbereit seid. Nur der Dumme kann sich darüber beschweren.«

Der staatliche Pflegedienst ist in Schweden nämlich recht teuer für den, der gut gestellt ist, und billig bis fast umsonst für den Mittellosen. Jede und jeder kann ihn sich deshalb leisten. Das finde ich gerecht und lobenswert, und zumindest in diesem Punkt bin auch ich durchaus Sozialistin!

Fünf und manchmal auch sechs Tage in der Woche fuhr ich nun von Hof zu Hof und von Haus zu Haus. Auf meiner To-do-Liste stand: sauber machen, einkaufen, Medizin austeilen, Frühstück zubereiten, Haare waschen und auf Lockenwickler rollen (!?), warmes Essen ausfahren, beim Duschen und Ankleiden helfen, Gardinen aufhängen, Fenster putzen, Wäsche waschen und manchmal auch Assistenz oder einfach nur Begleitung bei einem kurzen Spaziergang.

Die wichtigsten Aufgaben einer Altenpflegehelferin waren allerdings nirgendwo nachzulesen, die musste man schon auf seiner eigenen Liste haben: zuhören, Mut und Hoffnung machen, menschliche Wärme ausstrahlen, zum Lachen bringen, Tränen trocknen, die Ruhe bewahren und sich, wenn erforderlich, ein bisschen mehr Zeit nehmen als offiziell veranschlagt.

Manchmal machen ein paar Extraminuten einen großen Unterschied. Anstatt über Zeitdruck zu klagen, zog ich deshalb lieber meine Jacke aus, setzte mich an den Küchentisch und nahm die angebotene Tasse Kaffee dankend an. Ich machte mich dann eben etwas später an die Arbeit und putzte notfalls fünf Minuten weniger. Von ein bisschen Schiet unterm Schrank oder in den Ecken ist noch niemand eingegangen, wohl aber an Einsamkeit! Die Ministerin für Lebenslust und allgemeine Lebensfreude war inzwischen von ihrem Lagerkoller genesen und bekam zum ersten Mal in ihrem Leben für ihre Dienste einen Stundenlohn. Nicht sehr üppig, aber immerhin!

In der Altenpflege zu arbeiten kann ich jedem empfehlen. Es ist ein guter und ein sinnvoller Beruf, der dir zudem die Chance gibt, dich zeitweilig in einen besseren Menschen zu verwandeln. Mein Vorschlag für eine bessere Welt lautet daher so: Jeder Machthaber sollte vor Amtsantritt für ein paar Monate als Aushilfskraft der Altenpflege seines Landes zwangsverpflichtet werden – zum landesüblichen Tarif. Einfach und effektiv, um die Arroganz der Macht in ihre Grenzen zu verweisen!

Stellvertretend für alle alten Menschen, die mir während meiner gut drei Jahre im *hemtjänst* ans Herz gewachsen sind, will ich von Östen A. erzählen, einem langjährigen Sommer-Öländer, der Ende Juni für einen Monat nach Grankullavik kam. Seine Tochter begleitete ihn und hatte dem Pflegedienst rechtzeitig die Ankunft ihres Vaters angekündigt.

Sommer-Öländer mit umfassendem Pflegebedarf waren bei den Kolleginnen nicht besonders beliebt. Sie bedeuteten zusätzliche Arbeit, Zeitnot bei den regulären Touren und damit Stress. Ich übernahm den neuen Patienten jedoch gern. Die sympathische Tochter hatte mit so viel Wärme von ihrem achtzigjährigen Vater gesprochen, dass ich gespannt war, ihn demnächst persönlich kennenzulernen.

Die Bucht von Grankulla an der Nordostspitze Ölands ist ein besonders schöner und friedvoller Platz. Drei vorgeschobene Kleinstinseln schützen sie vor den Strömungen und harten Winden des offenen Meeres, und in ihrem seichten, lauen Brackwasser laichen zahlreiche Fischarten. Nicht weit vom Wasser entfernt befand sich Östens einfaches Holzhaus. Es war seit Jahrzehnten das Feriendomizil der Familie gewesen, und seine Tochter hatte ihm seinen großen Wunsch erfüllt, noch einmal einen letzten Sommer in Grankulla zu verbringen.

Sie hatte das gut organisieren müssen. Denn Östen, der in Stockholm in einem Pflegeheim lebte, war nach einem Schlaganfall von den Schultern abwärts gelähmt, saß im Rollstuhl und konnte lediglich die Arme und den Kopf bewegen. Er reiste in einem Krankenfahrzeug an.

Fortan begannen meine Arbeitstage in Grankullavik damit, dass ich Östen weckte. Er schlief im Wohnzimmer auf dem Sofa, einem schmalen Dreisitzer aus den Siebzigerjahren, der als Bettersatz recht unbequem erschien.

Doch Östen klagte nie, im Gegenteil. »Ich schlafe hier auf Öland wie ein Prinz. Nur um dich und deinen armen Rücken tut es mir leid. Leider passte der fahrbare Personenlifter nicht durch die Schlafzimmertür, deshalb liege ich hier.«

»Kein Problem.« Ich hockte bereits auf den Knien vor dem niedrigen Behelfsbett und hatte die Schale mit dem warmen Seifenwasser auf dem Sofatisch abgestellt. Im Pflegedienst musste man oft improvisieren. Beim Waschen und Anziehen konnte der Gelähmte kaum behilflich sein, und ich versuchte, mich nicht allzu ungeschickt dabei anzustellen.

Es erwies sich, dass er vor einiger Zeit einen großen Bericht über Piet und mich im *Barometern* gelesen und die Fotos von meinem schwarzen Märchenpferd und mir in meinem roten Kleid sogar ausgeschnitten und aufbewahrt hatte.

»Was für ein seltsames Zusammentreffen«, sagte er. »Und dennoch muss ich dich fragen: Was machst du hier? Die Majestät im roten Kleid entspricht dir so viel besser.«

»Ja«, gab ich zu. »Es ist eine schöne Verkleidung.«

»Und wer oder was bist du ohne sie?«, wollte er wissen.

»Ich bin Lehrling«, sagte ich, und da er es ganz offenbar nicht richtig glauben wollte, setzte ich hinzu: »Lebenslehrling.«

»Na, wenn das so ist.«

Bald waren wir in ein lebhaftes Gespräch über Pferde vertieft, die auch er aufrichtig bewunderte. Ich beschrieb ihm Piet und Español und ihre so unterschiedlichen Persönlichkeiten, und er hörte aufmerksam zu.

»Ich verstehe. Es sind so hoheitsvolle Tiere, und es muss eine große Liebe sein. Ich danke dir, Sylvia, für diese anregenden Gedanken und wunderschönen Bilder!«

Und ich sagte:»Bitte, Östen. Gern geschehen!«

Von da an begrüßte er mich jeden Morgen mit:»Hallo, Lehrling«, und ich sagte:»Guten Morgen, Meister.«

Dann begannen wir mit der langen und etwas umständlichen Prozedur der Morgentoilette. Er erkundigte sich nach meinem, und ich fragte ihn nach seinem Leben. Er erzählte in der Vergangenheit, ich meist im Präsens, das war der wesentliche Unterschied. Er war gescheit, humorvoll, geistesgegenwärtig, aufmerksam und brachte mich oft zum Lachen.

Östen hatte einem mittelständischen Unternehmen vorgestanden, eine gute Ehe geführt, viele Bekannte gehabt, von denen die meisten inzwischen nicht mehr lebten. Er war viel gereist und hatte das meiste von der Welt gesehen, doch sein Appetit auf Leben war noch immer nicht gestillt.

»Glaub mir, ein Menschenleben ist zu kurz. Achtzig Jahre, die sind gar nichts. Die Zeit vergeht ganz einfach viel zu schnell.«

Ich erzählte ihm von meinem Winterwunder in Lappland, wo ich das Kunststück vollbracht hatte, die Zeit beinahe anzuhalten. »Glücklich war ich dennoch nicht«, sagte ich.

»Dann tu's noch einmal«, schlug er vor.

»Das geht leider nicht auf Öland. Hier ist das Leben viel zu schön und spannend.«

»Du sagst es«, erwiderte er.

Auch die 45 Minuten, die vom Pflegedienst für den täglichen Morgenbesuch angesetzt waren, vergingen immer wie im Flug. Man kann jedoch in einer Dreiviertelstunde erstaunlich viele Themen abhandeln und einander recht gut kennenlernen.

»Lieber Lehrling, merk dir eins: Das Herz des Menschen ist generell recht dumm. Es kann jedenfalls nicht rechnen und nicht zählen. Daher kennt es keine Zeit, sondern bleibt ganz einfach ewig jung.«

Das hatte ich in letzter Zeit bereits öfter gehört. Viele alte Menschen sagten, dass sie sich im Grunde unverändert fühlten. Nur der Körper wurde baufällig und eigensinnig und gehorchte ihnen oft nicht mehr so recht, doch in ihrem Inneren waren sie viel jünger oder sogar jung, manche blieben auch für immer Kinder.

Um Östen in seinen Rollstuhl zu heben, brauchten wir die Assistenz seiner Tochter. Sie war am besten mit den Funktionen des fahrbaren Personenlifters vertraut. Gemeinsam richteten wir ihren Vater auf, schoben ihm den Tuchsitz unter und befestigten dessen Gurte an den Haken des Sitzbügels. Dann hob der leise surrende Elektromotor ihn aus dem Bett und setzte ihn sanft im bereitstehenden Rollstuhl ab.

Ein kleiner Handspiegel lehnte am Spülbecken in der Küche, dafür hatte die aufmerksame Tochter gesorgt und sich dann diskret zurückgezogen. Östen wusch sich das Gesicht stets selbst. Danach kämmte er sich die Haare: Wichtig für die Würde, das immer noch selbst zu tun, nahm ich an.

Doch ich hatte mich geirrt.

Nach ein paar Tagen, als wir uns etwas besser kannten, fragte er: »Sylvia. Würdest du mir einen Gefallen tun?«

»Natürlich«, sagte ich. »Dafür bin ich schließlich hier.«

Er reichte mir wortlos den Waschlappen, und ich verstand.

Fortan wusch ich ihm jeden Morgen ausführlich und mit sanfter Sorgfalt das Gesicht und tupfte es dann mit dem bereitgelegten, duftenden Handtuch vorsichtig ab. Dann reichte er mir seinen Kamm und hatte damit die letzte Bastion seiner Autonomie freiwillig und vorübergehend an mich abgetreten.

Ich versuchte, mich der Aufgabe würdig zu erweisen. Nachdem ich ihm mit beiden Händen über die geordnete Frisur gestrichen hatte, steckte er den Kamm in seine Jackentasche, nickte, lächelte, nahm meine Hand und legte sie auf sein Herz. Ich deutete eine Verbeugung an.

Mein Dank für seinen Dank. Damit war das Ritual beendet, die Tochter erschien in der Küche, und ich verabschiedete mich und fuhr zur nächsten Adresse, wo ich bereits erwartet wurde.

Ich bin grundsätzlich gern Lehrling, doch in diesem Sommer lernte ich besonders viel. Östens Herz war keineswegs dumm, eher altklug, denn das ist ein Privileg der Jugend, und es war unbekehrbar tapfer. Wir redeten weniger und verlegten uns mehr auf Dialoge ohne Worte.

Wie wichtig Sprache ist, das wusste ich vom Schreiben. Doch alles, was dir viel bedeutet, gilt es aus einem einzigen Grunde einmal besessen zu haben, nämlich, um es schließlich nicht mehr zu brauchen. Einsichten wie diese gehören zwar zum Pensum eines jeden Lebenslehrlings, doch sie tun zugleich auch etwas weh.

Als Östens letzter Sommer auf Öland zu Ende war, die Sanitäter seinen Rollstuhl auf die Rampe des Krankenwagens fuhren und er mir aus dem Laderaum des Wagens noch einmal zunickte, nun seine eigene Hand auf dem unbelehrbaren Herzen, fiel mir dieser Abschied dennoch schwer.

Wir würden uns nie wiedersehen. Denn das Sommerhaus sollte verkauft werden, es hatte in Östens Leben seine Schuldigkeit getan.

Er brauchte es nicht mehr. Theoretisch verstand ich das. Praktisch war es schwerer.

Von Östen habe ich gelernt, dass Helfen und Freundlichsein sehr leicht und keine große Sache sind, für eine Mitarbeiterin des Pflegedienstes vielmehr ein wesentlicher Teil des Jobs. In der Regel bekommst du ohnehin mehr zurück, als du gegeben hast, und wenn einmal nicht, dann bleibt dennoch das gute Gefühl, etwas für jemand anderen getan zu haben. Das allein ist ja bereits ein guter Lohn. Hilfe anzunehmen, ohne dabei mit Menschenwürde zu bezahlen, das ist hingegen schwerer. Es erfordert menschliche Größe. Ingmar Bergman hat in seinen besten Filmen zuweilen auf dieses Thema angespielt: die eigene Geringfügigkeit erkennen, um an ihr dann zu wachsen. Doch warum auf den großen Regisseur verweisen? Denn, Hand aufs Herz, auch Östen war ein Meister dieses Faches.

Ich fahre jeden Sommer ein paarmal nach Grankullavik. Dann denke ich stets an Östen. Dass er die friedvolle Bucht mit ihrem reichen Fisch- und Vogelleben so gemocht hat, kann ich immer besser verstehen. Wer heute in seinem Haus wohnt, weiß ich nicht. Auch nicht, ob Östen noch lebt. Wenn ja, dann geht er auf die hundert zu.

Ein Teil von mir hofft das sehr. Der andere aber fragt sich, ob es ihm wirklich zu wünschen ist, denn ich finde, ihm gebührt das Allerbeste. Ohne genau zu wissen, was das letztlich für ihn ist.

Doch eines weiß ich: Sollte er noch leben, dann denkt auch Östen ab und zu an mich.

Seemannsehen gehen selten gut, und unserer ging es nicht viel besser.

Nach fünf Jahren war sie zu Ende.

Christer hatte alle Winter in Pauträsk verbracht. Er fuhr stets los, wenn ich von meinem 14-tägigen Aufenthalt in Lübeck beim

Weihnachtsmarkt zurückgekommen war, und blieb bis Ende April oder Anfang Mai im Norden. Danach kehrte er in einen Haushalt heim, der auch ohne ihn recht gut funktioniert hatte.

Ich hatte mich derweil erneut ans Alleinleben gewöhnt und es lieb gewonnen wie einen alten, guten Freund, den man, ohne es zu wissen, im Grunde seit Langem vermisst hat.

Die Freiheit, zu tun und zu lassen, was und wann ich es wollte, hatte mir schon immer zugesagt. Hauke und ich genossen unsere Nostalgieabende zu zweit, saßen auf dem Sofa und erzählten uns Geschichten wie in alten Zeiten, als die Welt noch einzig uns gehörte und er noch kein Schulkind war.

Inzwischen hatte er jedoch diverse gleichaltrige beste Freunde und Spielkameraden, und niemand freute sich darüber mehr als ich. Er besaß ganz einfach ein Talent zur Freundschaft. Das ist eine wunderbare Gabe, vor allem für ein Kind, das alles andere als ein Gruppenmensch und noch dazu ziemlich eigensinnig ist. Er ließ sich nie zu etwas zwingen und war wahrscheinlich auch deshalb nicht unbedingt der Liebling aller Lehrer. Gerechtigkeit war ihm wichtig, und Unaufrichtigkeit fand in seinen Augen kein Pardon.

»Mensch, Hauke, sei doch nicht so streng«, sagte ich, als er sich bei mir über seine Klassenlehrerin beschwerte. »Ich finde, Helena ist doch oft auch ganz nett und kann sogar ziemlich lustig sein.«

»Nein, Mama. Kann sie leider nicht.«

»Denk an die Stunden, in denen sie euch Bücher vorliest oder mit euch Brennball spielt. Das hat dir doch immer gut gefallen.«

»Sie hat Lieblingskinder. Ein Lehrer, der einige Kinder mag und andere nicht leiden kann, ist kein guter Lehrer und NIE nett, Mama. Selbst wenn er so tut«, sagte er, und damit war das Thema zu Ende diskutiert, was auch immer ich zur Verteidigung der Lehrerin noch anzuführen hatte.

Jeweils in den Frühjahrsferien, in Schweden Sportferien genannt, war Hauke mit zwei gleichaltrigen Freunden im Bus nach Pauträsk gereist. Die Reise dauerte gut 24 Stunden, und die drei Jungen mussten in Stockholm in einen Bus mit dem schönen Namen *Lapplandpfeil* umsteigen.

Die Eltern seiner beiden Kameraden waren anfangs strikt dagegen gewesen, die Kinder allein loszuschicken. Doch ich hatte sie schließlich davon überzeugt, dass die Reise schon gut gehen würde. »Man muss Kindern etwas zutrauen. Dann enttäuschen sie einen auch nicht«, sagte ich.

In Stockholm halfen Bekannte den Jungen beim Umsteigen, und in Skarvsjöby holte Christer die drei übernächtigten Weltenbummler von der Bushaltestelle ab.

Eine Woche lang liefen sie Ski, Schlittschuh, angelten im Eis, überlebten Schneeballschlachten, bauten Schneeburgen, rodelten und wechselten sich beim Sparkfahren ab. Ein Abenteuer, das sie nicht so bald vergessen würden. Allein und ohne erwachsene Begleitung mit knapp neun Jahren bis nach Lappland und zurück zu reisen – das machte ihnen so leicht niemand nach.

Ich war froh gewesen, auf Öland bleiben zu können. Mein Bedarf an Schnee war für mein ganzes zukünftiges Leben gedeckt. Keine einzige weiße Flocke mehr, bitte!

Ich genoss meine Freiheit, ohne sie besonders auszunutzen, und nach vier solchen Wintern als zeitweiliger Single gab es für mich kein Zurück mehr. Etwas Altes ging zu Ende, etwas Neues hatte zu beginnen, und ich wollte und hoffte, dass es letztlich für uns alle etwas Gutes brachte.

Abschied, das war ja inzwischen so etwas wie mein eigener Fachbereich mit reichlicher Erfahrung. Dennoch fiel mir das längst überfällige Gespräch mit Christer schwer. Ich wollte ihn ja nicht als meinen und vor allem Haukes guten Freund verlieren. Und auch die Holzpferdeproduktion sollte möglichst weitergehen. Bei einem Heiratsantrag fiedeln in den Köpfen der Leute ja immer gleich die Geigen. Eine empfindsame und gelungene Scheidung in Dankbarkeit für die gelungenen gemeinsamen Stunden, die einem ja nun niemand mehr nehmen kann, erfordert weitaus mehr Fingerspitzengefühl, ihr gebührt eigentlich die größere Anerkennung.

Fünf Jahre lang waren wir ein Paar gewesen. Und sind inzwischen seit mehr als zwanzig Jahren gute Freunde und seither vor allem in schlechteren Tagen stets und zuverlässig füreinander da, denn in guten Zeiten mangelt es einem ja selten an Gesellschaft.

Christer zog wieder zu seinem Bruder. Er brachte Hauke wie gehabt zum Fußballtraining, und sie spielten weiterhin Landhockey – wer zehn Tore schoss, der gewann.

Auch unsere Holzpferdeproduktion überlebte das Ende unserer Ehe.

Ja, es stimmt. Scheiden tut weh. Selbst dem, der die Scheidung gewollt und initiiert hat. Nach vier Jahren kostete laut Christer ja jede Trennung Wurzelwerk, und er hatte damit recht gehabt. Doch manchmal ist es besser, Schmerzen nicht zu scheuen, denn die gehen ja in der Regel irgendwann auch wieder vorbei.

»In jedem Abschied wohnt ein Neubeginn«, erklärte ich Hauke, als ich ihn am Abend ins Bett brachte. »In jedem Scheitern eine Chance, in der Zukunft aus seinen Fehlern zu lernen. Und wer keine Angst kennt, der kann auch niemals mutig sein!«

Irgendwann war ich dann das Leben als ständige Aushilfskraft und die ewig neue Jobsuche leid. Nicht so sehr meine unterschiedlichen Aufträge und wechselnden Arbeitsaufgaben, sondern eher die Unsicherheit der finanziellen Versorgung und die permanente Frage: Was kommt nun?

Und genau zu diesem Zeitpunkt bekam ich einen und dann etliche spannende Aufträge, mit denen ich nicht gerechnet hatte. Ich hatte sie Piet zu verdanken.

Mein charismatischer Friesenhengst hatte bei unseren zahlreichen Auftritten viele Menschen begeistert und Reklame für seine Rasse gemacht. Nun meldeten sich Pferdefreunde aus halb Schweden bei mir, die selbst ein solches Märchenpferd besitzen und, um es zu finden, meine Hilfe in Anspruch nehmen wollten.

Ich lud sie nach Öland ein, um sie und ihre Pferde- und Reitkenntnisse besser einschätzen zu können, und danach schickten sie mich auf die Reise nach Deutschland oder Holland, wo ich noch immer gute Kontakte zu Pferdezüchtern und Händlern besaß.

Unglaublich, aber wahr in einem Land wie Schweden, wo man der Mentalität nach eher vorsichtig ist. Doch ich durfte dann die Pferde in eigener Regie auswählen und für meine Kunden kaufen.

In der Zeit vor den digitalen Fotos und Videos, die solche Aufträge heute wesentlich erleichtern, bedeutete das für mich eine große Verantwortung, denn ich wollte meinen guten Ruf bewahren und auch meine Auftraggeber auf keinen Fall enttäuschen.

Ich sah mir also diverse Pferde an und schilderte, was ich gesehen und befunden hatte, dann am Telefon. Diese Beschreibungen mussten reichen. Und auf diese Weise reisten im Laufe der kommenden Jahre etliche Friesenpferde von Holland und Norddeutschland nach Schweden und machten mich zu Schwedens erstem Friesenpferde-Guru. Nebenbei lernte ich dabei eine Reihe neuer Bekannter und zukünftiger Freunde kennen, mit denen ich zum großen Teil noch heute in Kontakt stehe.

Nun war ich endlich frei, etwas zu tun, das ich schon lange gewollt hatte: Ich schrieb mich bei der Komvux in Borgholm ein, der kommunalen Schule für Erwachsenenbildung, und belegte Kurse in

Schwedisch, Gesellschaftskunde, Mathematik, Englisch und Psychologie, um das schwedische Abitur zu machen, das mich dann zum Studium an einer Hochschule oder Universität berechtigen würde. Es machte richtig Spaß, noch einmal auf der Schulbank zu sitzen. Alle Mitschüler waren motiviert und wollten wirklich etwas lernen. Einige hatten zwar das Abitur gemacht, doch sie wollten ihren Notenschnitt für die Zulassung zu einem bestimmten Studium verbessern. Auch das ist auf der Komvux möglich.

In Schweden bekommst du immer wieder eine neue Chance, und dieses Prinzip finde ich sehr menschlich. Die meisten meiner erwachsenen Mitschüler hatten nach der neunten Klasse, also mit 16, die Schule verlassen und zu arbeiten begonnen. Ich saß zwischen einem Konditor, der von einer Karriere als Musikproduzent träumte und in der (ersten) Schulzeit nach eigenen Worten ein richtiger Rowdy gewesen sei, und einer Putzfrau, deren Ziel ein Lehramtsstudium Grundschule war.

Als jugendliche Schülerin war Deutsch immer mein bestes Fach gewesen. Nun war es Schwedisch. So wie damals wurden auch nun meine Aufsätze oft der ganzen Klasse vorgelesen. Das war natürlich keine große Leistung für eine Skribentin, doch es handelte sich immerhin um Texte in meiner neuen Sprache. Deutsch war inzwischen mehr zu meiner Schriftsprache geworden, die ich leider im Alltag allzu selten sprach. Denn in Schweden sprechen nicht sehr viele Leute Deutsch, auch wenn die allgemeine Auffassung in Deutschland anders sein mag. Und auf meine Zensur in Schwedisch im Abschlusszeugnis war ich dann, ich gebe es gern zu, doch ein bisschen stolz: MVG. *Mycket väl godkänt* – auf Deutsch schlicht und einfach eine Eins!

Was für ein Privileg, nun eine Weile lang hauptberuflich erneut Schülerin zu sein. Noch dazu teilte man mir mit, dass der Staat mir zum Zwecke der Erlangung eines höheren Schulabschlusses ein monatliches Stipendium gewähre. Die Summe war nicht besonders hoch, doch wir konnten davon überleben.

Hauke hatte seit seinem zwölften Lebensjahr in allen großen Ferien Sommerjobs gefunden und finanzierte damit einen Großteil seiner Hobbys selbst. Er mähte Rasen, passte auf Hunde auf, sammelte Müll in den Dünen des Campingplatzes in Böda Sand, und mit 14 Jahren kletterte er auf der Sommerjob-Karriereleiter auf zum Minigolfwart der großen Anlage direkt an Ölands schönstem Sandstrand.

Unermüdlich und guten Mutes fuhr er jeden Tag in seinen Ferien zur Arbeit, entweder mit dem Bus, dem Fahrrad oder manchmal auch mit mir. Sein erstes Handy und seinen ersten Computer konnte er sich auf diese Weise selbst kaufen.

Denn recht schnell und lange, bevor das Mailen in Deutschland gang und gäbe wurde, etablierte sich das Internet in Schweden. Selbst wenn es noch ein paar Jahre dauerte, bis digitale Kameras erschwinglich und von der Bildqualität her gut genug waren, um sie bei der Pferdevermittlung einsetzen zu können.

Eines Tages bekam ich dann eine entscheidende Mail mit Konsequenzen für mein weiteres Leben – bis zum heutigen Tag. Der Absender nannte sich Sandström, und seinen Vornamen habe ich nie erfahren ...

Doch zuvor galt es noch ein paar wichtige und wesentliche Abschiede zu überstehen.

Das Jahr 2005 brachte in meinem Leben zwei einschneidende Ereignisse: Hauke wurde 16. Das bedeutete, er war nun Gymnasiast und beendete mit der neunten Klasse die Oberstufe der allgemeinen Schule in Löttorp. Er hatte die Wahl zwischen einer Reihe von Gymnasien mit verschiedener Ausrichtung, denen jedoch eines gemeinsam war: Sie befanden sich auf dem Festland. Das bedeutete, dass er nach den Sommerferien nach Kalmar ziehen musste, ein riesiger und in meinen Augen allzu früher Schritt in Sachen Erwachsenwerden.

Er hatte sich für ein international ausgerichtetes Gymnasium entschieden, das einen modernen und mit nur gut 250 Schülern beinahe familiären Eindruck machte. Eine dort angestellte Krankenschwester achtete besonders auf das Wohl der auswärtigen Schüler, die nun allein zurechtkommen mussten, und rief sie umgehend an, wenn sie einmal nicht zum Unterricht erschienen. Das war ja immerhin etwas.

Ich fand nach intensiver Suche auch endlich eine bezahlbare Zweizimmerwohnung, die Hauke mit seinem besten Freund Johan teilte. Die beiden ergänzten einander gut. Johan war ordentlich und entstammte einem konventionellen Elternhaus, Hauke eher ein unternehmerischer Freigeist mit jeder Menge möglicher und unmöglicher Pläne und Ideen.

Der schwierigste aller Abschiede stand mir nun also bevor: Ich musste mein Kind in Kalmar zurücklassen. Doch es galt, nach außen hin gelassen zu erscheinen und eine heitere Miene zu bewahren. Denn natürlich wollte ich die gespannte Erwartung meines halbwüchsigen Sohnes auf sein neues, selbstständiges Leben in der für ihn großen und noch weitgehend unbekannten mittelstädtischen Welt nicht durch meine Wehmut trüben.

Als ich im Auto erneut die Ölandbrücke, nun in Richtung Heimat, überquerte, konnte ich jedoch vor Tränen kaum die Fahrbahnbegrenzung sehen.

Wo waren all die Jahre von Haukes Kindheit nur geblieben? Warum ging alles Schöne nur so unglaublich schnell vorbei? Doch wie war das noch gleich – ein jegliches hat seine Zeit, und alles Vorhaben unter dem Himmel hat seine Stunde.

Einen ganzen Tag lang gab ich mich ungehemmt meinem Selbst-
mitleid hin. Dann trocknete ich meine Tränen und freundete mich
mit dem Gedanken an, dass das Leben weiterging.

Ich hatte mich für ein zweijähriges Studium an einer relativ neuen,
staatlich geförderten Hochschule für Equitherapie in Katrineholm
beworben. An der Schule wurde man zum Physiotherapeuten für Pferde aus-
gebildet, lernte Massage, Chiropraktik und die Grundlagen der Aku-
punktur und konnte damit später Pferde mit gestörtem Bewegungs-
ablauf oder ganz allgemein muskulären Schmerzen und Problemen
behandeln, die von der Veterinärmedizin in der Regel nur am Rande
erfasst werden.

Im Deutschen hat sich ein schrecklicher Begriff im Volksmund
etabliert: Knochenbrecher. Natürlich kann niemand ein Pferd mit
gewaltsamem Reißen und Rücken an den Gliedmaßen oder der
Wirbelsäule heilen. Eine seriöse Behandlung ist bei Weitem nicht so
spektakulär, und diese medienwirksame »Knochenbrecherei« muss
jeder, der sich mit der Materie eingehend und ernsthaft befasst, aufs
Schärfste verurteilen. Das sei hier nur am Rande vermerkt.

Ich hatte zunächst erwogen, mein damals mit Mitte zwanzig ab-
gebrochenes Tiermedizinstudium wieder aufzunehmen. Doch das
hätte ein jahrelanges Pendeln zwischen Öland und Uppsala bedeutet. Ich entschied mich deshalb für Katrineholm und eine kürze-
re Berufsausbildung. So konnte ich zumindest die Wochenenden auf
Öland verbringen, Hauke treffen und mich um meine Pferde kümmern, die ich bei meinem Hufschmied hatte unterbringen können.

Kurz vor Studienbeginn und ein Jahr nach Español, der einen
tragischen Unfall nicht überlebt hatte, starb dann Piet. Ein weiterer Einschnitt in meinem Leben. Er war zu meinem Wahrzeichen
geworden und auf der Insel allgemein bekannt und beliebt. Noch

heute sprechen mich Menschen auf meinen Märchenhengst an und erkundigen sich nach ihm wie nach einem lieben alten Bekannten. Wenn schon, wie Östen richtig festgestellt hatte, achtzig oder neunzig Jahre für ein Menschenleben viel zu wenig sind, so reichen die rund zwanzig Jahre, die ein Pferdeleben währt, absolut nie aus. Piet und ich waren zu einer Einheit zusammengewachsen, und ich fühlte mich ohne ihn recht unvollkommen. Doch in meinem Leben war eine neue Ära angebrochen. Erinnerungen sind wertvoll, und ich hielt sie in allen Ehren. Wer aber aus seinem allzu kurzen Dasein das meiste und das Beste machen will, für den gibt es nur eine Lebensrichtung: *framåt*. Vorwärts!

Katrineholm liegt in Sörmland. Die Autofahrt dorthin dauerte von Öland aus gute fünf Stunden. Ich hatte eine Einzimmerwohnung mit Blick auf einen tristen Innenhof mieten können, die sehr billig und von meinem Studiendarlehen zu bezahlen war.

Die Schule war interessant und entsprach trotz meiner anfänglichen Begeisterung dann doch nicht immer meinen hohen Erwartungen und Ansprüchen. Deutsche Gründlichkeit lag mir mehr im Blut, als es mir bis dahin bewusst gewesen war. Ich hatte mehr Fachbücher gelesen als einige meiner Lehrer und war enttäuscht, dass ich deren Inhalt dann oft nicht mit den Dozenten diskutieren konnte.

Der offizielle Schulstoff reichte mir nicht aus, ich wollte mehr erfahren. Also nutzte ich meine Studienzeit, um mich außerhalb des Unterrichts auf eigene Faust weiterzubilden, und las bis spätabends, selbst noch in der Badewanne (!), alle deutschen und englischen Fachbücher und Aufsätze, die ich nur ausfindig machen konnte.

Ich hatte ja in Katrineholm nichts anderes zu tun. Die Praktika, die zum Studium gehörten, konnte ich auf Öland absolvieren, wo es ja zum Glück seit jeher viele Pferde gibt.

Während dieser beiden langen Jahre in Katrineholm sehnte ich mich oft nach Öland, Hauke und den Pferden. In meinem ständig überheizten, kleinen Zimmer fühlte ich mich eingeengt, mochte die spießige Kleinstadt nicht, und selbst viele der Ställe, zu denen wir für die praktischen Unterrichtsstunden fuhren, stimmten mich melancholisch.

Pferde sind so stolze und sensible Lebewesen, und vielfach wird die Pferdehaltung ihren Grundbedürfnissen einfach nicht gerecht. In der sogenannten Pferdeszene wimmelt es zudem von Alleskönnern und Besserwissern. Das war bereits in Deutschland so gewesen und erwies sich nun auch in Schweden als nicht anders.

Mit den Vierbeinern kam ich allerdings stets aus. Ob Traber, Reit- oder Arbeitspferde, die allen gemeinsame, nonverbale Sprache beherrschte ich nach all meinen Jahren mit Pferden bereits recht gut.

Manchmal war ich nahe daran, die Ausbildung abzubrechen, meine Koffer zu packen und einfach zurück nach Öland zu fahren, um mich dort, wie inzwischen gewohnt, mit diversen Jobs über Wasser zu halten. Doch ich riss mich zusammen und gab nicht auf.

Und nach zwei Jahren hielt ich tatsächlich mein Diplom in der Hand. Ich hatte nun einen handfesten Beruf, den es in dieser Form einzig in Schweden gab und der allen Anfechtungen zum Trotz dennoch wie für mich geschaffen schien: Ich war Equitherapeutin!

Innerhalb kurzer Zeit war mein Terminkalender mit Aufträgen gefüllt. Die Holzpferde mussten nun immer öfter zugunsten der lebenden Pferde zurückstehen. Mir fehlte zum Malen einfach oft die Zeit.

Auf Öland gibt es Pferde in so gut wie jedem Dorf. Und die Höfe, die ich nicht bereits im Hemtjänst oder als Dolmetscherin beim Häuserverkauf besucht hatte, lernte ich nun als Spezialistin für Problempferde kennen.

Ein klarer Vorteil für meinen Start ins neue Berufsleben war mein bereits etablierter Ruf als Friesenpferde-Guru. Die Zeitungen hatten immer wieder und oft recht ausführlich über meine Auftritte mit Piet berichtet, und PR ist ja für jeden Freiberufler das halbe Geschäft. Auch mein guter Kontakt zu einigen auf der Insel ansässigen Tierärzten war nun von Vorteil. Sie empfahlen mich weiter.

Vieles von dem, was ich noch zu lernen hatte, brachten mir in den kommenden Jahren die zahlreichen Pferde, zu denen ich gerufen wurde, bei. Es gilt eigentlich nur, aufmerksam zu sein, genau hinzusehen oder mit den Fingern zu ertasten, was möglicherweise die Ursache von Problemen sein kann, und zuweilen dann auch seiner eigenen Intuition zu vertrauen. Vor allem aber ist es für einen Pferdephysiotherapeuten wichtig, die eigenen Grenzen zu kennen und sich nicht für einen Wunderheiler zu halten, der durch die Bank alle Pferdebeschwerden beheben kann. Wobei wir wieder beim unliebsamen Thema »Knochenbrecher« wären ...

Und nach wenigen Monaten im neuen Beruf bekam ich dann die bereits erwähnte Mail von Sandström. Halb ungläubig, halb amüsiert über ihren Inhalt habe ich sie damals ausgedruckt und zu meinen Pferdestammbäumen und Impfpapieren gelegt und kann sie daher wortgetreu zitieren:

Liebe Sylvia Lindström,
    erfuhr erst jetzt vom Tode Ihres schönen Hengstes Piet. Bekunde mein Beileid. Sein Foto mit Reiterin im langen roten Kleid vor dem Hintergrund von Borgholms Schlossruine (Reportage im »Östran«) hängt in meinem Kontor hier in Kopenhagen. Sie können nicht wissen und nicht ahnen, was dieses Bild für mich bedeutet, und ich will Sie damit nicht belästigen. Die Gedanken sind frei. Keine Sorge übrigens, ich bin nicht auf

*neue Frauenbekanntschaften aus. Will Sie also nicht kennen-
lernen. Kenne Sie auf meine Art ja bereits gut genug. Bin
Ihnen und Ihrem Märchenpferd bei meinen Schwedenaufent-
halten mehrfach begegnet: Kalmar Schloss, Skokloster Schloss,
Vittskövle Schloss, Borgholms Schloss by night, Färjestadens
Ölandstage usw. Ungewollt gewollt waren Sie oft dort, wo ich
auch mich gerade befand. Zufall oder Fügung – einerlei. Das
sind Fragen, mit denen man sich als Nachtklubbesitzer nicht
unbedingt befasst.*

*Zur Sache also: Ich liebe Pferde. Und verstehe nichts von
ihnen. (Geht mir übrigens genauso mit Frauen, doch das nur
am Rande erwähnt.) Habe eine Idee und benötige Expertenrat.
Bescheidenheit hat mir noch nie gut zu Gesicht gestanden. Groß
ist gut. Nun, da man Sie und Ihr schönes Pferd nirgendwo mehr
sehen wird, schwebt mir etwas noch Größeres vor: eine Forma-
tion von etwa zwanzig schwarzen Pferden und zwanzig gut zu
Pferd sitzenden Reitern und Reiterinnen. So wie früher an den
Fürstenhöfen: elegante Reiter und Pferde in einem Tanz zu er-
baulicher Musik. Schauvorführungen zu festlichen Anlässen in
ganz Schweden. Sechs bis acht Minuten lang. Wunderbar ist
kurz, das kennen Sie ja! Perfektion ist angesagt. Als Deutsche
wissen Sie ja, was das ist. Ich weiß, um diese Vision zu verwirk-
lichen, benötigt man (auch) Geld und Zeit. Ersteres habe ich.
Letzteres hat ja im Grunde kaum jemand. Und ich – nun, das
wird sich zeigen.*

*Mein Vetter und wirtschaftlicher Ratgeber Olof Hansen wohnt
in Stockholm. Wenn es Ihnen recht ist, ruft er Sie also demnächst
an. Er hält das ganze Projekt für Wahnsinn, das ist seine Sache
und mir in diesem Falle ganz egal. Er wird in Zukunft Ihr An-
sprechpartner sein und Ihnen alles näher erläutern – falls Sie
mit von der Partie sind. Was ich hoffe. Er ist auf seine Art ein*

netter Kerl, werden Sie schon sehen. Ich selbst halte mich wie
gehabt im Hintergrund.

Freundlichen Gruß aus Kopenhagen von Ihrem Sie aus der
Ferne wertschätzenden Sandström!

Olof Hansen rief mich eine Woche später an. »Hier Hansen, Stockholm. Wir sollten miteinander reden.«

»Gern.«

»Es geht um die Pläne meines Cousins. Er hat mir signalisiert, dass du interessiert bist, daran teilzuhaben.«

»Stimmt«, sagte ich. »Bin ich.«

»Also Folgendes: Wenn wir uns über die Bedingungen und das Prozedere einig werden können, fahren wir demnächst nach Holland, oder genauer gesagt Friesland, um die ersten Pferde auszusuchen. Sie werden dann zu dir nach Öland geschickt – ich nehme an, du hast dort einen eigenen Stall? –, und du reitest sie zu, um sie zu gegebener Zeit den Kaufinteressenten vorzustellen. Sandström kommt für alle Kosten auf. Wenn die Pferde neue Besitzer gefunden haben, machen wir uns erneut auf die Suche. Ein ganz schön langwieriges Projekt, wie du siehst. Doch nach und nach werden wir auf diese Weise genügend Pferde und Reiterinnen für die große Friesenquadrille, die Sandström vorschwebt, zusammenhaben. Organisation und Training der Quadrille liegen dann später auch in deinen Händen. Sandström wird Vorschläge für geeignete Veranstaltungen machen. Als Höhepunkt der Quadrille stellt er sich den 40. Geburtstag der Kronprinzessin vor.«

»Victoria? Was für ein ehrenvoller Auftrag.«

Und zudem sehr passend, da die Kronprinzessin ihren Geburtstag traditionsgemäß mit einer großen Veranstaltung und zahlreichen abendlichen Darbietungen auf Öland feiert! Sie war längst nicht mehr der unsichere Teenager, der vor meinem Umzug nach

Öland jeweils in der zweiten Juliwoche die Titel aller Illustrierten geschmückt hatte. Inzwischen war sie eine kluge, nachdenkliche, pflichtbewusste junge Frau und im ganzen Land, selbst bei den politischen Gegnern der Monarchie, ungemein beliebt.

»Ja, ja«, murmelte Hansen am anderen Ende der Leitung. »Bin sonst kein großer Freund von Staat und Obrigkeiten. Aber wer Victoria nicht mag, der hat wahrlich kein Herz in der Brust. Genug der Worte, nun werden Nägel mit Köpfen gemacht. Wann hast du Zeit? Wann können wir uns treffen und unsere erste Reise planen?«

Mit Hansen lernte ich, die Großstädte seit jeher wenig locken, den ersten richtigen Stockholmer meines Lebens kennen.

In Schweden haben Stockholmer einen ähnlichen Ruf wie die Berliner in Deutschland. Sie gelten als ungeduldig und etwas aufgeblasen und blasiert, sind laut und angespannt und wissen grundsätzlich alles etwas besser und genauer als die dummen Schafsköpfe aus der Provinz.

»Stimmt genau«, sagte Hansen. »Ein bisschen mehr Speed täte euch Landeiern wahrlich gut. Aber was nicht ist, das ist nicht. Was soll man da schon machen?«

Wir hatten inzwischen ein paarmal miteinander telefoniert und unsere erste Pferdeeinkaufsreise geplant. Hansen war ein Mann der Logik und der Zahlen. Jedenfalls bildete er sich das ein oder wollte diesen Eindruck erwecken. Dass sich hinter der unsentimentalen und gern ein wenig überlegenen Fassade ein gefühlsbetonter und recht romantischer Charakter verbarg, das konnte ich bislang nur ahnen.

Er war Betriebswirt und Jurist. Von Reitpferden verstand er, wie er gern zugab, nichts. Doch er hatte von seiner Kindheit an das große Interesse seines Vaters am Pferderennsport geteilt. Er erzählte derart lebendig von den gemeinsamen Besuchen auf den Trab- und

Galopprennbahnen in Schweden und Frankreich, dass ich, ohne den erwachsenen Mann jemals getroffen zu haben, den Zehnjährigen bereits zu kennen glaubte und recht lebhaft vor mir sah: Er saß bei Wind und Wetter neben seinem dicken, melancholischen Vater auf einer Rennbahntribüne und feuerte frenetisch den erhofften Sieger an. Glück und Enttäuschung wohnen im Rennsport nahe beieinander. Das Schulkind Hansen hatte sein Taschengeld mit Wetten aufgebessert oder verloren, je nachdem, und sich zuweilen richtig reich oder auch bitterarm gefühlt. Eine gute Schule für einen späteren Finanzberater, sagte er und referierte immer noch mitreißend die größten Rennen seines Lebens, ganz so, als hätten sie nicht vor Jahrzehnten, sondern gerade erst am Vorabend stattgefunden.

Er erinnerte die Startnummern der meisten Pferde und schilderte deren dramatischen Kampf um den Sieg mit unvermindertem Elan. Ansonsten war sein Gedächtnis eher selektiv. Er gab gern zu, nur zu erinnern, was er auch erinnern wolle, und verdrängte den belanglosen Rest.

Eine richtige Spielernatur war er dennoch nicht. Er ging das Ganze lieber mathematisch an. Chancenverhältnis oder auch Odds Ratio nennt man in der Mathematik das Verhältnis zwischen zwei wahrscheinlichen Faktoren, in Hansens Fall der Gewinnquote des Buchmachers oder Totalisators und der Aussicht auf Sieg. Er hoffte selbstverständlich stets auf Außenseitersiege. Denn, falls ich das noch nicht begriffen hatte: Wer ein Herz für Favoriten hatte, der war unrettbar verloren!

»Du bist tatsächlich ziemlich unterhaltsam«, sagte er nach dem dritten oder vierten langen Telefongespräch. Die fanden stets gegen Mitternacht statt. »Zur Nachteulenzeit«, wie er sagte. Denn er war, im Gegensatz zu mir, kein Morgenmensch.

Um diese späte Zeit lag ich normalerweise längst im Bett. Doch unsere Gespräche hielten mich nun wach.

»Ich denke, die ganze Reiserei und Pferdesuche werden wenigstens nicht langweilig mit dir«, stellte er auf seine sachliche Art fest.

»Stimmt. Und ich bin gespannt auf all die schönen schwarzen Pferde.«

»Na ja«, sagte er. »Sie werden alle ziemlich langsam sein und aller Wahrscheinlichkeit nach auch ganz schön dick.«

Dann ertönte aus dem Hörer zum ersten Mal eine längere Stille.

»Weißt du«, setzte seine Stimme schließlich erneut ein. »Auch wenn das natürlich für unseren Auftrag keine Rolle spielt. Doch was uns als Team betrifft, so sehe ich im Grunde nur zwei Möglichkeiten: Entweder werden wir uns bis ans Ende aller Tage lieben. Oder aber – nicht die Spur.«

»Nicht die Spur, das wäre, wenn du mich fragst, ganz schön dürftig«, erwiderte ich.

»Ich fahre«, sagte Hansen. »Frau am Steuer neben mir. Entschuldige, doch das ist nix für mich.«

»In welchem Jahrhundert lebst du eigentlich?«, fragte ich ihn entrüstet.

Er sah mich aus seinen intensiven braunen Augen an, deren stechender Blick vermutlich vernichten oder sogar töten konnte. Doch ihr Ausdruck wandelte sich nun im Bruchteil einer Sekunde, und er brach in schallendes Gelächter aus.

Manche Leute lachen einzig mit dem Mund, andere zugleich auch mit den Augen. Hansens Lachen aber beutelte und schüttelte den ganzen Mann. Das war ansteckend und unerhört befreiend, sämtliches wurde plötzlich möglich, alles, was er vorher noch so unumstößlich behauptet hatte, wischte er mit diesem Lachen sang- und klanglos einfach weg: Nehme alles zurück und behaupte nun das Gegenteil!

Seine Entschiedenheit und Schärfe erschienen wie ein Spiel, nun, da er für einen Augenblick die Maske lüftete, die den gemütvollen Genussmenschen ansonsten recht erfolgreich tarnte.

»Reden kannst du wenigstens«, sagte er. »Das muss dir jeder lassen. Frauen sind in der Regel nicht so gutmütig und unbekümmert um ihr Prestige wie du. Sei's drum. Erzähl was. Du unterhältst uns, und ich fahre. So hat jeder seine Aufgabe. Und im Erzählen bist du eindeutig besser als ich.«

Mir sollte es recht sein. Ich trug ihm Geschichten aus meinem schwedischen und deutschen Leben vor, beschrieb ihm den Inhalt von Romanen, die ich wahrscheinlich nie schreiben würde, und ein neues Märchen, das auf jemanden gewartet hatte, dem ich es endlich erzählen konnte. Ich hatte es *Nachtvogel* genannt. Es ging darin um einen Vogeljäger im Norden der Insel, der sich wider Willen und alle Vernunft in eine zerzauste, altersschwache weiße Krähe verliebte.

Na ja, das Märchen handelte natürlich von der Liebe und von der uns alle verwirrenden Zeit, und ich beobachtete verstohlen, wie die Geschichte und ihr Thema ihn berührten. Von wegen – Realist und Mathematiker! Er hörte mir aufmerksam zu und war mucksmäuschenstill.

Unsere Gespräche während der Autofahrten wurden nie langweilig. Wir redeten über Privates und über Politik und waren selten einer Meinung. Lachten einander aus, hörten einander dennoch zu, gaben einander dann ein bisschen recht, aber auch ein bisschen unrecht, waren uns schließlich einig, dass wir allmählich Hunger hatten, und freuten uns über das exquisite japanische Restaurant in Groningen, wo man mit Stäbchen essen musste, auch wenn es Hansen nicht gefiel.

Doch er fügte sich unter stillem Protest der strengen Weisung der Japanerin im roten Kimono. Das wiederum amüsierte mich. Wir aßen beide gern und konnten eine Mahlzeit von Anfang bis Ende zelebrieren und unerhört genießen, eine Fähigkeit, die viele Gegensätze überbrückt.

Er oder vielmehr Sandström zahlte. In Schweden teilen sich normalerweise Männer und Frauen die Restaurantrechnungen. Doch in dieser Hinsicht verzichtete ich gern einmal auf meine Emanzipation.

»Schweden. Warum ausgerechnet Schweden?«, fragte er. »Ich verstehe, ehrlich gesagt, nicht recht deine Wahl. Wo es doch zum Emigrieren so viel bessere und spannendere Länder gibt.«

»Was hast du gegen Schweden?«

»Guck mich an. Sehe ich etwa wie ein Schwede aus?«

»Nein«, gab ich zu. »Tust du nicht. Bist aber dennoch einer.«

Seine Augen waren zu dunkel, seine Lider eine Spur zu müde, sein stolzes Profil mit der hohen Adlernase absolut nicht nordisch und seine Überheblichkeit beileibe nicht typisch skandinavisch. Seine aufsässige Art noch weniger. Um von seiner Auffassung von den Rollen der Geschlechter gar nicht erst zu reden! Doch an Beifall oder Zustimmung war ihm nicht gelegen.

»Das interessiert mich nicht«, war sein Mantra, mit dem er seiner Gleichgültigkeit gern Ausdruck gab, ob sie nun Pose oder echt war.

Die Statussymbole der Vermögenden, die er sich sicher hätte leisten können, ließen ihn ebenso kalt. Er war vom Tage seiner Geburt an das Lieblingskind seiner komplizierten Mutter gewesen und zweifelte nur selten an seiner eigenen Vortrefflichkeit. Ein Fürst ohne Schloss, den seine allumfassende Obdachlosigkeit jedoch in keiner Weise störte, denn er lebte ohnehin im falschen Jahrhundert.

»Die Schweden sind so schrecklich angepasst und vorsichtig und feige. Ich wäre liebend gern in einem anderen Land geboren worden.«

»Wo denn?«

»*La France, naturellement.* Zum Beispiel. Gutes Essen, gute Trabrennpferde. Wahrscheinlich die besten der Welt. Elegante Frauen. Und dann die französische Respektlosigkeit gegenüber jeder Staatsmacht. Ihr Instinkt und Mut zum Protestieren täte auch den harmlosen, dummen, blauäugigen Schweden gut«, sagte er und lachte laut. »Oder etwa nicht?«

Dabei liebte er Stockholm, die Stadt, in der er geboren war, in die er stets von allen seinen Auslandsreisen gern zurückkehrte und der er nie endgültig den Rücken gekehrt hätte.

Er konnte die Straßen und Plätze der Innenstadt auswendig aufsagen und mochte die zahllosen stillen Inseln der Schären. Überall war Wasser. Das Provinzielle, das Schwedens größte Stadt im Vergleich zu London, Berlin oder New York charakterisierte, hatte durchaus auch seinen Reiz.

Wie sein Cousin Sandström in Kopenhagen, so hatte auch er in Stockholm eine Reihe von Diskotheken und Nachtklubs betrieben und daneben als Vermögensverwalter gearbeitet. In seinen Klubs waren alle schwedischen Jazz-Größen live aufgetreten. Der legendäre Rock-Poet Ulf Lundell hatte an seinem Tresen gehangen und diverse Male auf der Bühne gestanden. Selbst Cornelis Vreeswijk hatte in Hansens Musikklub »Bullerby« gesungen. Cecilia Lind? Er lachte. Klar. Wer kannte die in Schweden nicht?

Anfang der Neunzigerjahre hatte er alles verkauft, es sei trotz allem und zumindest wirtschaftlich gesehen gut gewesen, sagte er, mit der Zeit zu gehen, denn er ahnte bereits, die Ära der Diskotheken ging zu Ende.

Nach der schwedischen Finanzkrise kam bald das Internet, und man brauchte keine Musik mehr für einen Flirt und keine Bar mehr für ein Date.

Seitdem arbeitete er als Vermögensverwalter für Sandström und war ansonsten Privatier. Flanierte stundenlang durch Stockholms

Straßen, am liebsten mitten in der Nacht und ohne besonderes Ziel. Schrieb nebenbei mit Bleistift in seiner unlesbaren Handschrift auf karierten und gelochten Bögen ein endloses Kompendium über das Glück – nur für sich selbst. Zu diesem Zweck las er diverse mehr oder weniger kluge Bücher aller möglichen Philosophen und New-Age-Gurus, stets skeptisch, doch mit aufmerksamer Neugier.

Eine Statistik menschlichen Glückes hätte er allzu gern erstellt, seine Wahrscheinlichkeit mit Odds Ratio und Chancenverhältnis errechnet. Doch das war ihm bislang nicht gelungen.

»Später, als alter Mann, werde ich wahrscheinlich einmal ziemlich einsam sein«, stellte er recht munter fest. »Das habe ich bereits statistisch ausgerechnet. Und ich finde es ganz okay.«

»Warum?«

»Zu wenig kompromissbereit. Frauen wollen immer irgendwas und möglichst dann alles. Kinder habe ich bereits, die sind klasse und erwachsen. *Sambo. Särbo.* Alles schon mal ausprobiert. Mehr oder weniger erfolgreich. Irgendwann will ich vermutlich nur noch meine Ruhe. Obwohl das irgendwie auch schade wäre. Das Glück«, sagte er, »gibt es das denn überhaupt? Oder ist es nur eine schöne Schimäre? Wenn jemand so was weiß, dann du!«

»Natürlich gibt es das Glück«, sagte ich.

»Und woher weißt du das? Bist du denn glücklich? Und wenn ja, wie, warum und wann?«

»So gut wie jeden Morgen. Wenn ich aufstehe. Mich umsehe. Und alles merkwürdig finde. Und äußerst sonderbar. Dann spiele ich mein Lieblingsspiel: Ich tue so, als sähe ich alles zum ersten Mal. Mein gelbes Haus in Hörlösa. Den kaputten Wasserhahn in der Küche, der dann doch zu überlisten ist. Ölands Himmel. Meine Pferde. Ich sehe mir ein Foto von Hauke an: Das hier ist angeblich dein Sohn, du hast ihn so gut wie allein großgezogen. Er hat die Schule beendet, will nicht unbedingt studieren, ist seiner Anlage nach bereits ein kleiner Unternehmer, fleißig, rührig, überall beliebt. Ein guter Mensch zudem, integer und mit einem großen Herzen. Und außerdem ein hübscher Junge. Ist das wirklich alles wahr, frage ich mich dann. Ist es, gebe ich zur Antwort. Ganz unglaublich, aber dennoch Wirklichkeit!«

»Hhmm«, machte Hansen. »Ich verstehe. Wir zwei sind eben ziemlich unterschiedlich, du und ich.«

»Du und ich, du sagst es. Darauf läuft dann am Ende alles sowieso hinaus.«

»Alles? Was?« Er war zusammengezuckt und schien nun richtig alarmiert.

»Auf dich und auf mich. Und auf die Liebe.«

Er war fassungslos und schwieg. Leicht indigniert, doch, wenn ich mich nicht irrte, zugleich auch irgendwie heimlich entzückt.

Wer wortlose Botschaften zu lesen verstand, der konnte seine unschwer entziffern: »Wie dreist! Und schön! Und unerhört verlockend! Und nein. Unmöglich. Niemals. Dass sie es nur wagt …!«

Und ich erwiderte: »Morgen- und Nachtmensch. Optimistin und Pessimist. Ein Städter, der keine Gummistiefel besitzt, nur auf Asphalt spazieren geht, Straußenlederhandschuhe trägt und sich seine Hände niemals schmutzig machen will. Und ein Landei, das seine Tage im Pferdestall verbringt und öfter, als es klug erscheint, schlicht und einfach glücklich ist. Können zwei Charaktere einander besser ergänzen?«

»Ein bisschen beneide ich dich schon«, gab er zu. »Ich bin selten unzufrieden und langweile mich nie. Aber mein Stimmungsbarometer zeigt meistens eher auf neutral.«

»Deshalb brauchst du ja mich.«

»Außerdem gehe ich gern vom Schlimmsten aus.«

»Damit du nicht enttäuscht wirst.«

»Stimmt.«

»Ein hoffnungsvoller Pessimist. Der das Glück im Unglück sucht. Wie eine Nadel im Heuhaufen. Im Grunde auch kein schlechtes Konzept.«

»Na, wenn eine wie du das sagt ...«

Schwarze Pferde sind die schwarzen Perlen Frieslands. Ein nationales Heiligtum. Jeder, den man in Friesland auf die einheimische Pferderasse anspricht, gerät ins Schwärmen, selbst wenn er oder sie sich eigentlich vor Pferden fürchtet oder nichts von ihnen versteht.

Friesen gehören zu den schönsten Geschöpfen dieser Welt mit ihren langen, oftmals leicht gewellten Mähnen, den Federn an den Fesseln, dem eleganten Gang mit hoher Knieaktion und vor allem ihrem sanften, gutartigen Wesen. Sie sind dem Menschen auf eine Weise zugetan, die er im Grunde nicht verdient. Vor allem nicht, wenn er als Holländer ein ausgebuffter Händler und Geschäftsmann ist, im Lande der Windmühlen mehr Regel als Ausnahme. In der holländischen Landwirtschaft werden zudem Tiere leider oft nicht gut behandelt.

Meine früheren Kontakte in Sachen Verkaufspferde waren nicht mehr aktuell, wir mussten neue Züchterställe finden. Das hier war zudem etwas anderes als meine damaligen Vermittlungsaufträge. Ich sollte mit den Pferden schließlich selbst eine Zeit lang arbeiten und leben. Deshalb mussten sie zunächst einmal mir gefallen, und in Sachen Pferde bin ich von jeher ziemlich wählerisch.

Nach etlichen Irrfahrten durch die nordholländische Provinz fanden wir zuletzt einen Pferdemann und Züchter mit Liebe zu seinen Pferden und dem Herzen auf dem rechten Fleck: Pieter war ein wohlbeleibter und jovialer Mann, gutmütig und mit Humor, mit dem wir gut auskamen und uns bald sogar etwas anfreundeten. Er besaß weit über hundert Pferde und das erste, das er uns zum Kauf anbot, war ein dreijähriger Wallach. Ein Teenager mit kantigen Formen, großem Kopf und etwas unglücklichen Augen.

Pieter hatte ihn an der Stallgasse festgebunden, und der Wallach wirkte leicht verlegen, so, als sei ihm sehr wohl bewusst, dass die einzelnen Teile seines schlaksigen Körpers nicht richtig zueinanderpassten.

Pieter nahm ihm die staubige Stalldecke ab und sagte: »So was in der Art vielleicht? Der Bursche hier heißt Gabe.«

Hansen sah mich an, und ich nickte ohne großen Enthusiasmus. Warum nicht?

Nachdem der Wallach ein paar Runden durch die Reithalle getrabt, dabei erheblich gewachsen war und Geist und Schwung bewiesen hatte, probierte ich ihn unter dem Sattel aus und entschied nach wenigen Minuten: »Fantastisches Pferd. Sensibel und beweglich. Den nehmen wir!«

Eine Woche später lieferte Pieter höchstpersönlich unsere ersten beiden Pferde nach Öland: Gabe und Hilbrant, einen jungen, ansprechenden Hengst.

Es war Ende Februar, ausnahmsweise fiel auf Öland sehr viel Schnee, und die beiden jungen Friesen stapften ein wenig pikiert durch die puderige, kalte, ihnen gänzlich unbekannte weiße Masse. Der ganz konkrete Auftakt von Sandströms sich verwirklichendem Pferdetraum.

Diesen ersten beiden sollten im Laufe der kommenden Jahre zahlreiche weitere Pferde folgen, die dann zeitweilig Gäste in meinem einfachen, aber behaglichen Pferdestall in Hörlösa wurden. Und denen ich all meine Aufmerksamkeit und Zuneigung zukommen ließ, solange sie sich in meiner Obhut befanden und bevor es dann von ihnen Abschied zu nehmen galt. Doch Abschied war ja nunmehr meine beste Disziplin, die ich aus dem Effeff beherrschte. Nach ein paar Monaten waren die meisten Pferde so weit, dass ich sie den Interessenten zeigen konnte, die Sandström zu mir schickte. Alle, außer einem: Gabe.

Dass Gabe bei mir blieb, hatte ich Hansen zu verdanken. »Du sprichst mit so viel Wärme und guter Laune von ihm. Wir behalten ihn als unser Reklamepferd.«

Gabe wurde mein treuester Mitarbeiter. Ich bildete ihn als Dressurpferd aus und ritt ihn den Interessenten für Sandströms junge Pferde stets vor, um ihnen zu zeigen, was man aus einem Friesen alles machen konnte, und so gut wie alle, die ihn einmal gesehen oder gar probegeritten hatten, wollten nun genau so ein Pferd wie Gabe haben.

Er wuchs und wurde erwachsen, bekam Muskeln an den richtigen Stellen, seine Augen nahmen einen gelassenen und selbstsicheren Ausdruck an, und er wurde im Laufe der Zeit ein stattliches und schönes Pferd. Vielleicht kein Märchenpferd wie Piet es einst gewesen war, doch sobald er sich in Bewegung setzte, gewann er alle Herzen dank seiner Elastizität, seiner ausdrucksvollen Gänge und seiner unbedingten Aufmerksamkeit auf die Signale seines Reiters.

Ich begann, auf dem Festland und auf Öland je eine Gruppe mit Reitern und ihren Friesenpferden für die große Quadrille zu trainieren. Es war mehr organisatorische Arbeit, als ich es erwartet hatte, und gar nicht so leicht, so viele Menschen, Pferde und Zeitpläne unter einen Hut zu bringen. Es würde noch lange dauern, bis unsere erste Vorführung vom Stapel gehen konnte, und uns fehlten noch so viele Pferde.

Hansen hatte unterdessen erstaunlich schnell gelernt, wie und woran sich ein gutes Reitpferd von einem weniger geeigneten unterschied, und erstaunte mich immer öfter auf unseren Pferdeeinkaufsreisen mit kompetenten Einwänden und Gesichtspunkten. Wenn wir uns bei der Auswahl der Pferde einig geworden waren, untersuchte ich alle Kandidaten der engeren Wahl erst selbst, bevor der Tierarzt für das entscheidende Attest gerufen wurde, und einige schieden bereits aus, da sie meine Tests nicht bestanden.

Wenn Hansen ein paar Tage vor einer neuen Hollandreise zu Besuch nach Öland kam, brachte er stets mehrere mit »Essen ist

Liebe« beschriftete und bis an den Rand gefüllte Papiertüten voller erlesener Lebensmittel mit. Er war, im Gegensatz zu mir, ein guter Koch, und auf diese Weise starteten wir stets gestärkt und gut gelaunt zum nächsten Friesenpferde-Abenteuer.

Für die Pferde in meinem Stall gab es kiloweise gewaschene, feinste Mohrrüben. Er ließ es sich nie nehmen, sie selbst damit aus der Hand zu füttern.

»Sandström ist nicht geizig und wünscht allen dicken Schwarzköpfen einen guten Appetit«, sagte er wie zu seiner Entschuldigung, wenn er zufrieden vor den kauenden Pferden stand.

Später durfte ich mir auf der Fähre von Dänemark nach Deutschland im Tax-free-Shop die exklusivsten Parfums und Kosmetika aussuchen, die ich mir niemals selbst geleistet hätte.

»Sandström legt eben Wert auf fröhliche Mitarbeiter«, sagte Hansen, zückte aber, wie mir nicht entging, dieses Mal seine eigene Scheckkarte.

Beim Aufräumen hatte ich zwei Kartons mit Hunderten von Liebesbriefen gefunden. Der Absender war S., der sie mir in den Achtzigerjahren geschickt oder auch persönlich übergeben hatte. Sie waren teils mit der Hand und teils mit der Maschine geschrieben. Viele davon waren mit Zeichnungen und Karikaturen illustriert und einige außer an mich ganz offenbar auch an eine fiktive Nachwelt gerichtet und so formuliert, dass das persönliche Drama, wenn es denn eines war, zu einem allgemeingültigen stilisiert war. Mir war das damals nicht so aufgefallen, ich war vermutlich zu jung und zu dumm gewesen. Doch als ich die Briefe nun erneut las, ärgerte ich mich. Denn ich war damals anfangs jünger gewesen, als Hauke es inzwischen war.

Mein Leben zwischen zwanzig und dreißig war von der Verantwortung für das Seelenheil eines vierzig Jahre älteren Mannes geprägt. Ich hatte ihm Hoffnung einzuhauchen, Lebensmut zu spenden, sein Selbstbewusstsein aufzupolieren und ihn von Depressionen, Schreib- und Alterskrisen zu heilen und darüber oft mein eigenes Leben in einer Warteschleife platzieren müssen. Auf seinen Rat und sein Drängen hin hatte ich mein Studium aufgegeben und war nicht Tierärztin geworden. Als Gegenleistung hatte er mich vergöttert, auf ein Podest gehoben und über alle Maßen idealisiert. Davon handelten die Briefe: Ich war die Liebe seines Lebens, die Frau aller Frauen, die Schönheit aller Schönheiten, sein Leben und sein Herz.

Der Preis für diese unangemessene Bedeutsamkeit war jedoch hoch gewesen. Kein junger Mensch sollte das Gewicht der Welt eines alternden auf seinen Achseln tragen müssen. Wenn ich an Hauke dachte und mir vorstellte, dass eine vierzig Jahre ältere Person sein junges Leben zur Rettung oder zumindest Sanierung ihres eigenen beanspruchte, wurde mir schlecht.

Ich wollte S. auf eine andere Art erinnern. Nicht dem Schriftsteller, sondern dem Menschen, der trotz allem immer einen Platz in meinem Herzen haben wird, jenseits seiner allzu großen Worte ein würdigeres Andenken bewahren. Dem waren diese Briefe wenig förderlich.

Als Stimme der Vernunft fragte ich Hansen um Rat.

»Fändest du es unmoralisch, wenn ich die Briefe an ein Handschriftenarchiv verkaufte?«, fragte ich.

»Kauft denn in Deutschland jemand Liebesbriefe?«, fragte er hocherstaunt.

»Ich glaube schon«, sagte ich. Er hatte zwar nicht zur ersten Garde der deutschen Nachkriegsschriftsteller, aber immerhin zur zweiten gehört, und die Briefe erzählten viel über sein Leben, seine Einstellung zu Krieg und Literatur und den Entstehungsprozess seiner Texte.

»Ich habe ja schon zahlreiche ungewöhnliche Wertpapiere und Aktien ge- und verkauft«, sagte Hansen. »Aber mit Liebesbriefen habe ich bislang noch nie gehandelt. Wenn dir das gelingen sollte, ziehe ich vor dir den Hut.«

Und so war es. In Berlin gab es einen Interessenten. Was ist der Gegenwert von Liebesbriefen? Wie viel waren sie mir und dem Interessenten wert?

Wir verhandelten eine Weile und wurden uns dann schließlich einig. Ich schickte die Kisten mit den Hunderten von Briefen nach Berlin und fühlte mich befreit. Nun verbanden mich mit S. einzig Erinnerungen. Und die Summe auf meinem Konto war auch nicht ganz verkehrt.

»Glückwunsch«, sagte Hansen. »Halt das Geld nun zusammen. Denn eines steht fest: Mit Pferden kannst du ohne jede Frage besser umgehen als ich. Aber nicht mit Geld.«

»Ich weiß«, sagte ich. »Und deshalb brauche ich noch einmal deinen Rat. Denn ich will es ausgeben und nicht behalten.«

Ulrig hieß meine große Pferdeliebe, die ich gegen die zwei Kartons mit Liebesbriefen eintauschte. Ich wollte die immensen Worte in etwas Konkretes verwandeln, mit dem S. seine unbezahlten Schulden bei meinem jungen Ich nun nachträglich begleichen konnte. Das war mein Plan. Und damit waren wir dann endlich quitt.

»Du willst dir also wieder einen eigenen Friesen kaufen?«, fragte Hansen verblüfft.

»Ja. Einen Hengst, der alles hat. Adel, Schönheit, Klugheit und Charisma. Ein Pferd, das es würdig ist, Piets Nachfolge anzutreten und mit dem ich an der Tete der Quadrille reiten werde.«

Das bedeutete eine Frieslandreise in eigener Sache und diesmal nicht in Sandströms Auftrag.

Hansen begleitete mich. Nicht als Sandströms rechte Hand, sondern als mein eigener Berater und Chauffeur.

»Selbstverständlich komme ich mit«, sagte er sofort.

Das Pferd, nach dem wir diesmal suchten, war jedoch nicht in Pieters Handelsstall zu finden. Nachdem er mir verschiedene jüngere und ältere bemerkenswerte und schöne Hengste vorgestellt und ich sie probegeritten hatte, zogen wir bei einer Tasse Kaffee in seinem Büro an der Reithalle ein Resümee über das, was ich suchte, und das, was er mir anzubieten hatte.

»Es gibt eigentlich nur eines meiner privaten Fahrpferde, das, wenn ich alles bedenke, für dich infrage kommt. Ein richtiger König. Er hat bereits ein paar Turniere im Einspänner und Tandem gewonnen. Aber ich glaube, er könnte mit dir ein noch besseres Reitals Fahrpferd werden.«

Er ließ den Wallach bringen, und sobald ich das rechte Bein über den Sattel geschwungen hatte, wusste ich, er hatte recht.

Mit Ulrig fan de Kenigswei hatte ich mein Pferd aller Pferde gefunden.

Die Liebe zu einem Pferd ist nicht wie Menschenliebe, die zuweilen »Entscheide dich« kräht. »Stirb! Oder leb!« Und dennoch ist sie ihrem Wesen nach auch nicht viel anders. Wie jene von kindlichem Staunen und Dankbarkeit erfüllt, nur eben etwas stiller, universeller und genügsamer.

Da kein Pferd dazu gemacht ist, einen Menschen zu lieben, fordert sie auch keine Gegenliebe. Das Pferd hat seinen Menschen in der Regel nicht selbst ausgewählt, kann ihn aber dennoch mögen und sympathisch finden, ihm ein loyaler und sogar zärtlicher Gefährte sein und ihm im besten Falle hundertprozentigen Respekt entgegenbringen. Respekt bedeutet für ein Pferd nicht allein Gehorsam und

Gefügigkeit, sondern vor allem das unvernünftige Vertrauen eines pazifistischen Vegetariers in einen kriegerischen Karnivoren. Doch Unvernunft ist ja durchaus ein wesentliches Element der Liebe. Ulrig hatte alles. Die Sanftheit seiner Rasse und deren kompromisslose, menschenfreundliche Milde. Dazu ein lebhaftes Temperament und eine innere Glut, die ihm elegante Leichtigkeit und eine enorme Freude an der Bewegung verlieh. Er war langbeiniger und beweglicher als die meisten Friesenpferde und ganz einfach ein nobles Geschöpf.

Auch Gabe und Ulrig waren vom ersten Tag an intime Freunde. Wenn Ulrig seinen schwarzen Kopf mit den großen, edlen Augen zur liebenswürdigen Zwiesprache mit mir über die Stalltür streckte, konnte ich kaum fassen, dass mir mit diesem Tausch ein solcher Meisterstreich gelungen war. Nicht einmal der sonst eher skeptische Hansen wollte mir das streitig machen. Es war vielleicht zu schön, um wahr zu sein. Jedenfalls währte das Glück nicht lange.

An meinem Geburtstag im Mai sattelte ich frühmorgens wie gehabt mein Pferd. Ziel meines traditionellen Ausritts an diesem Tag war meine jährliche Verabredung mit der ersten Nachtigall irgendwo am Wegrand.

Doch Ulrig lahmte. Ich rief den Hufschmied an, er kam sofort und änderte den Beschlag. Das Problem schien gelöst, doch ich traute dem Frieden nicht und stellte Ausritt und Nachtigallen-Rendezvous ein. Und als Hansen am Abend zur Feier meines Tages aus Stockholm eintraf, empfing ich ihn in niedergeschlagener Stimmung. Ganz gegen meinen gewöhnlichen Optimismus ahnte ich, dass Ulrigs Probleme keineswegs gelöst waren, sondern eben erst begonnen hatten.

Meine ungewohnte Mutlosigkeit enttäuschte Hansen, und der Geburtstag endete in allgemeiner Verstimmung.

Leider sollte ich mit meiner üblen Ahnung recht behalten. Ulrigs Lahmheit kam zurück, wurde mal besser und mal schlechter, und es begann eine Odyssee zu allen Pferdekliniken in Südschweden mit diversen Fehldiagnosen und Fehlbehandlungen trotz Röntgen, Magnetröntgen und Ultraschall. Ich kaufte Wundermedizin aus Deutschland, und die Rechnungen für Tierärzte und Medikamente drohten mich allmählich finanziell zu ruinieren. Ich schwankte täglich zwischen Hoffnung und Verzweiflung, und die Ministerin für Lebensfreude hatte einen schweren Stand.

Während ich mich zusehends meinem Kummer hingab, wurde auch Hansen immer stiller und verschlossener. Sein Ressentiment war für mich ein Déjà-vu: Besitzanspruch und Eifersucht sind oft die Kehrseite von Huldigung. Die verkauften Liebesbriefe legten auch davon ein deutliches Zeugnis ab. Hatte sich nun selbst Hansen mit dieser zersetzenden Sucht infiziert?

Die Liebe, die ich mir im Tausch gegen die Briefe eingehandelt hatte, kostete mich einen öländischen Sommer lang zahlreiche Tränen. Ich beklagte die Schmerzen meines schönen Pferdes, die Hilfe, die ihm allen Behandlungen zum Trotz nicht zuteilwurde, und das Verständnis, das ich bei dem Mann, der mir inzwischen am nächsten stand, nicht fand.

War das das Ende aller Tage? Er sah mich nur mit stummem Vorwurf an und ignorierte meine Frage.

Gegen Ende des Sommers starb Sandström. Die Nachricht traf mich völlig unerwartet.

Hansen wollte sie mir persönlich übermitteln und war deshalb nach Öland gekommen. Es war ein sonderbarer Abschied von einem Mann, den ich nie getroffen und der doch für meine Lebensplanung eine derart entscheidende Rolle gespielt hatte.

Was war er für ein Mensch gewesen? Hansen zuckte mit den Achseln. Wie gut kennt man einen Mann, dessen Vermögen man verwaltet und dessen Bücher man führt? Doch Sandströms Tod kam für ihn nicht überraschend.

»Er litt seit Jahren bereits an Krebs. Er hatte sich fest vorgenommen, zumindest den allerersten Auftritt der Quadrille noch zu erleben. Diese Vision war in der letzten Zeit sein Lebenselixier. Er hatte deshalb mit der Verwirklichung des Traumes keine besonders große Eile.«

Es tat mir leid, und ich war traurig. Das Quadrillen-Projekt war nun Vergangenheit. Wir hatten noch immer nicht genügend Pferde, und ich verfügte nicht über die finanziellen Ressourcen für alle Proben, die noch notwendig gewesen wären. Auch wenn ich für die Reitstunden bezahlt wurde, so waren die Fahrten zu den Trainingsplätzen allzu weit und die Organisation nahm zu viel Arbeitszeit in Anspruch.

»Und Gabe?«, fragte ich.

»Gehört nun mir. Den habe ich geerbt«, sagte Hansen.

»Wird er in Hörlösa bleiben?«

»In meiner Zweizimmerwohnung in Vasastaden in Stockholm ist jedenfalls kaum Platz für ihn«, bekam ich zur Antwort.

Ulrig ging es zusehends schlechter. Ich hatte noch eine letzte Hoffnung. Ich rief meinen alten Tierarzt in Deutschland an. Doktor Fister war bereits vor über zwanzig Jahren eine Koryphäe der Pferdemedizin gewesen und hatte sogar die Pferde der deutschen Nationalequipe betreut. Er führte nördlich von Hamburg eine Pferdeklinik und galt unter Pferdeleuten in ganz Deutschland als einer der Besten, denn er besaß Auge und Intuition, die aus einem guten einen hervorragenden Tierarzt machen.

Ich konnte einen Lastwagen leihen, da der Transport in einem Pferdehänger für Ulrig zu strapaziös gewesen wäre. Ich hatte fest damit gerechnet, die Fahrt allein anzutreten, doch Hansen rief mich an und sagte: »Bin bereits unterwegs und komme selbstverständlich mit.«

Es wurde eine dramatische Fahrt. Der Dezember war ein denkbar schlechter Monat für eine solche Reise. Es stürmte. Als wir uns der Öresundbrücke näherten, warnten Schilder vor gefährlichen Windböen. Was sollten wir tun, wenn man die Brücke sperrte? Hansen fuhr so schnell, wie Wetter und beginnende Dunkelheit es zuließen. Der Sturm rüttelte am Aufbau des Lastwagens, in dem Ulrig mit dem Kopf gegen die Fahrtrichtung festgebunden stand. Das entlastete seine Hinterbeine. Mitten auf der Brücke hob eine Windbö den Lastwagen für Augenblicke in die Luft. Hansen hielt das Steuerrad krampfhaft fest und setzte dann die Fahrt fort.

Der Navigator schickte uns ein paarmal in die Irre. Doch kurz nach Mitternacht kamen wir in Bilsen an. Im Stall der Klinik brannte noch Licht. Wir luden Ulrig ab, der die Fahrt erstaunlich gut überstanden hatte. Er lahmte weniger als bei unserem Start, und ich war erneut voller Hoffnung.

Wenn ihm jemand helfen konnte, dann war es Doktor Fister. So viel stand fest.

Wir verbrachten die Nacht in einem Hotel in der Nähe der Klinik, und am kommenden Morgen fanden die Untersuchungen statt. Gegen Mittag trafen wir endlich den Tierarzt, um die Ergebnisse von Szintigrafie und Röntgen zu erfahren.

Seine ernste Miene sagte jedoch bereits alles. Er erklärte uns an einem großen Bildschirm seinen bedauerlichen Befund. Die schwedischen Tierärzte hatten die Fessel behandelt, während das Sprunggelenk die, wie Doktor Fister es ausdrückte, hauptsächliche Baustelle darstelle. Eine Sehne und dazugehörige Sehnenscheide hatten irreparable Schäden. Es gab für Ulrig keine Hoffnung mehr.

»Eure Reise ist hier zu Ende, Sylvia«, sagte der Tierarzt. »Ich hätte euch gern etwas anderes mitgeteilt. Doch nun ist es einzig unsere Pflicht, dein Pferd von seinen Qualen zu erlösen.«

Ein neuer Abschied. Er kam mir völlig sinnlos vor. Es wohnte in ihm kein Neubeginn. Es keimte keinerlei Hoffnung auf eine neue Chance in dieser Niederlage. Es gab für dieses Ende keinen Trost. Wir kauften gewaschene Mohrrüben in einem Supermarkt, und Hansen ließ mich mit meinem Pferd allein.

Ulrig schonte erneut sein krankes Bein, legte den schweren Kopf auf meine Schulter, kaute seine Mohrrüben und verstand meine Trauer nicht.

Ein Pferd lebt einfach, solange es lebt. Es kennt Schmerzen, und es kennt Angst. Es mag den Augenblick des Sterbens fürchten, doch ihm graut nicht vor dem Ende aller Tage. Ulrig teilte meine Verzweiflung nicht, und ich konnte ihm mein Bedauern nicht begreiflich machen.

Wir schieden voneinander in vertrauter Freundschaft, doch jeder in der hermetischen Welt seines eigenen Schmerzes isoliert. Und während meine Hoffnung sich in Luft auflöste, füllte sich mein Herz mit Leere, und ich hatte keine Tränen mehr.

Auf dem Heimweg saß ich stumm neben Hansen. Nichts war mehr, wie es einmal gewesen war.

Hansen redete, und ich schwieg. Im schwächer werdenden Licht sah ich in den braunen Augen meines Chauffeurs keinen Vorwurf mehr, einzig Beileid und Bedauern.

»Dein schönes Pferd. Dein guter Ulrig«, sagte er, nun von jeder Art von Eifersucht befreit.

Ich war froh, dass er mich nicht im Stich gelassen hatte und in alter Vertrautheit zuverlässig an seinem Platz hinterm Steuer saß.

Ich lehnte mich auf dem Beifahrersitz zurück. Nach der durchwachten Hotelnacht war ich zu müde, um zu schlafen. Und während Hansen von wahllosen Trabrennen in Stockholm und Paris erzählte und von seinem dicken Vater, der in Paris von einem Restaurant zum anderen gezogen sei, da er sich für kein Menü habe entscheiden können, war ich ihm dankbar dafür, dass er so lebhaft fabulierte und seine Anekdoten derart komisch waren, dass selbst ich schließlich lachen musste. Allem Kummer zum Trotz.

Dann fielen mir die Augen zu, und ich ritt erneut über das sonnenverbrannte Gillberga Alvar. Die Dämmerung brach gerade ein. Es war ein Spätsommerabend, völlig windstill, und die Luft war mild. Galopp, das war Ulrigs Gangart. Mit seinen für seine Rasse ungewöhnlich langen Beinen galoppierte er wie kaum ein anderer Friese: kraftvoll, geschmeidig und unermüdlich in wogender Bergaufbewegung. Er reagierte auf die leiseste Berührung und Gewichtsverlagerung, darauf, wie ich atmete und woran ich dachte. Genau so wollte ich ihn in Erinnerung behalten ...

Irgendwann passierten wir erneut die Ölandbrücke, und die Lichter von Färjestaden rückten näher. Eisiger Dezemberregen klatschte von draußen gegen die Windschutzscheibe. Die Nacht, der Sund, die Insel, meine Trauer, meine Dankbarkeit und all die Liebe zu meinem toten Pferd, dem Leben und meinem loyalen Begleiter, Freund, Ratgeber, Chauffeur und menschlichen Gegensatz Hansen – alles zerrann, zerfloss und löste sich dann ineinander auf.

In einer knappen Stunde würden wir in Hörlösa sein. Ich wusste, mit Hansen hinterm Steuer kam ich immer sicher nach Hause. Der Schmerz würde irgendwann abklingen. Das Leben würde, anfangs etwas widerstrebend, aber dennoch weitergehen.

Hier saßen wir nebeneinander im Fahrerhaus des Lastwagens und waren immerhin in Bewegung, und Hansen legte seine Hand in meine. *Framåt*. Vorwärts. Meine Richtung, unsere Lebensmelodie.

Die Liebe, stelle ich mir vor, hat Flügel. Mit ihnen bewegt sie sich meist schwerelos, segelt mit den Winden, entflieht bei Bedarf und lässt sich in keinen Käfig aus Stahlgitter oder aus allzu großen Worten sperren. Hin und wieder scheint sie abzustürzen, doch vielleicht lässt sie sich auch nur im Sturzflug auf einen neuen, interessanten Schauplatz fallen.

Ich zweifle ein wenig daran, dass sie wirklich stärker als der Tod ist, so wie es einige behaupten, denn der Tod spielt gern mit gezinkten Karten und hat immer einen Trumpf im Rockärmel. Doch sie kann langlebig, eigensinnig und sehr beharrlich sein, und wenn der Tod sie heimatlos gemacht hat, fliegt sie schlicht und einfach weiter. Manchmal verwandelt sie sich spielerisch in einen Pegasus, manchmal kommt sie, wenn niemand sie gerufen hat und niemand sie erwartet. Sie fügt zusammen, was zusammengehört, und weiß, dass Gegensätze sich anziehen. Sie fordert, kann beschwerlich sein, aufrütteln und durcheinanderbringen. Doch sie ist immer noch das beste Geschenk, und wenn du klug bist, fragst du irgendwann nicht mehr nach dem Warum, Wie, Wann und Wozu, sondern sagst einfach Ja, breitest deine Arme aus und gibst ihr zumindest bis ans Ende deiner kostbaren, da bereits abgezählten Tage eine neue Heimat.

EPILOG

Hörlösa, 20. Oktober 2020. Meine Schritte hallen in den leeren Räumen. Das einst so gemütliche Haus sieht furchtbar aus, nachdem die Umzugsleute alle Möbel hinausgetragen haben.

Die Wände sind fleckig, und man sieht nun, wie verschlissen alle Fußböden sind. 26 Jahre habe ich hier gewohnt.

»Mach's gut, liebes gelbes Holzhaus«, sage ich leise. »Danke für alles und auf Wiedersehen.«

Dann stelle ich die Luftwärmepumpe auf zehn Grad, lösche alle Lampen und schließe die Tür von außen ab.

Im Stall fülle ich die Wassereimer und gebe den Pferden noch etwas Heu für die Nacht. Sie stehen bis zum Bauch in frischem Stroh und wirken zufrieden. Schwarz und weiß. So wie damals.

Auch diese beiden Pferde sind ein imposantes Paar. Die Stirn des schönen Friesen ist bereits leicht ergraut. Ansonsten aber ist Gabe fit und erfreut sich bester Gesundheit. Der ausdrucksvolle, junge Schimmel in der benachbarten Box streckt seinen Kopf über die Tür und zupft an meinem Haar. Er heißt Español. Der Zweite. Ein großes, stolzes, noch sehr jugendliches Pferd mit wachen Augen und von barocken Rundungen, im Moment noch Apfelschimmel, doch eines Tages wird auch er einmal schneeweiß sein. Seit zehn Monaten steht er hier in meinem Stall. Fünf Jahre nach Ulrigs Tod habe ich ihn entdeckt und mich spontan für ihn entschieden.

Mein neuer Heimweg beträgt 250 Meter. Mein neues Haus ist aus gelben Ziegeln gemauert, sechzig Jahre alt und erinnert mich an das Haus meiner Großmutter in Niendorf an der deutschen Ostsee, in dem ich die besten Tage meiner Kindheit verbracht habe. Zentrum des Gartens bildet eine mehrere Hundert Jahre alte Eiche.

Ich habe dieses Haus immer schon gemocht, und wenn ich daran vorbeigeritten bin, habe ich der alten Bewohnerin stets zugewinkt, doch nie geglaubt, dass es eines Tages Hansen und mir gehören würde.

Der Abschied vom guten gelben Holzhaus fällt mir ganz und gar nicht schwer. Auch nicht die Tatsache, dass es sich demnächst sehr verändert, da eine vollständige Renovierung ansteht. Dann wird aus dem alten, zugigen Gebäude mit seiner Einrichtung aus den Fünfzigerjahren ein helles, freundliches und sehr modernes Zuhause für eine neue Generation.

Der neue Besitzer lebt wie Hansen in Stockholm, und auch er wird dann in Zukunft pendeln. Er ist ein kreativer Selfmademan und erfolgreicher Jungunternehmer, dem das Leben in der Großstadt gut gefällt – trotz seines temporären Heimwehs nach der Insel, auf der er aufgewachsen ist.

Meine Pferde dürfen weiterhin den alten Stall bewohnen und auf den Weiden, die zum Hof gehören, grasen. Besser hätte es gar nicht kommen können.

Die Umbauarbeiten beginnen im kommenden Frühjahr und werden ein paar Monate dauern. Dann ist aus dem alten ein neues Haus geworden.

Dieser Abschied ist im wahrsten Sinne ein Neubeginn. Wenn alles nach Plan verläuft, feiern Hansen und ich Mittsommer 2021 bereits mit unseren neuen und mit größter Freude erwarteten Nachbarn: Hauke, seiner Freundin Amelie und ihrem jungen Hund Dag ...